# 公務員労働事件の実務対応

東京弁護士会　労働法制特別委員会
公務員労働法制研究部会〔編〕

ぎょうせい

## 発刊によせて

　東京弁護士会の労働法制特別委員会は、2006年4月の発足以降、労働法制や労働事件の処理についての研究を重ね、『新労働事件実務マニュアル』（ぎょうせい）をはじめとする多数の書籍を出版してまいりました。

　2013年4月には、同委員会に新たに「公務員労働法制研究部会」を設け、公務員労働法制に関する研究を始めました。日弁連や全国の単位会をみても、公務員労働法制の研究を専門的に行っている委員会はありませんので、東京弁護士会の大きな特徴の1つであると考えております。

　当初、非正規公務員の問題から研究をスタートし、2016年2月には、『裁判例に見る「非正規公務員」の現状と課題～雇止め・処遇の問題を中心に～』（法律情報出版）と題する書籍を出版しました。

　その後、研究対象を公務員労働法制の全分野に広げ、公共部門の組織再編、働き方改革関連法の公務職場への影響、教員の働き方改革などの様々な問題について、研究を重ねてきました。本書は、そのような公務員労働法制研究部会の10年以上にわたる研究の成果の集大成として、1冊にまとめたものになります。

　公務員労働事件の対応には、労働法だけでなく、行政法に関する知識・理解も必要であり、経験の少ない弁護士にとっては非常に難しい分野といえます。しかし、これまで、この分野についてわかりやすく書かれた書籍はほとんど存在しませんでした。

　本書は、公務員労働事件で問題となるほぼすべてのテーマを網羅し、民間労働法との違いを意識しつつ、適用法令から実務上の対応、関連する書式に至るまで、わかりやすく丁寧に解説しています。公務員労働事件に取り組む弁護士の皆さまはもちろんのこと、国や地方公共団体等の人事労務担当者の皆さま、公務員を組織する職員団体や労働組合の役員・書記の皆さま、国や地方公共団体等に勤務する国家公務員や地方公務員の皆さまにとっても、大いに役立つ内容になっています。本書が、多くの皆さまにご利用いただけることを願っております。

2024年9月

東京弁護士会会長　上　田　智　司

# はしがき

　当委員会が編著者として刊行している『新労働事件実務マニュアル』（ぎょうせい）に、「公務員をめぐる法適用と紛争処理」との章が設けられたのは、2010年（第2版）のことです（執筆担当は、小川正弁護士）。

　その後、第3版（2014年）、第4版（2017年）と改訂を重ね、多くの方に好評をいただいていましたが、第5版（2020年）の改訂時に、分量の増加を避けるため、もともとあった「地公災手続」に関する部分とともに、やむなく削除することとなりました。

　そこで、公務員労働法制研究部会の活動として、「公務員をめぐる法適用と紛争処理」と「地公災手続」とを併せて、単行本化を目指すこととしました。合計12名の部会メンバーで分担して執筆し、何度も集まって議論しました。全体の監修は、部会長の岡田俊宏弁護士と、副部会長の弘中章弁護士に行っていただきました。企画から約4年半を要してしまいましたが、このたび、何とか1冊の本にまとめることができました。

　全体の構成や一部の表現などについては、もともとのマニュアルの内容を引き継いでいますが、『新労働事件実務マニュアル』（第4版）の「公務員をめぐる法適用と紛争処理」が37頁、「地公災手続」が約6頁でしたので、今回、大幅に加筆を行ったこととなります。なお、当初、集団的労使関係に関する章も設ける予定でしたが、難しい問題が多く、この点は他日を期することとしました。

　初めて公務員労働法について学ぶ読者の皆さまを念頭において、できるだけわかりやすい本にしようと努力したつもりです。私たちの思いが、読者の皆さまに伝われば嬉しく思います。

　最後に、株式会社ぎょうせいの安倍雄一様と同社の皆様には、様々なアドバイスやサポートをいただきました。安倍様なくしては、この本を刊行することはできませんでした。この場を借りて深く御礼申し上げます。

2024年9月

東京弁護士会　労働法制特別委員会

委員長　熊 谷 吏 夏

# 凡　　例

1　法令名略称表記

| | |
|---|---|
| 給特法 | 公立の義務教育諸学校等の教育職員の給与等に関する特別措置法 |
| 給与法 | 一般職の職員の給与に関する法律 |
| 行執労 | 行政執行法人の労働関係に関する法律 |
| 行審 | 行政不服審査法 |
| 行訴 | 行政事件訴訟法 |
| 行手 | 行政手続法 |
| 刑 | 刑法 |
| 国賠 | 国家賠償法 |
| 国公 | 国家公務員法 |
| 国公育 | 国家公務員の育児休業等に関する法律 |
| 国公災 | 国家公務員災害補償法 |
| 自治 | 地方自治法 |
| 自治施規程 | 地方自治法施行規程 |
| 自治令 | 地方自治法施行令 |
| 退手法 | 国家公務員退職手当法 |
| 地公 | 地方公務員法 |
| 地公育 | 地方公務員の育児休業等に関する法律 |
| 地公企 | 地方公営企業法 |
| 地公災 | 地方公務員災害補償法 |
| 地公等労 | 地方公営企業等の労働関係に関する法律 |
| 地独行法 | 地方独立行政法人法 |
| 独行法 | 独立行政法人通則法 |
| 民 | 民法 |
| 労基 | 労働基準法 |
| 労基則 | 労働基準法施行規則 |
| 労契 | 労働契約法 |

| | |
|---|---|
| 労審 | 労働審判法 |
| 労組 | 労働組合法 |

## 2　裁判例

　裁判例を示す場合、「判決」⇒「判」、「決定」⇒決と略した。また、裁判所の表示および裁判例の出典（代表的なもの一つを掲載している）については、次に掲げる略語を用いた。

### （1）　裁判所名略語

| | |
|---|---|
| 大 | 大審院 |
| 最 | 最高裁判所 |
| ○○高 | ○○高等裁判所 |
| ○○地 | ○○地方裁判所 |
| ○○支 | ○○支部 |

### （2）　判例集・定期刊行物等出典略語

| | |
|---|---|
| 民集 | 最高裁判所民事判例集 |
| 刑集 | 最高裁判所刑事判例集 |
| 行集 | 行政事件裁判例集 |
| 集民 | 最高裁判所裁判集（民事） |
| 労民 | 労働関係民事裁判例集 |
| 判時 | 判例時報 |
| 判自 | 判例地方自治 |
| 判タ | 判例タイムズ |
| 労判 | 労働判例 |
| 労経速 | 労働経済判例速報 |
| 労旬 | 労働法律旬報 |
| 裁判所ウェブサイト | 最高裁判所ウェブサイト裁判例情報 |

# 目 次

## 第1章 序 論 …………………………………………………………… 1

- I　はじめに ………………………………………………………… 1
- II　民間労働法制と公務員法制の基本的違い …………………… 1
  - 1　民間労働法制（契約原理）………………………………… 1
  - 2　公務員法制（法律・条例原理）…………………………… 2
- III　公務員労働事件を担当するにあたって ……………………… 2
  - 1　担当する際の心構え ………………………………………… 2
  - 2　参考文献 ……………………………………………………… 3

## 第2章 公務員の種類 ………………………………………………… 5

- I　公務員の現状 …………………………………………………… 5
  - [図表1：国家公務員の数と種類] ……………………………… 6
- II　公務員の意義 …………………………………………………… 6
  - 1　公務員の3要件 ……………………………………………… 6
  - 2　公務員ではない者 …………………………………………… 8
- III　公務員の種類 …………………………………………………… 9
  - 1　特別職と一般職 ……………………………………………… 9
  - 2　特別職の種類 ………………………………………………… 9
  - 3　一般職の種類 ………………………………………………… 10
- IV　公務員に対する法適用 ………………………………………… 12
  - 1　民間労働法制の適用除外 …………………………………… 12
  - 2　国家公務員に対する法適用 ………………………………… 13
  - [図表2：国家公務員の種類に応じた法適用] ………………… 14
  - 3　地方公務員に対する法適用 ………………………………… 16
  - [図表3：地方公務員の種類に応じた法適用] ………………… 18
  - [図表4：一般職の地方公務員に関する労働基準法の適用除外] ………… 19
  - コラム①　公務員の労働基本権 ………………………………… 20

i

目 次

## 第3章 公務員の人事(1)——勤務関係の成立・異動・終了 …24

### I 任用の原則 …24
### II 採用（勤務関係の成立） …24
1 採用とは …24
2 採用の方法 …25
3 臨時的任用 …26
4 採用の法的性質と採用をめぐる紛争 …28
5 採用内定およびその取消し …30
6 条件付採用 …31

### III 勤務関係の異動 …35
1 昇 任 …35
2 降 任 …39
3 配置換・転任・出向 …40
4 休 職 …45

### IV 勤務関係の終了 …49
1 辞 職 …49
［書式１：人事異動通知書（国家公務員・辞職承認）］ …49
［書式２：辞令書（地方公務員・辞職承認）］ …50
2 失 職 …52
3 免 職 …55
4 定年退職 …55

### V 定年後再任用 …58
1 制度概要 …58
2 暫定再任用制度の概要 …58
3 再任用がされなかった場合の救済 …60

## 第4章 公務員の人事(2)——分限・懲戒 …62

### I 分限処分と懲戒処分 …62
1 公務員の身分保障 …62

## 目　次

　　2　分限処分と懲戒処分の意義……………………………………63
Ⅱ　分限処分……………………………………………………………64
　　1　分限処分の事由と種類…………………………………………64
　　2　分限処分についての裁量………………………………………68
　　3　分限事由該当性（降任または免職の事由）…………………68
　　コラム②　公務員がメンタル不調になったら …………………72
　　4　分限処分の特例…………………………………………………80
Ⅲ　懲戒処分……………………………………………………………85
　　1　懲戒とは…………………………………………………………85
　　2　懲戒処分の事由と種類…………………………………………85
　　3　懲戒処分の基準等………………………………………………88
　　［図表5：標準例一覧（人事院）］…………………………………97
　　4　懲戒処分が取り消される場合…………………………………100
　　5　退職手当の支給制限処分………………………………………101
　　6　不服申立て………………………………………………………110

## 第5章　処分の手続と救済方法……………………………113

Ⅰ　処分の手続 ……………………………………………………… 113
　　1　弁明の機会の付与……………………………………………… 113
　　2　処分説明書の交付……………………………………………… 115
　　3　その他の手続（辞令書の交付など）………………………… 117
　　［書式3：辞令書（地方公務員・懲戒免職）］…………………… 118
　　［書式4：処分説明書（国家公務員）］…………………………… 118
　　［書式5：処分説明書（地方公務員）］…………………………… 120
Ⅱ　救済方法………………………………………………………… 121
　　1　紛争解決手続の全体像（民間労働者との違い等）………… 121
　　［図表6：公務員労働事件の職員側勝訴率］…………………… 124
　　2　不利益処分審査請求…………………………………………… 124
　　［図表7：審査請求の審査の流れ（国家公務員）］……………… 129
　　［書式6：審査請求書（地方公務員）］…………………………… 130

iii

[書式7：答弁書（地方公務員）] ……………………………………………… 131
　[書式8：審査請求に対する裁決について（通知）（地方公務員）] ………… 133
　[書式9：裁決書（地方公務員）] ……………………………………………… 134
　3　抗告訴訟（処分取消訴訟）……………………………………………… 137
　[書式10：訴状] ………………………………………………………………… 138

## 第6章　公務員の勤務条件と措置要求　141

### Ⅰ　給　与 …………………………………………………………………… 141
　1　公務員の給与の基本原則 ………………………………………………… 141
　2　国家公務員の給与 ………………………………………………………… 142
　[図表8：国家公務員の行政職俸給表]（給与法別表第一　行政職俸給表（第六条関係））………………………………………………………………………… 143
　[図表9：国家公務員の標準職務表] ………………………………………… 146
　3　地方公務員の給与 ………………………………………………………… 149
　4　退職手当 …………………………………………………………………… 153

### Ⅱ　勤務時間・休暇 ………………………………………………………… 155
　1　公務員の勤務時間 ………………………………………………………… 155
　2　公務員の休暇 ……………………………………………………………… 156
　3　公務員の超過勤務 ………………………………………………………… 157
　[図表10：労働基準法別表第一] …………………………………………… 160

### Ⅲ　措置要求 ………………………………………………………………… 166
　1　措置要求の意義 …………………………………………………………… 166
　2　措置要求権者等 …………………………………………………………… 167
　3　措置要求の内容 …………………………………………………………… 168
　4　措置要求の方法と手続 …………………………………………………… 171
　[書式11：国家公務員の行政措置要求書（職員個人の場合）] ……………… 172
　[書式12：国家公務員の行政措置要求書（職員団体が代表者の場合）] …… 172
　[書式13：地方公務員の行政措置要求書（東京都人事委員会の場合）] …… 173
　5　判定の争い方 ……………………………………………………………… 186

目 次

## 第7章　公務員の義務と責任 …………………………………… 188
Ⅰ　公務員の義務 …………………………………………………… 188
　1　服務の根本基準 ……………………………………………… 188
　2　宣誓義務 ……………………………………………………… 188
　　［書式14：宣誓書（国家公務員）］ ……………………………… 189
　3　法令・上司の命令に従う義務 ……………………………… 189
　4　信用失墜行為の禁止（附：公務員の倫理原則）…………… 191
　5　秘密保持義務 ………………………………………………… 192
　6　職務専念義務 ………………………………………………… 197
　7　政治的行為の制限 …………………………………………… 199
　8　兼職等の規制 ………………………………………………… 204
Ⅱ　公務員の責任 …………………………………………………… 208
　1　はじめに ……………………………………………………… 208
　2　弁償・賠償責任 ……………………………………………… 208
　3　刑事責任 ……………………………………………………… 213

## 第8章　公務職場のハラスメント ……………………………… 216
Ⅰ　問題の所在 ……………………………………………………… 216
Ⅱ　各種のハラスメント …………………………………………… 217
　1　パワー・ハラスメント ……………………………………… 217
　2　セクシュアル・ハラスメント ……………………………… 221
　3　マタニティ・ハラスメント／育児介護ハラスメント …… 224
　4　SOGIハラスメント ………………………………………… 228
Ⅲ　ハラスメントを受けた場合の対処方法 ……………………… 229
　1　苦情相談・措置要求 ………………………………………… 229
　2　損害賠償請求 ………………………………………………… 231
　3　公務災害 ……………………………………………………… 233
　4　刑事告訴 ……………………………………………………… 233
Ⅳ　国および地方公共団体の対応 ………………………………… 234

v

1　加害者に対する処分······················································· 234
　　2　近時の判例······································································ 234

## 第9章　公務員の災害補償 ································ 236

### Ⅰ　はじめに ································································ 236
### Ⅱ　国家公務員の災害補償 ··········································· 236
　　1　概　要············································································ 236
　　2　適用対象者····································································· 237
　　[図表11：特別職国家公務員の災害補償制度の根拠法令等] ········ 238
　　3　「公務災害（公務上の災害）」とは······································ 238
　　4　通勤災害········································································ 242
　　5　補償内容········································································ 243
　　6　福祉事業········································································ 246
　　7　補償の実施····································································· 248
　　[図表12：国家公務員の災害発生から認定・通知までの手順] ······ 251
　　8　不服申立手続·································································· 251
　　[図表13：審査申立てについての人事院の審査の順序] ··············· 252
　　[書式15：災害補償審査申立書（職員本人が申し立てる場合）] ···· 253
　　[書式16：災害補償審査申立書（遺族または代理人が申し立てる場合）] ······ 254
### Ⅲ　地方公務員の災害補償 ··········································· 256
　　1　概　要············································································ 256
　　2　適用対象者····································································· 256
　　[図表14：地方公務員の種類に応じた災害補償制度の適用関係] ··· 257
　　3　「公務災害（公務上の災害）」とは······································ 259
　　4　通勤災害········································································ 263
　　5　補償内容········································································ 264
　　6　特殊公務災害に対する補償特例········································· 268
　　7　福祉事業········································································ 268
　　8　時　効············································································ 270
　　9　地方公務員災害補償基金·················································· 271

［書式17：公務災害認定請求書］……………………………………………… 274
　　［図表15：地公災基金の認定・補償の流れ］………………………………… 277
　　10　不服申立手続……………………………………………………………… 278
　　［書式18：審査請求書］………………………………………………………… 280
　　［書式19：再審査請求書（原処分に不服がある場合）］……………………… 281
　　［書式20：再審査請求書（裁決に不服がある場合）］………………………… 282
　　［書式21：再審査請求書（原処分と裁決の両方に不服がある場合）］……… 283
　　［図表16：基金が行う補償に関する決定についての不服申立ての流れ］…… 285
　Ⅳ　「非正規公務員」と災害補償………………………………………………… 285
　　1　適用関係…………………………………………………………………… 285
　　2　モデル条例・規則………………………………………………………… 287
　　3　問題点……………………………………………………………………… 287

## 第10章　非正規公務員 …………………………………………… 290

　Ⅰ　非正規公務員の増大 …………………………………………………………… 290
　Ⅱ　非正規公務員の種類と法適用 ………………………………………………… 291
　　1　地方公共団体における主な非正規公務員 …………………………………… 291
　　［図表17：地方公務員の「職」の整理］……………………………………… 293
　　［図表18：各種非正規公務員の異同］………………………………………… 296
　　2　国における主な非正規公務員 ………………………………………………… 298
　Ⅲ　非正規公務員の法律問題 ……………………………………………………… 300
　　1　非正規公務員の雇止め ………………………………………………………… 300
　　2　非正規公務員の処遇 …………………………………………………………… 304

## 第11章　公務員の派遣・人事交流 ……………………………… 309

　Ⅰ　派遣とは …………………………………………………………………………… 309
　Ⅱ　国家公務員の派遣 ……………………………………………………………… 309
　　1　国際機関等への派遣 …………………………………………………………… 309
　　2　法科大学院への派遣 …………………………………………………………… 310
　Ⅲ　国家公務員の民間企業への交流派遣・民間企業からの交流

## 採用（官民人事交流） ………………………………… 311
1 官民人事交流の概要………………………………… 311
2 民間企業への交流派遣……………………………… 312
3 民間企業からの交流採用…………………………… 312

## Ⅳ 地方公務員の派遣 ……………………………………… 313
1 概　要………………………………………………… 313
2 他の地方公共団体への派遣………………………… 313
3 公益的法人等への派遣……………………………… 314
4 諸制度の適用関係…………………………………… 318

## Ⅴ 地方公務員の民間企業からの交流採用（人事交流） ……… 320
1 概　要………………………………………………… 320
2 特別職非常勤職員…………………………………… 320
3 任期付職員…………………………………………… 321
4 協定等による研修生………………………………… 322

## Ⅵ 災害時における職員の派遣 …………………………… 323
1 概　要………………………………………………… 323
2 国家公務員等の派遣の要請………………………… 323
3 国家公務員・地方公務員等の派遣のあっせん…… 324
4 職員の派遣義務……………………………………… 325
5 派遣職員の身分等…………………………………… 325

## Ⅶ 国民の安全に重大な影響を及ぼす事態における職員の派遣のあっせん …………………………………………… 325

・事項別索引…………………………………………………… 327
・裁判例索引…………………………………………………… 332

# 第1章 序論

## I はじめに

　公務員とは、国または地方公共団体に勤務しそこから給与を受けている者をいう。前者が国家公務員、後者が地方公務員である。

　公務員には多くの職種があり、法適用も多種多様である。最近では、公務の「官」から「民」への移譲が進められ、独立行政法人や地方独立行政法人などが設立されている。このうち、行政執行法人（かつての特定独立行政法人）に勤務する職員や、特定地方独立行政法人に勤務する職員も、公務員とされている（独行法51条、地独行法47条）。

## II 民間労働法制と公務員法制の基本的違い

### 1 民間労働法制（契約原理）

　民間企業における労働関係は、企業と労働者との間の労働契約によって決定される。すなわち、両者の合意によって労働契約が成立し、そこには私的自治が妥当する（労契6条）。このため、合理的意思解釈や合意の擬制、黙示の合意などによって労働関係が規律されうる。

　例えば、「使用者と労働者との間に個別的な労働契約が存在するというためには、両者の意思の合致が必要であるとしても、労働契約の本質を使用者が労働者を指揮命令し、監督することにあると解する以上、明示された契約の形式のみによることなく、当該労務供給形態の具体的実態を把握して、両者間に事実上の使用従属関係があるかどうか、この使用従属関係から両者間に客観的に推認される黙示の意思の合致があるかどうかにより決まる」とされる（安田病院事件：大阪高判平成10年2月18日労判744号63頁（最三小判平成10年9月8日労判745号7頁で維持）、パナソニック・プラズマディスプレイ（パスコ）事件：最

第 1 章 序 論

二小判平成 21 年 12 月 18 日民集 63 巻 10 号 2754 頁も参照）。

## 2　公務員法制（法律・条例原理）

　これに対し、公務員の勤務関係は、公法関係であって私的な合意によっては成立しないと裁判実務上は解されている。すなわち、「現業公務員は、一般職の国家公務員……として、国の行政機関に勤務するものであり、しかも、その勤務関係の根幹をなす任用、分限、懲戒、服務等については、国公法及びそれに基づく人事院規則の詳細な規定がほぼ全面的に適用されている……などの点に鑑みると、その勤務関係は、基本的には、公法的規律に服する公法上の関係である」（信越郵政局長事件：最二小判昭和 49 年 7 月 19 日判時 753 号 5 頁）、「公務員の場合は、その給与の財源は国の財政とも関連して主として税収によって賄われ、私企業における労働者の利潤の分配要求のごときものとは全く異なり、その勤務条件はすべて政治的、財政的、社会的その他諸般の合理的な配慮により適当に決定されなければならず、しかもその決定は民主国家のルールに従い、立法府において論議のうえなされるべき……」とされている（全農林警職法事件：最大判昭和 48 年 4 月 25 日刑集 27 巻 4 号 547 頁）。全農林警職法事件最高裁判決がいう勤務条件の決定は、勤務条件法定主義（地方公務員の場合は勤務条件条例主義）と呼ばれる。

　このため、後述するとおり、公務員の採用についても、当事者の意思の合致のみでは成立せず、法律ないし条例に定める手続等（競争試験・選考、辞令の交付など）の履行が必要とされている。

　すなわち、民間の労働関係とは異なって、公務員の勤務関係には、合理的意思解釈や合意の擬制、黙示の合意などが妥当しないと裁判実務上は解されている。ただし、このような現在の裁判実務に対しては、学説上、有力な批判がなされている。

## Ⅲ　公務員労働事件を担当するにあたって

### 1　担当する際の心構え

　このようにして、公務員労働関係は、国家公務員については法律・人事院規

則など、地方公務員については法律・条例・規則などによって規律されているので、これらをまず調査する必要がある（インターネットを利用することによって比較的容易に調査することができる）。依頼者自身も自分がいかなる法律・条例等の適用を受けているか知らないことが少なくない。

　また、法規ではないものの、行政実例・通知・通達・指針・運用方針などの行政規則が重要になることもある。例えば、国家公務員の懲戒処分に関する「懲戒処分の指針について」（平成12年3月31日職職-68）、国家公務員の退職手当支給制限処分等に関する「国家公務員退職手当法の運用方針」（昭和60年4月30日総人第261号）、国家公務員の勤務時間等に関する「職員の勤務時間、休日及び休暇の運用について」（平成6年7月27日職職-328）、地方公務員の公務災害認定に関する「精神疾患等の公務災害の認定について」（平成24年3月16日地基補第61号）などがある。公務員労働事件を担当するにあたっては、これらの行政規則を調査することも重要である。通知等の要旨については、後述する文献のほか、『自治六法』（ぎょうせい刊）、『人事小六法』『給与小六法』（いずれも学陽書房刊）等の専門的な六法にも掲載されている。また、近時のものは、インターネットで調査することも可能である。

　公務員労働事件を処理するにあたって、民間労働法制に関する知識だけをもとに対応すると誤りを犯す可能性がある。後述するとおり、公務員の種類によって法適用が異なるため、まずはその者が国家公務員であるか地方公務員であるか、その種類は何かを確認して、当該問題に適用される法律・条例・規則等を把握することが必要である。

## 2　参考文献

　主な参考文献としては、次のようなものがある（絶版になっているものも多いが、その場合には、図書館等で調査するか、古書としての入手を試みることとなる）。

① 浅井清『国家公務員法精義〔新版〕』（学陽書房、1970年）
② 中村博『国家公務員法〔改訂第2版〕』（第一法規出版、1986年）
③ 鹿児島重治ほか編『逐条国家公務員法』（学陽書房、1988年）
④ 吉田耕三＝尾西雅博編『逐条国家公務員法〔第2次全訂版〕』（学陽書房、2023年）

⑤　園部逸夫監修『国家公務員法・地方公務員法（注解法律学全集5）』（青林書院、1997年）
⑥　鹿児島重治『逐条地方公務員法〔第6次改訂版〕』（学陽書房、1996年）
⑦　橋本勇『新版逐条地方公務員法〔第6次改訂版〕』（学陽書房、2023年）
⑧　自治省公務員部公務員課編『地方公務員法実例判例集〔第5次改訂版〕』（第一法規、1994年）
⑨　青木宗也＝室井力編『基本法コンメンタール地方公務員法〔新版〕』（日本評論社、1991年）
⑩　晴山一穂＝西谷敏編『新基本法コンメンタール地方公務員法』（日本評論社、2016年）
⑪　最高裁判所事務総局編『公務員関係裁判例概観』（法曹会、1976年）
⑫　最高裁判所事務総局編『主要行政事件裁判例概観1（公務員関係編）』（法曹会、1988年）
⑬　塩野宏ほか編『公務員判例百選（別冊ジュリスト88）』（有斐閣、1986年）
⑭　裁判例集・人事委員会判定集（定期刊行物）
　・月刊公務員関係判決速報（三協法規出版）※廃刊
　・季刊公務員関係判例研究（三協法規出版）※廃刊
　・季刊公務員関係最新判決と実務問答（三協法規出版）
　・月刊判例地方自治（令和6年4月から隔月刊）（ぎょうせい）
　・地方公務員人事判定集（ぎょうせい）

# 第2章　公務員の種類

## I　公務員の現状

　[図表1]（人事院）によると、2024（令和6）年度の国家公務員の総数は約59.3万人である。そのうち、一般職が約29.5万人（全体の49.7％）であり、特別職が約29.8万人（全体の50.3％）となっている。さらに一般職においては、特別の法律によらず国家公務員法64条1項に規定する給与に関し一般職の職員の給与に関する法律（以下「給与法」という）が適用される一般職職員が約28.5万人、検察官が約3000人、行政執行法人職員が約7000人となっている。

　2000（平成12）年度は、国家公務員総数は約113.4万人であり、そのうち一般職が約81.8万人（全体の72.1％）、特別職が約31.6万人（全体の27.9％）となっており、一般職においては、給与法が適用される一般職職員が約50.5万人、現業職員が約31.1万人、検察官が約2000人となっていた。これを比較すると、国家公務員の総数は20年余りで54.1万人減少しており、そのほとんどが一般職職員であることがわかる。さらに、給与法が適用される職員は半分近くに減少している。現業職員はさらに減少の度合いが激しい。

　現業職員の減少については、郵政民営化の影響が大きい。すなわち、2005（平成17）年の郵政公社の職員数は25万6572人であったが（日本郵政公社のディスクロージャー誌「日本郵政公社2006」参照）、同年成立した郵政民営化法において「民間に委ねることが可能なものはできる限りこれに委ねることが、より自由で活力ある経済社会の実現に資する」（郵政民営化法1条）との考えの下、郵政公社の機能を引き継ぐ組織を株式会社とするとの基本理念（同法2条）により事業を承継する株式会社が設立され、公社の職員は公務員の身分を離れ承継会社に雇用された。

　このように、国家公務員を取り巻く環境は、近年、急激に変化していることが理解される。これは地方公務員でも同様と考えられる。

第 2 章　公務員の種類

[図表 1：国家公務員の数と種類]

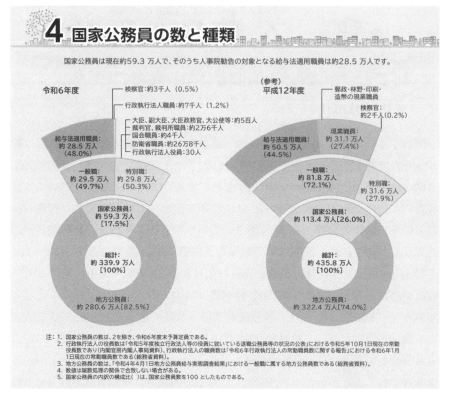

（出典：人事院「令和 6 年度 人事院の進める人事行政について〜国家公務員プロフィール〜」）

## II　公務員の意義

### 1　公務員の 3 要件

　日本国憲法、その他の法律において「公務員」との文言が使用されているが、その要件を具体的に定めるものは少ない。例えば、刑法 7 条は、「この法律において『公務員』とは、国又は地方公共団体の職員その他法令により公務に従事する議員、委員その他の職員をいう」と規定している。

　公務員に該当するか否かについては、法律上明確な定義規定はなく、その概

念が不明確なところがあるが、国家公務員の地位の有無に関し争われた裁判例（東京地判平成25年9月30日判時2211号113頁）では、①国の事務に従事していること、②国の任命権者によって任命されていること、③原則として国から給与を受けていることという3要件を充足することが必要であると解されているとしている。国以外の公務員についても同様であろう。これらは次のように整理される。

### （1）　国あるいは地方公共団体の事務に従事すること（①）

　国の事務とは、国の機関が自ら実施するものをいい、例えば地方公共団体が法律に基づいて国から委託を受けて行っている事務は当該地方公共団体が行っているものであり、国の事務とはいえない。このように、国の事務に従事するとは、国の機関が自ら実施する事務に従事することをいう。

　地方公共団体の事務についても同様に考えられる。地方公共団体の事務とは、地方公共団体またはその執行機関が自ら行う事務である。当該地方公共団体またはその執行機関が行うべき事務以外の業務に従事している場合には、その業務が公共性の高い等の事情があったとしても、当該地方公共団体またはその執行機関の事務とはいえない。外部に委託した場合も、その委託された事務は地方公共団体のまたはその執行機関が行う事務とはいえない。

### （2）　国あるいは地方公共団体の任命権者から任命されていること（②）

　国家公務員あるいは地方公務員であるためには、使用者である国あるいは地方公共団体の任命権者から任命されていなければならない。

　国の場合、任命権は、法律に別段の定めのある場合を除いては、国においては内閣、各大臣（内閣総理大臣および各省大臣をいう）、会計検査院長および人事院総裁並びに宮内庁長官および各外局の長に属するとされており、これらの機関の長たる任命権者は、幹部職以外の官職（内閣が任命権を有する場合にあっては、幹部職を含む）の任命権を、その部内の上級の国家公務員（内閣が任命権を有する幹部職にあっては、内閣総理大臣または国務大臣）に限り委任することができるとされている（国公55条1項・2項）。任命の具体的な発令は実態により判断するものとされており、「委嘱」等の用語による場合も任命とされることがある。

　地方公共団体の場合、地方公務員の職としてどのような職があり、その職に

ついて誰が任命権者であるかは地方公務員法6条に定めがあり、また、地方自治法などの組織に関する法律の定めるところによる。なお、任命の具体的な発令が実態により判断されることは国家公務員と同様と考えられる。

（3） **原則として国あるいは地方公共団体から給与を支給されること**（③）

誰がその者に対して給与を支払っているか、その責任を負っているかという問題である。

国家公務員は、国の勤務者として労務の提供を行うことの対価として国から給与が支給されることとなる（国公63条、一般職については「一般職の職員の給与に関する法律」）。支給の名目や予算の費目によるのではなく、国から支給されているか否かが問題となる。例えば、非正規公務員の場合、予算上は人件費以外の費目で支給されることがあるが、労務提供の対価とみられるのであれば国からの給与の支給とみることができる。他方、費用の弁償の性格を有する支給であれば給与とはいえないであろう。ただし、保護司のように、法律により実費弁償のみを受け、給与の支給はない場合も国家公務員とされているものもある（保護司法11条1項・2項）。

地方公務員の場合も、地方公共団体の勤務者として労務の提供を行うことの対価として、当該地方公共団体から給与が支給されることが要件となる（地公25条、各地方公共団体の給与条例）。

## 2　公務員ではない者

国または地方公共団体に関連する業務を行っている行政執行法人以外の独立行政法人（中期目標管理法人・国立研究開発法人）、一般地方独立行政法人、国立大学法人、地方公共団体金融機構、国際協力銀行、日本政策金融公庫、住宅金融支援機構、国家（地方）公務員共済組合、地方住宅供給公社、土地改良区などの職員は、公務員ではなく民間労働者である。これらの職員は、自身を公務員と誤解していることもあるので、注意を要する。

ただし、これらの職員の労働条件は、公務員に準じていることが多いようである。

## Ⅲ　公務員の種類

### 1　特別職と一般職

　公務員は、一般職と特別職に分けられる（国公2条1項、地公3条1項）。この区別は、採用側が当該職をどちらの職として設置する意思を有していたかおよびそれを前提とする人事上の取扱いによって行うものと解されている（中津市（特別職職員）事件：最三小判平成27年11月17日労判1135号5頁）。

### 2　特別職の種類

　特別職とは、国家公務員法2条3項や地方公務員法3条3項に列挙された職員である。

　例えば、特別職の国家公務員としては、内閣総理大臣、国務大臣、人事官および検査官、内閣法制局長官、副大臣、宮内庁長官、侍従長、特命全権大使、特命全権公使、日本ユネスコ国内委員会の委員、日本学士院会員、日本学術会議会員、裁判官およびその他の裁判所職員、国会職員、国会議員の秘書、防衛省の職員などがある。また、特別職の地方公務員としては、地方公共団体の首長や議会の議員、地方公営企業の管理者および企業団の企業長の職、都道府県労働委員会の委員の職で常勤のもの、臨時または非常勤の顧問、参与、調査員、嘱託員およびこれらの者に準ずる者の職、投票管理者、開票管理者、選挙長、非常勤の消防団員および水防団員の職、特定地方独立行政法人の役員などがある。

　特別職には、国家公務員法や地方公務員法は適用されない（国公2条5項、地公4条2項）。その結果、特別職のうち、労働組合法上の労働者性（労組3条）を満たす職員には労働組合法が適用され、労働基準法上の労働者性（労基9条）を満たす職員には労働基準法が適用され得る。ただし、特別法で労働組合法や労働基準法などを適用除外としている例が多いので、注意を要する（例えば、自衛隊員については、自衛隊法108条）。

第 2 章　公務員の種類

## 3　一般職の種類

### （1）　一般職の国家公務員

　国家公務員のうち一般職とは、特別職以外の職員をいう（国公 2 条 2 項）。一般職には、国家公務員法が適用される（同条 4 項）。ただし、特例が設けられている職員もいる（同法附則 4 条）。

　例えば、行政執行法人（国立公文書館、統計センター、造幣局、国立印刷局、農林水産消費安全技術センター、製品評価技術基盤機構、駐留軍等労働者労務管理機構の 7 法人）は、公共上の事務等のうち、その特性に照らし、国の行政事務と密接に関連して行われる国の指示その他の国の相当な関与の下に確実に執行することが求められるものを国が事業年度ごとに定める業務運営に関する目標を達成するための計画に基づき行うことにより、その公共上の事務等を正確かつ確実に執行することを目的とする独立行政法人であるが（独行法 2 条 4 項）、その職員は、一般職の国家公務員とされている（同法 51 条。なお、行政執行法人の役員は、特別職の国家公務員である）。これらの職員は、行政執行法人労働関係法により、国家公務員法等の特例が設けられている。

### （2）　一般職の地方公務員

#### ア　一般職の地方公務員

　地方公務員についても、一般職とは特別職以外の職員をいうとされている（地公 3 条 2 項）。一般職には、地方公務員法が適用される（同法 4 条 1 項）。

　一般職の地方公務員のうち、地方公営企業職員（地方公営企業等の労働関係に関する法律 3 条 1 号に定められた鉄道事業や水道事業などを行う地方公共団体が経営する企業の職員）、特定地方独立行政法人の役職員、単純労務職員（給食調理員や学校用務員などの現業職員。なお、現業職員については後述する「コラム①」参照）には、特例が設けられている。

#### イ　地方公営企業

　地方公営企業とは、地方公共団体の経営する企業をいい、企業とされているが独立した法人格を有するものではなく、その経理は地方公共団体の特別会計を設けて行うものである（地公企 17 条）。そして、地方公営企業職員とは、地方公営企業の管理者の権限に属する事務の執行を補助する職員をいう（同法 15

条1項)。地方公営企業法では地方公務員法等に対する特例を定めるものとしており（同法6条)、企業職員の労働関係については、「地方公営企業等の労働関係に関する法律」の定めるところによるとしている（同法36条)。

　ウ　地方独立行政法人

　地方独立行政法人とは、住民の生活、地域社会および地域経済の安定等の公共上の見地からその地域において確実に実施されることが必要な事務および事業であって、地方公共団体が自ら主体となって直接に実施する必要のないもののうち、民間の主体にゆだねた場合には必ずしも実施されないおそれがあるものと地方公共団体が認めるものを効率的かつ効果的に行わせることを目的として地方公共団体が設立する法人をいう（地独行法2条1項)。そして、特定地方独立行政法人とは、地方独立行政法人のうち、その業務の停滞が住民の生活、地域社会もしくは地域経済の安定に直接かつ著しい支障を及ぼすため、またはその業務運営における中立性および公正性を特に確保する必要があるため、その役員および職員に地方公務員の身分を与える必要があるものとして地方公共団体が当該地方独立行政法人の定款で定めるものをいい（同条2項)、役職員に公務員の身分を与えることが要件となっている。特定地方独立行政法人に該当するか否かは、当該独立地方行政法人の定款を確認する必要がある。このように特定地方独立行政法人の役職員は地方公務員とされるが、地方独立行政法人法において、地方公務員法の特例が定められるなど、地方独立行政法人の特殊性が考慮されている。

　エ　単純労務職員

　単純労務職員とは、地方公務員法57条に規定される単純な労務に雇用される者である。地方公務員法57条では、単純労務職員について地方公務員法の特例を定める必要がある場合には、別に法律で定めるとされており、これを受けて「地方公営企業等の労働関係に関する法律」において、地方公務員法の特例が定められている（同法附則5項)。単純労務職員は、企業職員および特定地方独立行政法人職員に該当しない一般職に属する職員であって、昭和27年9月30日に失効した「単純な労務に雇用される一般職に属する地方公務員の範囲を定める政令」（昭和26年政令第25号）で定められていた範囲と一致するものと解されている。具体的には、守衛、給仕、小使、運搬夫および雑役夫、土

木工夫、林業夫、農夫、牧夫、園丁および動物飼育人、清掃夫、と殺夫および葬儀夫、炊事夫、洗たく夫および理髪夫、大工、左官、石工、電工、営繕工、配管工およびとび作業員、自動車運転手、機械操作手および火夫などがある。

## Ⅳ 公務員に対する法適用

### 1 民間労働法制の適用除外

　第1章で述べたとおり、公務員法制は民間労働法制とは異なっている。このような民間企業における労働関係との違いが考慮される結果、公務員には、以下の法律が適用されない。

　例えば、公務員には労働契約法が適用除外とされているので（労契21条）、懲戒権濫用法理（同法15条）や解雇権濫用法理（同法16条）の適用はない。また、公務員の地位・身分等の問題について、労働審判手続は利用できない（労審1条）。

　さらに、非現業公務員の場合、労働組合法が適用除外とされているので（国公附則6条）、不当労働行為があっても労働委員会への救済申立てができない。ただし、国家公務員のうち行政執行法人職員、地方公務員のうち企業職員、単純労務職員および特定地方独立行政法人職員には、労働組合法が適用されるので（行執労37条1項、地公企39条1項、地公等労4条・附則5項、地独行法53条1項）、救済申立てが可能である。

　さらに、雇用保険法は、一定の条件の下、公務員には適用除外となるとされ（同法6条6号）、雇用保険の給付がないのが一般的である。ただし、非常勤職員については、条件を満たせば雇用保険に加入することができる。

〈適用除外とされている法令〉
- 労働組合法（国公附則6条、地公58条1項）
- 労働関係調整法（国公附則6条、地公58条1項）
- 労働基準法（国公附則6条、地公58条3項。地方公務員には原則適用されるが、一部適用除外あり。国家公務員には適用されず、「一般職の職員の勤務時間、休暇等に関する法律」や、人事院規則が適用される）

○ 最低賃金法（国公附則6条、地公58条1項）
○ 労働安全衛生法（国公附則6条、地公58条2項。地方公務員には原則として適用されるが、その一部には第2章が適用されない）
○ 労働者災害補償保険法（3条。国家公務員については国家公務員災害補償法が、地方公務員については原則として地方公務員災害補償法が適用される）
○ 労働契約法（21条1項）
○ 労働審判法（1条）
○ 個別労働関係紛争の解決の促進に関する法律（22条。原則として適用除外）
○ 雇用保険法（6条6号）
○ 健康保険法（55条によって、国家（地方）公務員等共済組合法が優先適用される）
○ 短時間労働者及び有期雇用労働者の雇用管理の改善等に関する法律（29条）
○ 介護労働者の雇用管理の改善等に関する法律（5条）
○ 育児休業、介護休業等育児又は家族介護を行う労働者の福祉に関する法律（61条1項）
○ 雇用の分野における男女の均等な機会及び待遇の確保等に関する法律（32条）
○ 民事訴訟法（1条。行政事件訴訟法による）
○ 民事保全法（行訴44条。同法25条の効力停止などによる）
○ 行政手続法（3条1項9号。公務員に対してその職務または身分に関してされる処分などは適用除外）

## 2 国家公務員に対する法適用

### (1) 一般職の国家公務員

一般職の国家公務員については、国家公務員法が適用される（国公2条4項）。ただし、外務公務員および検察官については、外務公務員法および検察庁法に

任用、給与、服務、懲戒等についての特別の規定がある。

他方で、労働組合法、労働関係調整法、労働基準法、船員法、最低賃金法、じん肺法、労働安全衛生法および船員災害防止活動の促進に関する法律は、適用されない（国公附則6条）。

なお、人事院は、給与その他の勤務条件の改善および人事行政の改善に関する勧告、採用試験、任免、給与、研修の計画の樹立および実施並びに当該研修に係る調査研究、分限、懲戒、苦情の処理、職務に係る倫理の保持その他職員に関する人事行政の公正の確保および職員の利益の保護等に関する事務をつかさどることとされており（国公3条2項）、その所掌事務について、法律を実施するため、または法律の委任に基づいて、人事院規則を制定し、人事院指令を発し、および手続を定めることとなっている（同法16条1項）。

行政執行法人に勤務する一般職に属する国家公務員には、国家公務員法附則6条の適用が除外されているので（行執労37条1項1号）、労働基準法等の適用がある。これは、行政執行法人の職員に関し、その職務と責任の特殊性に基づいて、国家公務員法附則4条に定める同法の特例を定めたものであると規定されている（同条2項）。

一般職の国家公務員の種類に応じた法律の適用のうち、任免、服務・懲戒、分限、給与については、［図表2］に整理した。

[図表2：国家公務員の種類に応じた法適用]

|  | 任免 | 服務・懲戒 | 分限 | 給与 |
|---|---|---|---|---|
| 給与法適用国家公務員（非現業国家公務員） | 国家公務員法 | 国家公務員法 | 国家公務員法 | 国家公務員法 一般職給与法(注①) |
| うち警察職員、海上保安庁職員、刑事施設職員 | 国家公務員法 | 国家公務員法（警察職員については、服務の宣誓の特例あり） | 国家公務員法 | 国家公務員法 一般職給与法 |
| うち外務公務員法で規定する外務職員 | 国家公務員法 外務公務員法 | 国家公務員法 外務公務員法 | 国家公務員法 | 国家公務員法 在外職員給与法(注②) |
| 検察官 | 国家公務員法 検察庁法 | 国家公務員法 | 検察庁法 | 検察官の俸給等に関する法律 |

Ⅳ　公務員に対する法適用

| 行政執行法人職員 | 国家公務員法 | 国家公務員法 行執労法(注③) | 国家公務員法 行執労法(注③) | 独立行政法人通則法 |

(注)　①　一般職の職員の給与に関する法律
　　　②　在外公館の名称及び位置並びに在外公館に勤務する外務公務員の給与に関する法律
　　　③　行政執行法人の労働関係に関する法律

(国家公務員制度改革推進本部労使関係制度検討委員会（第１回・平成20年10月22日）配布資料参考15を参考に作成)

　一般職の国家公務員には、［図表２］のほか、次のような法律および人事院規則が適用される。これらは、国家公務員に適用される法律等の一部であり、民間労働者に適用される法律と比較するとその数において格段の違いがある。民間企業では就業規則などで定められている事項が、法律として定められているからである。

〈一般職の国家公務員に適用される法律〉
○　国家公務員の寒冷地手当に関する法律（昭和24年法律第200号）
○　一般職の職員の勤務時間、休暇等に関する法律（平成６年法律第33号）
○　国家公務員災害補償法（昭和26年法律第191号）
○　国家公務員の育児休業等に関する法律（平成３年法律第109号）
○　一般職の任期付研究員の採用、給与及び勤務時間の特例に関する法律（平成９年法律第65号）
○　国と民間企業との間の人事交流に関する法律（平成11年法律第224号）
○　国家公務員倫理法（平成11年法律第129号）
○　一般職の任期付職員の採用及び給与の特例に関する法律（平成12年法律第125号）
○　国家公務員の自己啓発等休業に関する法律（平成19年法律第45号）
○　国家公務員退職手当法（昭和28年法律第182号）

〈一般職の国家公務員に適用される人事院規則〉
○　人事院規則８-12（職員の任免）
○　人事院規則９-１（非常勤職員の給与）

- ○ 人事院規則 9-97（超過勤務手当）
- ○ 人事院規則 10-4（職員の保健及び安全維持）
- ○ 人事院規則 10-10（セクシャルハラスメントの防止等）
- ○ 人事院規則 10-15（妊娠、出産、育児又は介護に関するハラスメントの防止等）
- ○ 人事院規則 10-16（パワー・ハラスメントの防止等）
- ○ 人事院規則 11-4（職員の身分保障）
- ○ 人事院規則 12-0（職員の懲戒）
- ○ 人事院規則 15-14（職員の勤務時間、休日及び休暇）
- ○ 人事院規則 15-15（非常勤職員の勤務時間及び休暇）
- ○ 人事院規則 16-0（職員の災害補償）
- ○ 人事院規則 19-0（職員の育児休業等）

### （2） 特別職の国家公務員

　特別職には国家公務員法の適用はないが、特別職のうち裁判所職員については、裁判所職員臨時措置法により国家公務員法が原則として準用されている。また、国会職員については、国会職員法による。国会議員の秘書は国会法132条により国会議員に付されるが、その処遇については国会議員の秘書の給与等に関する法律による。

　防衛省の職員のうち、隊員については、自衛隊法により労働組合法、労働関係調整法、労働基準法等が適用されないものとされている（自衛隊法108条）。また、隊員の任免、分限、懲戒、服務、退職管理その他人事管理に関する基準は、自衛隊法に定めるもののほか、防衛大臣が定めるとされている（同法31条5項）。

## 3　地方公務員に対する法適用

### （1） 一般職の地方公務員

　一般職の地方公務員については、国家公務員とは異なり、労働基準法等の適用がある。ただし、労働組合法、労働関係調整法、最低賃金法の適用は排除され、労働基準法もその一部の適用が排除されている（地公58条）。また、労働

基準法に特別の規定が置かれているものもある（労基33条3項）。なお、一般職については、原則として労働基準監督官の権限が及ばないが、労働基準法別表第1第1号から第10号までおよび第13号から第15号までに掲げる事業に従事する職員については、労働基準監督官の権限が及ぶ（［図表10：労働基準法別表第一］（160頁）参照）。

　他方、任用、服務、懲戒、分限、給与については、地方公務員法や、地方公務員法に基づく条例により定められている（任用について地方公務員法第3章第2節、服務について同法第3章第6節、懲戒および分限について同法第3章第5節、給与について同法第3章第4節）。

　地方警察職員に関する任用および給与、勤務時間その他の勤務条件、並びに服務に関して地方公務員法の規定により条例または人事委員会規則で定めることとされている事項については、条例または人事委員会規則を定めるものとされている（警察法56条2項）。また、消防職員に関する任用、給与、分限および懲戒、服務その他身分取扱いに関しては、消防組織法に定めるものを除くほか、地方公務員法の定めるところによるとされている（消防組織法16条1項）。

　地方公営企業職員の労働関係については、地方公営企業等の労働関係に関する法律の定めるところにより、法律に定めのないものについては、労働組合法（一部の規定を除く）および労働関係調整法（一部の規定を除く）の定めるところによるとされている（地公等労4条）。

　特定地方独立行政法人の職員については、地方独立行政法人法53条1項1号で、地方公務員法58条の適用が除外されていることから（ただし、一部同条の適用が認められるものがある）、原則、労働基準法等の適用がある。

　単純労務職員については、その労働関係その他身分取扱いに関して特別の法律が制定施行されるまでの間は、地方公営企業等の労働関係に関する法律並びに地方公営企業法38条および39条の規定を準用することとなっている（地公等労附則5項）。地方公営企業法39条では、地方公務員法58条の適用が除外されていることから（ただし、一部同条の適用が認められるものがある）、原則、労働基準法等の適用がある。

　一般職の地方公務員の種類に応じた法律の適用のうち、任免、服務・懲戒、分限、給与については、［図表3］に整理した。

*17*

第2章　公務員の種類

[図表３：地方公務員の種類に応じた法適用]

|  | 任免 | 服務・懲戒 | 分限 | 給与 |
| --- | --- | --- | --- | --- |
| 非現業地方公務員 | 地公法(注①) | 地公法 | 地公法 | 条例等 |
| うち教育職員 | 地公法<br>教特法(注②)<br>地教行法(注③) | 地公法<br>教特法<br>地教行法 | 地公法<br>教特法<br>地教行法 | 条例等<br>人確法(注④)<br>給特法(注⑤) |
| うち警察職員 | 地公法<br>警察法 | 地公法<br>警察法 | 地公法<br>警察法 | 条例等 |
| うち消防職員 | 地公法<br>消組法(注⑥) | 地公法<br>消組法 | 地公法<br>消組法 | 条例等 |
| 企業職員 | 地公法<br>地公企法(注⑦)<br>地公労法(注⑧) | 地公法<br>地公企法<br>地公労法 | 地公法<br>地公企法<br>地公労法 | 企業管理規程<br>（条例で種類および基準を定める） |
| 単純労務職員 | 地公法<br>地公企法<br>地公労法 | 地公法<br>地公企法<br>地公労法 | 地公法<br>地公企法<br>地公労法 | 規則等<br>（条例で種類および基準を定める） |
| 特定地方独立行政法人職員 | 地公法<br>地方独法(注⑨)<br>地公労法 | 地公法<br>地方独法 | 地公法<br>地方独法 | 規程等 |

(注) ① 地方公務員法
② 教育公務員特例法
③ 地方教育行政の組織および運営に関する法律
④ 学校教育の水準の維持向上のための義務教育諸学校の教育職員の人材確保に関する特別措置法
⑤ 公立の義務教育諸学校等の教育職員の給与等に関する特別措置法
⑥ 消防組織法
⑦ 地方公営企業法
⑧ 地方公営企業等の労働関係に関する法律
⑨ 地方独立行政法人法

（国家公務員制度改革推進本部労使関係制度検討委員会（第１回・平成20年10月22日）配布資料参考16を参考に作成）

Ⅳ　公務員に対する法適用

　地方公務員には、[図表3]のほか、次のような法律が適用される。これらは地方公務員に適用される法律の一部である。また、勤務条件条例主義の下、条例で定められる事項も多い（例えば、「職員の勤務時間、休日、休暇等に関する条例」「職員の給与に関する条例」など。各地方公共団体のホームページの「例規集」などで検索することが可能である）。

---

〈一般職の地方公務員に適用される法律〉
○　労働基準法（一部適用除外、[図表4]参照）（昭和22年法律第49号）
○　労働安全衛生法（一部適用除外）（昭和47年法律第57号）
○　地方公務員の育児休業等に関する法律（平成3年法律第110号）
○　地方公務員等共済組合法（昭和37年法律第152号）
○　地方公務員災害補償法（昭和42年法律第121号）
○　公益的法人等への一般職の地方公務員の派遣等に関する法律（平成12年法律第50号）
○　地方公共団体の一般職の任期付研究員の採用等に関する法律（平成12年法律第51号）
○　地方公共団体の一般職の任期付職員の採用に関する法律（平成14年法律第48号）

---

　なお、一般職の地方公務員に関しては、職種によって、労働基準法の適用範囲が異なっている。労働基準法のうち、適用が除外されている規定は[図表4]のとおりである（地公58条3項参照）。

[図表4：一般職の地方公務員に関する労働基準法の適用除外]
○一般行政事務を行う職員

| 2条 | 労働条件の決定 |
| --- | --- |
| 14条2項・3項 | 契約期間等 |
| 24条1項 | 賃金の支払 |
| 32条の3から32条の5 | 労働時間 |
| 38条の2第2項・第3項、38の3、38の4 | 時間計算 |
| 39条6項から8項 | 年次有給休暇 |
| 41条の2 | 労働時間等 |

第 2 章　公務員の種類

| 75条から88条 | 災害補償 |
| --- | --- |
| 89条から93条 | 就業規則 |
| 102条 | 労働基準監督官の権限 |

○労働基準法別表第 1 第 1 号から第10号までおよび第13号から第15号までに掲げる事業に従事する職員

| 2 条 | 労働条件の決定 |
| --- | --- |
| 14条 2 項・3 項 | 契約期間等 |
| 24条 1 項 | 賃金の支払 |
| 32条の 3 から32条の 5 | 労働時間 |
| 38条の 2 第 2 項・第 3 項38条の 3 、38条の 4 | 時間計算 |
| 39条 6 項から 8 項 | 年次有給休暇 |
| 41条の 2 | 労働時間等 |
| 75条から88条 | 災害補償 |
| 89条から93条 | 就業規則 |

（2）　特別職の地方公務員

　地方公務員法の規定は、法律に特別の定めがある場合を除くほか、特別職に属する地方公務員には適用されない（地公 4 条 2 項）。法律による特別の定めとしては、地方公営企業の管理者および企業団の企業長についての地方公営企業法 7 条の 2 第11項、39条の 2 第 4 項、特定地方独立行政法人の役員についての地方独立行政法人法50条の 2 などがある。

> **コラム①　公務員の労働基本権**
> 　公務員にも労働基本権は保障されているが（憲法28条、全農林警職法事件：最大判昭和48年 4 月25日刑集27巻 4 号547頁）、民間労働者と比較して公務員の労働基本権が立法によって大幅に制約されていることはよく知られた事実である。ただ、公務員の種類によってその取り扱いが異なっていることに留意する必要がある。
>
> **1　国家公務員**
> 　国家公務員は、労働組合法の適用がない（国公附則 6 条）。しかし、国家公務員はその勤務条件の維持改善を図ることを目的として「職員団体」を結成することができ（同法108条の 2 ）、人事院に「登録」されれば当局に対して「交

渉」を求めることができる（同法108条の5第1項）。しかし、交渉事項は限定されており、管理運営事項について交渉の対象とすることはできない（同条3項）。また、「団体協約」の締結権が否定されている（同条2項）。争議行為も禁止され（同法98条2項）、何人も、国家公務員による争議行為を共謀・教唆したり、あおり行為をしたりすれば処罰される（同法111条の2〔令和4年改正後の110条1項16号〕）。

　ところが、同じ国家公務員としての身分を与えられている行政執行法人職員（独行法51条）については、国家公務員法附則6条が不適用とされ、労働組合法が適用される（行執労37条1項1号）。そして、このことを前提に「行政執行法人の労働関係に関する法律」が労働組合法の規律を一部修正している（行執労3条1項）。その結果、行政執行法人職員は労働組合を結成し（同法4条）、労働協約を締結することができ（同法8条柱書本文）、労働委員会に対して不当労働行為救済手続の申立てを行うこともできる（同法19条参照）。ただし、団体交渉事項については一般の国家公務員と同様の規制があり、管理運営事項を交渉の対象とすることはできない（同法8条柱書ただし書）。争議行為も禁止されており（同法17条1項）、違反した場合には解雇される（同法18条。罰則はない）。このように、職員の労働基本権について一般の国家公務員とは異なる取り扱いを受ける行政執行法人には、①国立公文書館（内閣府所管）、②統計センター（総務省所管）、③造幣局（財務省所管）、④国立印刷局（財務省所管）、⑤農林水産消費安全技術センター（農林水産省所管）、⑥製品評価技術基盤機構（経済産業省所管）、⑦駐留軍等労働者労務管理機構（防衛省所管）の7法人がある。

　以上に対して、警察職員、海上保安庁職員、刑事施設職員は、職員団体を結成・加入することから禁止されており（国公108条の2第5項）、団体交渉権・争議権はおろか、団結権も否定されている（罰則について同法110条1項20号〔令和4年改正後の同項19号〕）。

## 2　地方公務員

　いわゆる非現業の地方公務員に労働組合法の適用はなく（地公58条1項）、その労働基本権は、上で述べた一般の国家公務員と同様の制約を受けている（同法52条以下。争議行為の禁止について同法37条1項、あおり行為等に対する罰則について同法62条の2〔令和4年改正後の61条4号〕）。職員団体の登録の申請先は人事委員会または公平委員会である（同法53条）。

　これに対して、いわゆる現業職員である地方公営企業職員・特定地方独立行

政法人職員・単純労務職員については地方公務員法58条の適用がないことから（それぞれ地公企39条1項、地独行法53条1項1号、地公57条・地公等労附則5項）、労働組合法の適用があり、このことを前提に「地方公営企業等の労働関係に関する法律」が規律を一部修正し、行政執行法人における規律と同様のルールを設けている。地方公営企業や特定地方独立行政法人という組織形態は、公営の水道事業・自動車運送事業・病院事業等にみられる。

　以上に対して、警察職員と消防職員は、団体交渉権・争議権のみならず、団結権まで否定されている（地公52条5項）。しかし、職員団体を結成したことに対する罰則はない。

### 3　現業職員の勤務条件決定と労使自治

　このように、国家公務員・地方公務員を通じて、（広義の）現業職員（注）については、非現業職員と異なり、労働協約締結権が認められている。その意味で、現業の公務員については労使自治が認められているといえ、議会の定める法律・条例ではなく、労使の合意によって勤務条件を決定する余地がある。

　また、以上を反映してか、就業規則による勤務条件の決定も可能である。労働組合法に関する地方公務員法58条1項と同じく、同条3項が現業職員には適用されないため、労働基準法第9章（就業規則）の全面適用がある。水道事業等では「企業管理規程」（地公企10条）が定められ、その中で詳細な勤務条件が定められる例がみられるが、企業管理規程とは就業規則の性質を有するものなのである。

　ただし、「給与」の種類・基準については、地方公営企業職員・単純労務職員についても、条例で定めるべきことが法律上明記されており（地公企38条4項。単純労務職員について地公等労附則5項、地公企38条4項）、「条例主義」との調整が図られているが、種類や基準以外の事項（給料表や各種手当ての額等）については労使自治によって決定することができる。以上に対して、特定地方独立行政法人職員の給与についてはこのような特別の規定はみられず、国の行政執行法人職員も同じであり、これらの現業職員には給与の決定に関する労使自治の範囲がより広く認められている（非現業の地方公務員については、給料、手当、旅費の額・支給方法まで条例で定めなければならない（自治204条3項））。

　（注）「現業職員」という言葉は、国の行政執行法人職員および地方公営企業
　　　職員・特定地方独立行政法人職員・単純労務職員のすべてを指す場合（広義

の現業職員。要するに、「非現業職員」以外）と、単純労務職員（地公57条）のみを指す場合（狭義の現業職員）があるので、注意が必要である。なお、かつて、国には、五現業と呼ばれる国営企業（郵政、林野、印刷、造幣、アルコール専売）が存在し、当該事業に従事する現業職員がいたが、郵政・アルコール専売事業の民営化、印刷・造幣事業の独立行政法人化、林野事業の特別会計廃止（非現業化）により、現在では存在しない。

# 第3章　公務員の人事（1）――勤務関係の成立・異動・終了

## I　任用の原則

　任用とは、任命権者が特定の人物を特定の公務員の職に就けることをいう。

　公務員の任用は、受験成績、人事評価、その他の能力の実証に基づき（国公33条1項・2項1号、地公15条）、平等取扱原則に従って行うことが要請されている（国公27条、地公13条）。

　また、任用は、職に欠員が生じた場合にのみ行うことができる（国公35条、地公17条1項）。国の機関の定員は法令（例えば「行政機関の職員の定員に関する法律」および同法に基づいて定められる「行政機関職員定員令」）で、地方公共団体の定数は条例（例えば東京都の場合、「東京都職員定数条例」「学校職員の定数に関する条例」等）で定められる。

　任用の方法としては、採用、昇任、降任、転任（国公35条、地公17条1項）が定められており、以下で詳述する。

　なお、本章では、主として国家公務員の一般職および地方公務員の一般職を取り上げる。特別職については、国家公務員法や地方公務員法が適用されず（第2章参照）、特別法で特別の規定が設けられていることがあるので、注意を要する（例えば、国家公務員である自衛隊員の任免については、自衛隊法に規定がある）。また、一般職であっても、特例が設けられている職員もいる（第2章参照）。例えば、教員については、地方公務員法57条に基づき、教育公務員特例法が制定されており、ここで任免に関する特例が設けられている。

## II　採用（勤務関係の成立）

### 1　採用とは

　採用とは、職員以外の者を職員に任命することを指す。ただし、臨時的任用

は採用には該当しないものとされている（国公34条1項1号、地公15条の2第1項1号）。なお、後述の欠格事由に該当する者は、公務員になることや、競争試験もしくは選考を受けることができない（国公38条、地公16条）。

## 2 採用の方法

### （1） 国家公務員

　採用の方法は、不特定多数の者を対象とする競争試験によることを原則とし、例外的に、特定の者を対象とする選考（競争試験以外の能力の実証に基づく試験）による採用が許されている（国公36条）。選考によることができる場合は、①係員の官職以外の官職に採用しようとする場合、②特別職や地方公務員などすでに公務員である者を採用する場合、③以前の職員を再び採用する場合等である（国公36条ただし書、人事院規則8-12（職員の任免）18条1項各号）。

　競争試験による採用の場合、採用試験を実施し、合格者を採用候補者名簿に記載し、任命権者が同名簿に記載された者の中から面接を行って、採用者が決められる（国公42条・51条・56条）。これに対し、選考による採用は、官職に必要とされる知識、経験等の性質が特殊である等の事情から公募によりがたい場合等を除き、広く募集を行い、筆記試験、論文試験、作文試験、人物試験、経歴評定、身体検査等による選考をして採用者が決められる（人事院規則8-12（職員の任免）21条・22条）。

### （2） 地方公務員

　人事委員会または競争試験等を行う公平委員会（地公9条）を置く地方公共団体（同法17条の2第1項）は、競争試験によることを原則とし、例外的に選考による採用が認められている。いかなる場合に選考による採用を行うかは、人事委員会規則ないし公平委員会規則で定められる。例えば東京都では、「職員の試験及び選考に関する規則」でいかなる職について選考による採用を行うかが定められている。これらの委員会を置かない地方公共団体においては、職員の採用は、競争試験または選考によって行う（地公17条の2第2項）。

　競争試験による採用は、国家公務員と同様、採用試験の合格者を採用候補者名簿に記載し、その中から採用者を決定する方法で行われる。他方、選考の方法については、人事委員会規則で、経歴評定、筆記考査、口述考査、実地試験

等を行う旨定められている地方公共団体が多い。

## 3　臨時的任用

### （1）臨時的任用とは

臨時的任用とは、正規の任用の例外として、緊急の場合等に、6か月を超えない任期で任用を行うものである。臨時的任用は、国家公務員法ないし地方公務員法上、採用の定義からは除外されているが（国公34条1項1号、地公15条の2第1項1号）、職員でないものを任用する制度であることから、ここで扱う。臨時的任用にあたっては、上記2で述べた方法を採る必要がない。

### （2）臨時的任用の要件等

#### ア　国家公務員

緊急の場合、臨時の官職に関する場合または採用候補者名簿がない場合に、人事院の承認を得て臨時的任用ができるものとされており、任期は6か月以下で、一度のみ人事院の承認を得て6か月以下の任期で更新することができる（国公60条1項）。

人事院規則では、当該官職に採用、昇任、降任、転任または配置換の方法により職員を任命するまでの間欠員にしておくことができない緊急の場合（人事院規則8-12（職員の任免）39条1項1号）、当該官職が臨時的任用を行う日から1年に満たない期間内に廃止されることが予想される臨時のものである場合（同項2号）については、包括的に人事院の承認があったものとみなす旨の規定が置かれている。また、当該官職に係る名簿がない場合または当該官職に係る名簿において、当該官職を志望すると認められる採用候補者が5人に満たない場合（同項3号）については、人事院の承認を得て臨時的任用をすることができる。

臨時的任用をされた職員については、公務員の身分保障や分限に関する事項を定めた国家公務員法75条および78条から80条と、不利益処分時の手続に関する同法89条および行政不服審査法が適用されない（国公81条1項）。

#### イ　地方公務員

人事委員会を置く地方公共団体では、人事委員会規則で定めるところにより、常時勤務を要する職に欠員を生じ、①緊急の場合、②臨時の職に関する場合ま

たは③採用候補者名簿がない場合に人事委員会の承認を得て臨時的任用をすることができる。任期は6か月以下で、一度のみ人事委員会の承認を得て6か月以下の任期で更新することができる（地公22条の3第1項）。

人事委員会規則の定めの具体例として、例えば東京都では、以下の3つの場合に臨時的任用を認めており、1号については人事委員会の承認をあらかじめ包括的に与えている（職員の臨時的任用に関する規則2条）。また、任期の更新については、2号の場合に人事委員会の承認をあらかじめ包括的に与えている（同規則3条）。

- 災害その他重大な事故のため、地方公務員法17条1項の採用、昇任、降任または転任の方法により職員を任命するまでの間その職員の職を欠員にしておくことができない緊急の場合（1号）
- 臨時的任用を行う日から1年以内に廃止されることが予想される臨時の職に関する場合（2号）
- 任命権者が、その採用候補者の提示の請求に対し人事委員会から適当な採用候補者がない旨または当該職に係る採用候補者名簿において当該職を志望すると認められる者の数が採用すべき者の数よりも少ない旨の通知を受けた場合（3号）

これに対し、人事委員会を置かない地方公共団体では、緊急の場合または臨時の職に関する場合に臨時的任用ができる。任期については、人事委員会を置く地方公共団体と同様であるが、更新にあたって公平委員会の承認は不要である（地公22条の3第4項）。

臨時的任用をされた職員については、分限に関する事項を定めた地方公務員法27条2項および28条1項から3項と、不利益処分時の手続に関する同法49条1項・2項および行政不服審査法が適用されない（地公29条の2第1項）。

なお、特別法による臨時的任用として、女性の教職員の出産休暇に伴う臨時的任用（女子教職員の出産に際しての補助教職員の確保に関する法律3条1項）や、職員の育児休業に伴う臨時的任用（地公育6条）などがある。

## 4 採用の法的性質と採用をめぐる紛争

### (1) 採用の法的性質

　公務員の勤務関係がどのようにして生じるのかについては、民間企業における労働契約と同様に当事者の意思表示の合致により生じるという説と、採用という行政処分を要すると考える説がある。後者の立場を採ったとしても、採用という行政処分にいかなる特殊性が認められるのかについては様々な議論があるところであり、また、任命権者が相手方の同意なく一方的に採用処分を行い、公務員としての仕事に従事させることは、職業選択の自由の観点から許されないものと解されている。

　採用の法的性質について、裁判例では、「再雇用職員の勤務関係の法的性質は公法上の任用関係と解するのが相当である。してみれば、再雇用職員たる地位は任用権者による『任命』がされることにより初めて生ずるものであって、労働契約という私法上の法律行為によって生ずるものとはいえないから、原告らの私法上の雇用契約に基づく再雇用職員たる地位の確認請求は、この点ですでに理由がない」(都立高校教職員地位確認等請求事件：東京地判平成19年6月20日判時2001号136頁)、「一審被告は、地方公共団体であり、地方自治法、地公法および中野区保育園非常勤保育士設置要綱に基づき、一審原告らを地公法3条3項3号の特別職たる非常勤職員として雇用期間を定めて任用していたこと、一審被告から一審原告らに対し、任用時および再任用時の都度、発令通知書が交付されるなどの任用行為が行われていたものであるから、一審原告ら非常勤保育士の任用関係等については、上記関係法規により規律されるとともに、その具体的内容は、中野区長の任用行為の具体的内容によって決定されるなどの行政処分であり、これに基づく本件勤務関係は公法上の任用関係である」(中野区(非常勤保育士)事件：東京高判平成19年11月28日労判951号47頁。同旨、情報・システム研究機構(国情研)事件：東京高判平成18年12月13日労判931号38頁)などと判示されており、一定の行政処分を経て公務員の勤務関係が生ずるものと解されている。ただし、このような見解に対しては、学説上、有力な批判もある。

## （2） 採用をめぐる紛争

　採用に関する紛争は、何らかの理由で採用されなかった者が救済を求めて、訴訟による救済を求める例が大半である。提起すべき訴訟の種類としては、採用を行政処分とみて当該処分を求める義務付け訴訟等の抗告訴訟（行訴3条）や、地位確認請求訴訟等の当事者訴訟（同法4条）が考えられる。

　不採用の救済のために抗告訴訟を提起する場合、大まかに筆記試験→面接試験→採用内定→採用という流れを経る採用プロセスのうち、どこにどのような行政処分があり、どのような違法性があったのか、また、いかなる訴訟を提起するのかを事例に応じて十分検討する必要がある。下記5で後述するとおり、多くの裁判例では、公務員としての地位を発生させる行為は採用であると考えられていることから、採用プロセスの違法性を争う場合、基本的には、採用処分の義務付け訴訟の中で、その違法性を主張することになるものと考えられる。

　この問題に関する裁判例としては、大阪府・府教委事件：大阪地判平成29年5月10日判タ1447号174頁がある。同裁判例は、定年後再任用の合格決定を受けていた原告が、職務命令違反等を原因として合格決定を取り消され、再任用されなかったことから、これを再任用拒否処分であるとしてその取消しを請求し、また、再任用処分をすべきであるとして、申請型（行訴3条6項2号）、非申請型（同項1号）両方の義務付け訴訟を提起した事件である。裁判所は、再任用拒否処分の取消請求について、再任用拒否は被告が任用行為を行わなければ足りるのであり、再任用拒否処分という行政処分をしたものとは認められないとして、請求を却下した。また、申請型義務付け訴訟については、原告に申請権の不存在を理由に、非申請型義務付け訴訟については、給与相当額の支払請求をすることによって十分に損害の回復を得ることが可能であるとして、補充性の要件（行訴37条の2第1項）を欠くことを理由にいずれも却下した。この判断は高裁でも維持され、最高裁でも上告棄却および不受理決定により維持された（大阪高判平成30年3月28日LLI／DB判例秘書、最三小決平成31年2月5日判例集未登載）。

　また、福岡高判平成28年9月5日判タ1447号83頁および福岡高判平成29年6月5日判タ1445号89頁は、採用にあたって明確な瑕疵がみられた事例である。いずれも、大分県の教員選考採用試験において不正な加点処理が行われ、

これによって採用された教員に対して行われた採用の取消処分に対する取消訴訟である。前者については採用取消処分の取消しが認められ、後者については採用取消処分の取消しが認められなかった。授益的行政処分の取消しの適法性の判断にあたっては、取り消すべき公益上の必要性と取り消されることによる相手方の不利益との利益衡量が行われるところ、前者の例よりも後者の例の方が加点された点数が著しく大きく、取り消すべき公益上の必要性も大きかったことが、判断が分かれた要因の一つとなっているものと思われる。

## 5 採用内定およびその取消し

　採用内定について、民間企業では、内定における手続の内容や、内定後の当事者の行動（他社の選考の辞退など）が考慮され、内定の通知をもって、始期付解除権留保付労働契約の成立が認められる例が多い（大日本印刷事件：最二小判昭和54年7月20日民集33巻5号582号）。

　一方、公務員の採用の効力は、原則的には、採用の辞令書の到達時に生じるものと考えられる。この点について、「地方公務員の任用行為は地方公務員たる地位の設定、変更を目的とする重要な法律行為であるから、辞令書の交付又はこれに準ずる任命権者……による任用する旨の明確な意思表示の到達をもってその効力を生ずる」と判断した例（名古屋地判昭和54年3月26日労判367号63頁）や、「本件採用内定の通知は、単に採用発令の手続を支障なく行うための準備手続としてされる事実上の行為にすぎず、被上告人東京都と上告人との間で、上告人を東京都職員（地方公務員）として採用し、東京都職員としての地位を取得させることを目的とする確定的な意思表示ないしは始期付または条件付採用行為と目すべきものでは」ない旨判断した最高裁判例（最一小判昭和57年5月27日民集36巻5号777頁）が存在する。また、採用内定の取消しについて、上記最高裁判例は、「採用内定の取消し自体は、採用内定を受けた者の法律上の地位ないし権利関係に影響を及ぼすものではないから、行政事件訴訟法3条2項にいう『行政庁の処分その他公権力の行使に当たる行為』に該当するものということができず、右採用内定者においてその取消しを訴求することはできない」として、その処分性を否定した。

　いずれの裁判例も事例判断ではあるが、採用内定者の段階では未だ公務員の

地位にはなく、内定取消しの処分性や公務員としての地位確認は概ね認められていない。

また、内定取消しの態様によっては、国家賠償請求が認められる余地があり、上記判例もその可能性について言及している。内定取消しの違法性を高める事情としては、取消しの理由、取消しの通知の時期、他の就職の機会の放棄およびこれに関する採用担当者等からの働きかけの有無や程度等が考えられる。

## 6　条件付採用

### （1）条件付採用とは

条件付採用とは、民間企業における試用期間に類似する制度である。このような制度が置かれた趣旨は、「職員の採用にあたり行われる競争試験又は選考（以下試験等という。）の方法……が、なお、職務を遂行する能力を完全に実証するとはいい難いことにかんがみ、試験等によりいったん採用された職員の中に適格性を欠く者があるときは、その排除を容易にし、もって、職員の採用を能力の実証に基づいて行うとの成績主義の原則……を貫徹しようとする」ところにあるとされている（最三小判昭和49年12月17日集民113号629頁）。

### （2）国家公務員の条件付採用

#### ア　対象および期間

職員の採用を行った際は、原則として6か月間、条件付任用となる（国公59条1項、人事院規則8-12（職員の任免）32条1項）。ただし、以下のとおり、人事院規則で対象職員および期間の例外が設けられている。

##### （A）対象職員についての例外

以下の場合については、当初から正式採用となる。

・かつて職員として正式に採用されていた者で引き続き特別職に属する職等（特別職に属する職、地方公務員の職、行政執行法人以外の独立行政法人に属する職、沖縄振興開発金融公庫に属する職その他これらに準ずる職）に就いたもののうち、引き続きこれらの職に現に正式に就いている者（これらの職のうち、1つの職から他の職に1回以上引き続いて異動した者を含む）または国派遣職員を職員として採用する場合（人事院規則8-12（職員の任免）32条1項1号、人事院規則8-12（職員の任免）の運用について（平成21年3月18

日人企-532）第32条関係）。

　例えば、総務省の職員として正式採用された後、都道府県に異動し、その後総務省に戻る場合には、条件付採用の対象とはならない。
・都道府県警察の職に就いている地方警察職員を警察庁の職員または警察法56条1項に規定する地方警務官として採用する場合（人事院規則8-12（職員の任免）の運用について（平成21年3月18日人企-532）第32条関係）。

　例えば、地方警察職員である警視を地方警務官である警視正の地位に就ける場合には、条件付採用の対象とはならない。
・60歳以上の退職者を短時間勤務職員に再任用する場合。ただし、自衛隊法による定年退職者を除く（人事院規則8-12（職員の任免）32条2号、人事院規則8-12（職員の任免）の運用について（平成21年3月18日人企-532）第32条関係）。
・審議会等の非常勤官職、人事院規則8-12第46条に基づいて採用される非常勤職員、1年以内の任期の非常勤職員を採用する場合。ただし、後述の1か月を超える期間業務職員を除く（人事院規則8-12（職員の任免）48条1項）。

　**（B）　対象期間についての例外**

　条件付採用期間の6か月のうち、実際に勤務した日数が90日に満たない職員については、その日数が90日に達するまで条件付採用期間が自動延長される。ただし、当該職員の条件付採用開始から1年が延長の上限となる（人事院規則8-12（職員の任免）34条）。

　また、1か月を超える期間業務職員（相当の期間任用される職員を就けるべき官職以外の官職である非常勤官職であって、一会計年度内に限って臨時的に置かれるもの。人事院規則8-12（職員の任免）4条13号）の条件付採用期間は1か月とされ、実際に勤務した日数が15日に満たない場合は、当該職員の任期を上限に、15日に達するまで自動延長される（同規則48条3項）。

　**イ　条件付採用期間中の職員の法的地位**

　条件付採用期間中の職員については、公務員の身分保障や分限に関する事項を定めた国家公務員法75条および78条から80条と、不利益処分時の手続に関する同法89条および行政不服審査法が適用されない（国公81条1項）。なお、

懲戒事由および処分内容は、正式採用の職員と同様である。

　上述のとおり、条件付採用期間中には分限に関する規定が適用されないが、条件付採用職員に対する分限については、別途、人事院規則で分限事由が定められている（人事院規則11-4（職員の身分保障）10条。詳細は、第4章を参照されたい）。また、国家公務員法89条が適用されないことから、不利益処分の際、処分説明書の交付はされないが、人事院規則8-12（職員の任免）54条1号～3号に基づく通知書は交付される。

　条件付採用職員が不利益処分を受けた場合、行政不服審査法の適用が除外されることから、処分の取消訴訟を提起することとなる。

　　ウ　正式採用

　条件付採用期間が終了した場合、改めて何らかの行為を要することなく、終了の翌日から、採用または昇任は、正式のものとなる（人事院規則8-12（職員の任免）32条の2）。

（3）　地方公務員の条件付採用

　　ア　対象および期間

　職員の採用は原則として全て条件付となる（地公22条）。期間は原則6か月であるが、人事委員会が人事委員会規則で（人事委員会を置かない地方公共団体の場合、任命権者が地方公共団体の規則で）最長1年まで延長することができる。

　ただし、以下のとおり、対象職員および期間の例外が設けられている。

　　（A）　対象職員の例外

　国家公務員の場合と同様、60歳以上の退職者を短時間勤務の職に再任用する場合は、条件付採用の対象外とされている（地公22条の4第6項、22条の5第3項）。

　　（B）　条件付採用期間の例外

　会計年度任用職員は条件付採用期間が1か月に短縮されている（地公22条の2第7項）。他方、公立の小学校、中学校、義務教育学校、高等学校、中等教育学校、特別支援学校、幼稚園および幼保連携型認定こども園の教諭、助教諭、保育教諭、助保育教諭および講師は、1年に延ばされている（教育公務員特例法12条1項）。

　条件付採用期間の人事委員会規則等による延長の例として、東京都では、国

家公務員一般職の場合と同様、条件付採用期間の6か月のうち、実際に勤務した日数が90日に満たない職員については、その日数が90日に達するまで、1年間を上限として条件付採用期間が自動で延長される旨の規定が置かれている（職員の条件付採用の期間の延長に関する規則2条）。

また、自動延長の方式を採らず、条件付採用期間の延長にあたっては、任命権者の処分（延長処分）を要する旨の規定を置く例もみられる。例えば、島根県美郷町では、期間中の実勤務日数が90日に満たない場合や、正式採用となるための能力の実証が十分得られない場合その他特別の場合等に、町長が1年を超えない範囲で、条件付採用期間を延長することができる旨が定められている（美郷町職員の条件附採用の期間の延長に関する規則2条）。このような規定がある場合であっても、身分関係の安定の観点からは、期間延長の処分は、能力の実証を実地に得るために必要な合理的理由がある場合に限り許され、任命権者の裁量には一定の制限があるものと考えられる。なお、同町で行われた条件付採用期間延長の処分について、延長処分を行うにあたっては、その終期ないし延長期間を明確に定めて告知する必要があり、これを欠く延長処分を無効と判断した裁判例も存在する（広島高松江支判平成26年1月22日労働判例ジャーナル25号10頁）。

条件付採用期間の延長に不服がある場合の争い方としては、①期間の延長を行政処分とみて、これに対する取消訴訟を提起する、②本来の条件付採用期間経過後に正式採用された職員であるとの地位確認訴訟を提起する、③延長された条件付採用期間中にされた分限処分に対する取消訴訟を提起するといった方法が考えられる。前掲広島高松江支判平成26年1月22日は、延長処分の無効を前提として、本来の条件付採用期間経過後にされた免職処分を取り消した事例である。同裁判例とは異なり、延長処分に重大明白な瑕疵があるとまではいえない場合には、延長処分の瑕疵を分限処分の取消訴訟においては主張できない可能性があるので、延長処分の取消訴訟を併せて提起することを検討すべきである。

なお、延長された条件付採用期間経過後に正式採用された場合は、訴えの利益が失われる可能性がある。

イ　条件付採用期間中の職員の法的地位

　条件付採用期間中の職員については、意に反する分限処分の事由と処分内容を定める地方公務員法27条2項および28条1項から3項と、不利益処分時の手続に関する同法49条1項・2項および行政不服審査法が適用されない（地公29条の2第1項）。

　条件付採用職員に対する分限については、条例で必要な事項を定めることができるとされているが（地公29条の2第2項）、これに関する条例が定められていない地方公共団体も多い。その場合には、国家公務員に関する人事院規則11-4（職員の身分保障）10条に準じて検討することが考えられる（詳細は、第4章を参照されたい）。また、条件付採用職員には地方公務員法49条1項・2項が適用されないことから、不利益処分の際、処分説明書の交付はされない。

　条件付採用職員が不利益処分を受けた場合、行政不服審査法の適用が除外されることから、処分の取消訴訟を提起することとなる。

　なお、懲戒事由および処分内容は、正式採用の職員と同様である。

　　ウ　正式採用

　条件付採用期間の職務を良好な成績で遂行した場合には正式採用される（地公22条1項）。

　地方公務員の場合、国家公務員に関する人事院規則8-12（職員の任免）32条の2に相当する規定は置かれていないが、国家公務員と同様、条件付採用期間経過後は、改めて特別の手続を要することなく、当然に正式採用となると解されている（高松地判昭和37年11月27日行集13巻11号2108頁）。

（4）　**条件付採用期間中の職員に対する分限処分の違法性**

　条件付採用期間中の職員に対する分限処分の違法性については、第4章を参照されたい。

## Ⅲ　勤務関係の異動

### 1　昇　任

（1）　**昇任とは**

　昇任とは、任用行為のうち、職員をその職員が現に任命されている（官）職

より上位の職制上の段階に属する（官）職に任命することをいう（国公34条1項2号、地公15条の2第1項2号）。採用と同様に、その法的性質は行政処分と考える説が有力である。

**（2） 昇任の要件等**

　ア　国家公務員

　昇任は、任命しようとする官職の属する職制上の段階の標準的な官職に係る標準職務遂行能力および当該任命しようとする官職についての適性を有すると認められる者の中から行う（国公58条1項）。

　官職の序列は、国家公務員法34条2項に基づいて「標準的な官職を定める政令」で定められており、多くの省庁では、事務次官、局長、部長、課長、室長、課長補佐、係長、係員という序列となっている。また、標準的な官職に係る標準職務遂行能力は、国家公務員法34条1項5号に基づいて「標準職務遂行能力について」（平成21年3月6日内閣総理大臣決定）で定められている。昇任対象者の選定は、人事評価に基づいて行われ、昇任試験は行われていない（人事院規則8–12（職員の任免）25条）。また、昇任は全て6か月間の条件付のものとなる（国公59条1項）。

　庁のトップである長官、各省の事務次官、局長、部長、およびこれに準ずるものとして政令で定められている職員（幹部職員の任用等に関する政令2条1項）は、幹部職員とされている（国公34条1項6号）。幹部職員への昇任は、幹部候補者名簿に記載されている者であって、人事評価に基づき、当該任命しようとする幹部職についての適性を有すると認められる者の中から行われる（同法61条の3第2項）。幹部候補者名簿は、内閣総理大臣より権限の委任を受けた内閣官房長官が行う適格性審査を経て作成される（国公61条の2第1項・2項・5項）。

　イ　地方公務員

　昇任は、職員の受験成績、人事評価その他の能力の実証に基づき、任命しようとする職の属する職制上の段階の標準的な職に係る標準職務遂行能力および当該任命しようとする職についての適性を有すると認められる者の中から行う（地公21条の3）。

　標準職務遂行能力や標準的な職の内容は、任命権者が定めるものとされてお

り（地公15条の2第1項5号・2項）、例えば東京都では、「東京都職員の標準職務遂行能力を定める規程」（訓令第59号）や「東京都の標準的な職を定める規程」（訓令第61号）が定められている。

任命権者が職員を人事委員会規則で定める職（人事委員会を置かない地方公共団体においては、任命権者が定める職）に昇任させる際には、昇任試験（昇任のための競争試験）または選考を行うこととされている（地公21条の4第1項）。例えば東京都では、「職員の試験および選考に関する規則」（人事委員会規則第2号）で、試験ないし選考によって昇任させるべき職が定められている（同規則3条）。

前述のとおり、国家公務員の場合、6か月の条件付昇任期間が設けられているが、地方公務員法には、条件付昇任の規定はない。

### （3） 昇任しないことに対する救済方法

任命権者は、昇任について広範な裁量を有していることから、昇任の義務付け訴訟や国家賠償請求訴訟が認められる可能性は、一般的に低いものと考えられる。しかしながら、任命権者が、性別や労働組合活動等により昇任について差別的な取扱いをしている場合には、裁量権の逸脱ないし濫用があるものとして、国家賠償請求が認められる可能性がある。

実際、裁判例では、組合活動を積極的に行っていた職員が、昇任において差別的な取扱いを受けた事案について、任命権者の裁量権逸脱を認め、国家賠償請求を認容したものがある（静岡地浜松支判平成14年2月25日裁判所ウェブサイト）。もっとも、このような場合であっても、義務付けの訴えの要件が、「一定の処分がされないことにより重大な損害を生ずるおそれがあり、かつ、その損害を避けるため他に適当な方法がないとき」（行訴37条の2第1項）と定められていることから、特定の役職への昇任を義務付けることは、ハードルが高いものと思われる。

### （4） 昇任の拒否や辞退

昇任を含む任命行為は一般的に行政処分であると解されており、任命行為の一態様である採用を、本人の同意なく行うことが許されないことについては、異論はない。また、降任等の明らかな不利益処分を本人の意に反して行う場合については、後述のとおり、その事由や手続が法律等で定められている。一方、

昇任処分については、職務命令としての性質を有するものであることから、昇任を拒否することは許されないものと考えられている。

　民間企業においては、昇進後の職務に従事せよとの業務命令が出せるような労働契約が成立しているか否かが問題となり、いわゆる総合職での採用のような場合には、このような契約が成立しているとみることができるが、一方で業務内容や責任の範囲が契約上制限されているような場合については、個別の合意なく昇進させることはできない。公務員については、採用時に、国や地方公共団体の職務全般に従事することに対して包括的な合意があったものとして、個別の合意なく昇任を命じることが正当化されるものと考えられる。

　京都地労委（京都市交通局）事件：京都地判平成14年3月22日労判875号15頁は、意に反する昇任処分に関する数少ない裁判例である。同裁判例は、任命権者である交通局長が原告の意に反して係長への昇任処分を行い、これにより原告の労働組合員資格を失わせたことが、不利益取扱いや支配介入の不当労働行為（労組7条1号・3号）に該当するとして、原告が労働委員会に対して救済申立てを行ったところ、労働委員会が却下ないし棄却命令を行ったことから、当該命令の取消訴訟を提起した事案である。判決は、不利益取扱いについては不当労働行為意思がないとして不当労働行為に当たらないと判断し、支配介入については原告の救済申立適格を否定して、原告の請求を棄却した。裁判所は、「本人の反対の意向に反して係長昇任がされた例もなかったもので、このような点からみると、本件異動は、交通局の従前の人事の例に照らすと、相当異例の人事であったことは確かである」と認める一方で、「交通局長が、原告が本件組合の正当な活動をしたことなどを理由として本件異動をしたことを認めるには不十分」であり、「交通局長は、本件規則（京都市職員任用規則）に従い、その昇任の選考基準に則って本件異動の発令をしたものといえる」と述べて不当労働行為意思を否定しており、本人の意に反する昇任処分は、異例ではあるものの、それ自体が法律上許されない処分であるとの前提には立っていないことがうかがえる（大阪高判平成15年1月29日労判875号12頁でも維持。ただし、支配介入につき原告の救済申立適格を否定した部分は、最二小判平成16年7月12日労判875号5頁で、組合員個人も申立適格を有すると判断された）。

　地方公共団体では、人事委員規則等で昇任の辞退が制度として設けられてい

る例がみられる。例えば、東京都では、「採用候補者名簿又は昇任候補者名簿の作成及びこれによる職員の採用又は昇任の方法に関する規則」（人事委員会規則第1号）で、任命権者より、昇任候補者として提示されている旨の通知を受けた日から5日以内に届け出ることで、昇任を辞退できるものとされている（同規則10条1項）。

先述のとおり、昇任処分も行政処分と解されるので、意に反する昇任処分の救済方法としては審査請求および取消訴訟が考えられる。昇任処分による不利益の内容としては、業務内容や責任の重さについて大きな変化が生じることや、労働組合員としての資格を失うことなどが想定される。しかし、後述する転任の場合と同様に、不利益処分に当たるか否かや、訴えの利益の存否が問題となるものと思われる。

## 2　降　任

### (1)　降任とは

降任とは、任用行為のうち、職員をその職員が現に任命されている（官）職より下位の職制上の段階に属する（官）職に任命することをいう（国公34条1項3号、地公15条の2第1項3号）。降任の法的性質は、行政処分に当たる。

### (2)　降任の要件等

#### ア　国家公務員

任命権者は、職員を降任させる場合、人事評価に基づき、任命しようとする官職の属する職制上の段階の標準的な官職に係る標準職務遂行能力および当該任命しようとする官職についての適性を有すると認められる官職に任命するものとされているが（国公58条2項）、降任処分は不利益処分であることから、降任対象の職員の意に反する降任処分については、処分事由や手続について制限が課されている（第4章Ⅱで詳述する）。一方、降任される職員の同意がある場合は、処分事由や手続についての制限はない。

#### イ　地方公務員

任命権者は、職員を降任させる場合、人事評価その他の能力の実証に基づき、任命しようとする職の属する職制上の段階の標準的な職に係る標準職務遂行能力および当該任命しようとする職についての適性を有すると認められる職に任

命するものとされているが（地公21条の5第1項）、国家公務員と同様、意に反する降任には処分事由や手続についての制限が課されている（第4章で詳述する）。降任される職員の同意がある場合にこれらの制限がかからないことも、国家公務員と同様である。

**（3） 降任処分に対する同意**

民間企業の労働契約においては、労働者にとって不利益な合意の成否を認定するにあたって、「自由な意思に基づいてされたものであると認めるに足りる合理的な理由が客観的に存在すること」を求める裁判例が多い（山梨県民信用組合事件：最二小判平成28年2月19日民集70巻2号123頁）。

そして、最高裁は、妊娠中の軽易業務転換に際して副主任を免ぜられたこと等が争われた事案において、軽易業務への転換を理由として不利益な取扱いをすることは、雇用機会均等法（雇用の分野における男女の均等な機会及び待遇の確保等に関する法律）9条3項に違反して無効であるが、「当該労働者につき自由な意思に基づいて降格を承諾したものと認めるに足りる合理的な理由が客観的に存在するとき、又は事業主において当該労働者につき降格の措置を執ることなく軽易業務への転換をさせることに円滑な業務運営や人員の適正配置の確保などの業務上の必要性から支障がある場合であって、その業務上の必要性の内容や程度および上記の有利又は不利な影響の内容や程度に照らして、上記措置につき同項の趣旨および目的に実質的に反しないものと認められる特段の事情が存在するときは、同項の禁止する取扱いに当たらない」と判示した。

公務員の降任の場合にも、降任処分に対する同意の有無については、民間の場合と同じく、自由意思論が妥当する可能性があることから、同意を得る場合、またはこれを争う場合には十分に検討すべきである。

**（4） 降任処分に対する救済方法**

降任処分に対する救済は、審査請求およびこれに続く取消訴訟によって行われる。

## 3　配置換・転任・出向

**（1） 配置換・転任・出向とは**

転任とは、職員をその職員が現に任命されている官職（職）以外の官職（職

員の職）に任命することであって、昇任または降任に該当しないもの、すなわち同等の職への異動のことをいう（国公34条1項4号、地公15条の2第1項4号）。転任の法的性質は、採用と同様、行政処分に当たるものと解されている。

　国家公務員の一般職について、人事院規則8-12（職員の任免）4条では、国家公務員法上の転任のうち、任命権者が変動しないものが「配置換」（5号）、変動するものが「転任」（4号）と定義されている。

　地方公務員法では、任命権者の変動を伴う人事異動（例えば、市長部局から教育委員会部局への異動など）についての明確な規定は置かれていない。しかし、条例などにおいて、これを「出向」と定義して取り扱う例がみられる。ちなみに、民間企業における「出向」は、一般的に出向元会社との労働契約関係を維持しながら、出向先会社においても労働契約関係を結び、出向先において指揮命令や労務提供が行われる形態での人事異動を指すものであり、上述した地方公務員の「出向」とは全く別の概念である。

　同等の職への異動については、以上のとおり用語が重複・錯綜していることから、本項では以下の表のとおりの用語を使用する。

|  | 任命権者の変動なし | 任命権者の変動あり |
| --- | --- | --- |
| 国家公務員 | 配置換 | 転任 |
| 地方公務員 | 転任 | 出向 |

### （2）　国家公務員の配置換・転任

　任命権者は、人事評価の結果に基づき配置換しようとする官職についての適性を有すると認められる者の中から、人事の計画その他の事情を考慮した上で、最も適任と認められる者を「配置換」することができる（人事院規則8-12（職員の任免）27条）。また、任命権者は、人事評価の結果に基づき官職に係る能力および適性を有すると認められる者の中から、人事の計画その他の事情を考慮した上で、最も適任と認められる者を「転任」させることができる（同規則26条1項）。このように、配置換の場合には、適性の検証のみで足りるのに対し、転任の場合には、任命権者の変動があることから、適性に加えて、改めて標準職務能力の検証が必要とされている。なお、幹部職への配置換・転任は、昇任の場合と同様、幹部候補者名簿の中から行うこととなる（国公61条の3第2項）。

また、転任（任命権者を異にする異動）の場合には、当該職員が現に任命されている官職の任命権者の同意を得なければならない（人事院規則8-12（職員の任免）6条3項）。同意を与えた任命権者は、職員に対し、「……に出向させる」という人事異動通知書を発令することになるが、この出向発令は、任用行為ではなく、職員に事実を伝える事実行為であると解されている。加えて、転任の場合には、降任処分を伴う場合や職員の同意を得た場合等を除き、異動先での官職を異動前のものよりも下げることは許されないとの規定も置かれている（同規則26条3項）。

なお、配置換・転任については、職員の同意を要しないと解されている（配置換について、大阪高判昭和49年3月28日労民25巻3号211頁参照）。

### （3） 地方公務員の転任・出向

地方公務員の転任は、職員の人事評価その他の能力の実証に基づき、任命しようとする職の属する職制上の段階の標準的な職に係る標準職務遂行能力および当該任命しようとする職についての適性を有すると認められる者の中から行うものとされている（地公21条の5第2項）。

また、前述のとおり、地方公務員法上は、任命権者が異なる官職や機関への異動を予定した条文は置かれていないものの、条例や行政規則等で「出向」に関する定めを設けている例がみられる。例えば三重県では、「職員の任用に関する規則」で、任命権者を異にする職員を任用する場合においては、当該職員が、現に任用されている職の任命権者の同意がなければならない旨の規定を置いており（同規則7条2項）、「職員任免事務取扱規程」では、出向が「現に職員である者を県の機関で任命権者の異なる機関の職員に異動させること」と定義している（同規程2条7号）。

地方公務員の転任や出向について、同意が不要と解されていることは、国家公務員と同様である（出向にあたって当該職員の同意は不要であるとする行政解釈として、行実昭和42年11月9日自治公一第57号がある）。

なお、出向の法的性格について、「出向命令それ自体は独立して完結する任用行為ではなく、受入れ機関側の任命権者の発令があって始めて完結する任用行為であるということができ、しかも、特別の規定のない限り、任命権者の権限は、その内部の機関に属する職に限られる（地方公務員法6条1項）から、

当該職員が受入れ機関側に属する職へ任用されるという法律効果は、受入れ機関側の任命権者の行為によってもたらされるものであり、前の勤務機関の任命権者は、右法律効果を直接発生せしめる行為をなしえない」、「そうすると、前の勤務機関の任命権者のする出向命令は、前記受入れ機関側の任命権者のする任用行為に対して前の勤務機関の任命権者の同意が必要となることに鑑み、前の勤務機関の任命権者が受入れ機関側の任命権者に対して右同意を与えた事実を当該職員に通知する意味を持つにすぎないもので、当該職員に対して直接の法的効果を生ぜしめるものではない」、「出向命令は直接の法的効果を生ぜしめる処分ではないから、……不利益処分にあたらない」と判示した裁判例がある（津地判昭和51年4月8日判時832号111頁）。

### （4） 配置換・転任・出向に対する救済

配置換・転任処分は、行政処分に当たると解されていることから、これに不服がある場合は、審査請求や取消訴訟によるべきこととなる。しかし、降任とは異なり、国家公務員法や地方公務員法において、審査請求の対象となる不利益処分として列挙されておらず（国公89条1項・90条、地公49条1項・49条の2）、実際、配置換や転任処分が不利益処分に当たるか否かについては、後述の裁判例等でもたびたび争われてきた。しかしながら、審査請求が可能な処分の取消しの訴えは、審査請求を前置すべきこととされていることから（国公92条の2、地公51条の2）、審査請求が可能な職員（詳細は、第5章参照）は、転任処分が不利益処分に当たるものとして、審査請求の手続を先行させるべきである。なお、行政通達においても、転任が不利益処分に当たるかについては、個々の処分について具体的に判断するほかないとの見解が示されている（昭和26年7月20日法務府法意一発第44号）。

また、出向については、上述した裁判例（前掲津地判昭和51年4月8日）を前提とすると、出向の場面で行われる行政処分は、出向先任命権者の出向職員に対する任用行為であることから、出向に不服のある職員は、当該任用行為の審査請求や取消訴訟を行うことになる（取消訴訟に合わせて、出向元での地位確認訴訟を提起することも考えられる）。そして、任用行為の前提となる出向元任命権者の同意の瑕疵を争う場合には、当該訴訟の中で、同意の瑕疵を主張することとなる。なお、出向先任命権者の任用行為が違法か否かは、事案ごとに判

断されることになるが、例えば、不当労働行為意思をもってなされた出向であれば、裁量権の逸脱・濫用と判断される可能性があろう。

### （5） 地方公務員の転任処分が争われた裁判例

前述のとおり、転任処分は、審査請求の対象となる不利益処分として列挙されていないこともあり、審査請求の際に、審査請求の対象となる不利益処分といえるか否か、また、取消訴訟の際に、当該処分（原処分）の取消しを求める法律上の利益があるか否かが争われる例が多い。

法律上の利益を否定して訴えを却下した事例として、大阪府吹田市内の中学校間での中学校教員の転任処分の例（最一小判昭和61年10月23日労判484号7頁）や、東京都杉並区の中学校教員から大田区の中学校教員への転任処分の例（東京地判平成22年3月2日判例集未登載）などがある。

一方、大阪高判平成13年10月19日判自232号51頁は、市立高校教諭から、指導主事または指導員として教育委員会の事務局等に転任させた処分について、身分と俸給に具体的な不利益を生じさせるものであり、その後教諭に復帰させたとしても、なお転任処分の取消しを求める訴えの利益は失われないと判断し、かつ、転任処分は組合活動を嫌悪して行われたものであるとして、転任処分を取り消した。また、広島地判平成24年5月29日労働判例ジャーナル7号26頁は、広島県尾道市の小学校教員に転任させた1年後に、さらに同県府中市の小学校教員へ転任させた処分について、通勤時間の増加や、使用する教科書の違い等から不利益処分性を認め、かつ、同県公立小中学校教員人事取扱要領においては、同一校勤務3年未満の者の転任については、やむを得ない事情があり、人事管理上特別の配慮を要する場合に限られるものと定められているところ、このような場合には当たらないとして、転任処分を取り消した。さらに、大阪地判平成26年12月17日労判1122号28頁は、20年以上バスの運転手として勤務していた40代の職員を、実際の乗務を行わず専ら事務作業を行う職に転任させた処分について、「自動車運転手としての職務経験を生かして能力を発揮するに適した職務であるとは言い難く、むしろ、不慣れな事務作業を一から覚えなければならない」として、転任処分を取り消す法律上の利益を認め、かつ、職員が大阪市に対して別件の訴訟を提起し、市からの別件訴訟取下げの要請に応じなかったことを理由に行われたものであるとして、転任処分を取り

消した。

## 4　休　職

### （1）休職とは

　休職とは、職員の地位を維持させたまま、職務に従事させない分限処分を指す（国公79条・80条、地公28条2項。分限処分については第4章参照）。なお、懲戒処分として職員を同様の状態に置くことは、停職と呼ばれ、休職とは区別される（国公82条1項、地公29条1項）。休職は、不利益処分の一種であり、行政処分と解されている。

### （2）休職の要件等

#### ア　国家公務員

##### （A）休職事由

　職員の意に反する休職処分については、処分事由が限定されている（国公75条）。

　国家公務員法において定められている休職事由は、心身の故障のため、長期の休養を要する場合（国公79条1号）と、刑事事件に関し起訴された場合（同条2号）であるが、人事院規則によって休職事由を追加することが認められている。

　人事院規則においては、外部の機関等で調査研究や業務に従事する場合（人事院規則11-4（職員の身分保障）3条1項1～4号）、災害で生死不明または所在不明の場合（同項5号）、休職や人事交流による派遣等から復帰した際に定員に欠員がない場合（同条2項）が定められている。

　また、所轄庁の長の許可を受けて、登録された職員団体の専従役員となる場合、その許可の有効期間中は、休職者とされる（国公108条の6第5項）。

##### （B）休職期間

　心身の故障による場合（国公79条1号）と、人事院規則11-4（職員の身分保障）3条1項1号および3号から5号の場合の休職期間は、3年を超えない範囲で必要に応じて任命権者が定め、休職開始日からの通算期間が3年を超えない範囲で更新することができる。また、人事院規則11-4（職員の身分保障）3条1項1号および3号の場合は、人事院の承認を得て、休職期間をさらに2

年、通算5年未満の範囲内で更新することができ、同項3号の場合で、やむを得ない事由がある場合は、人事院の承認を得て通算5年未満の枠を超えてさらに更新することができる（同規則5条1項・3項・4項）。

人事院規則11-4（職員の身分保障）3条1項2号の場合の休職期間は、5年を超えない範囲で任命権者が定め、休職開始日からの通算期間が5年を超えない範囲で更新することができる。また、やむを得ない事由がある場合は、人事院の承認を得て通算5年未満の枠を超えてさらに更新することができる（同規則5条2項・4項）。

休職や人事交流による派遣等から復帰した際に定員に欠員がない場合（人事院規則11-4（職員の身分保障）3条2項）の休職期間は、定員に欠員が生ずるまでの間とされており、年数による上限は設けられていない（同規則5条5項）。

起訴休職（国公79条2号）の場合の休職期間は、起訴された事件が裁判所に係属している間とされており、年数による上限は設けられていない（同法80条2項）。

なお、いずれの休職も、休職事由が消滅した場合には当然に終了する（国公80条3項）。

### （C）休職中の地位

休職中は、休職にされた時に占めていた官職または休職中に異動した官職を保有し、職員としての身分を保有し続ける（国公80条4項第1文、人事院規則11-4（職員の身分保障）4条1項）。

また、休職期間中は、原則として給与を受けてはならないが（国公80条4項第2文）、一般職の職員の給与に関する法律23条および人事院規則9-13（休職者の給与）で、給与を支給する、または支給することができる事由と、事由ごとの支給割合が定められている。特に、公務上または通勤による負傷や疾病で休職される場合、給与全額を支給すべきこととされている（給与法23条1項）。

### （D）休職終了の効果

休職事由が消滅した場合は、職員の離職または他の事由による休職処分がない限り、速やかに復職させなければならず、休職期間が満了した場合、または職員団体の専従役員の許可が取り消された場合は、当然復職する（人事院規則11-4（職員の身分保障）6条）。

なお、民間企業の就業規則においては、労働者の私傷病による休職で、復職可能な程度に回復することなく休職期間が満了した場合、特段の意思表示などを要せず当然に退職する旨の定めが置かれることが多い。しかし、国家公務員法や人事院規則には、このような当然退職を定めた規定はないので、私傷病によって休職した職員が休職期間を満了しても復帰できない場合は、別途、分限免職処分（国公78条2号）を行う必要がある。

イ　地方公務員

（A）　休職事由

職員の意に反する休職処分については、処分事由が法律または条例に定められる場合に限定されている（地公27条2項）。

地方公務員法において定められている休職事由は、国家公務員法と同様、心身の故障のため、長期の休養を要する場合（地公28条2項1号）と、刑事事件に関し起訴された場合（同項2号）である。

条例に定められている休職事由について、例えば東京都では、「職員の分限に関する条例」（条例第85号）で、「職員が人事委員会規則で定める事由に該当する場合においては、その意に反して、これを休職することができる」とされている（同条例2条1項）。そして、当該条例に基づき、「職員の休職の事由等に関する規則」（人事委員会規則第11号）が定められており、外部の機関等での研究や業務の場合（同規則2条1項1号・2号）や、災害による生死不明または行方不明の場合（同項3号）、人事委員会が3号の事由に準ずると認めた場合（同項4号）が休職事由として追加されている。

（B）　休職期間

休職期間については、各地方公共団体の条例で定められている（地公28条3項参照）。

例えば東京都では、「職員の分限に関する条例」および同条例に基づく「職員の休職の事由等に関する規則」によって、休職期間が定められている。具体的には、心身の故障による休業の場合（地公28条2項1号）は、3年を超えない範囲で必要に応じて任命権者が定め、休職開始日からの通算期間が3年を超えない範囲で更新することができ、復職後1年以内に直前の休職と同一の疾病で休職する場合、休職期間の上限は1度目の休職期間と通算して3年未満とさ

47

れている（職員の分限に関する条例4条1項・2項）。また、起訴休職の場合（地公28条2項2号）は、国家公務員と同様、事件が裁判所に係属している期間が休職期間とされている（職員の分限に関する条例4条3項）。さらに、「職員の休職の事由等に関する規則」2条各号の休職の場合の休職期間は、3年を超えない範囲で必要に応じて任命権者が定め、休職開始日からの通算期間が3年を超えない範囲で更新することができることとされており、非常勤職員については、3年未満の上限が1年未満に短縮されている（同規則3条）。

　　　(C)　休職中の地位

　休職中の地位についても、各地方公共団体の条例で定められている（地公28条3項参照）。

　例えば東京都では、「職員の分限に関する条例」で、休職中も職員としての身分を保有すること（同条例5条1項）、原則として給与や報酬は支払われないことが定められている（同条2項）。また、「職員の給与に関する条例」で、休職者に給与を支給しうる事由と支給の割合が定められている（同条例19条の2）。

　　　(D)　休職終了の効果

　休職終了時の効果についても、各地方公共団体の条例で定められている（地公28条3項参照）。

　例えば東京都では、「職員の分限に関する条例」で、休職事由が消滅した際は、速やかに復職を命じなければならないこと（同条例6条1項）、休職の期間が満了したときは、当該職員は当然復職するものとすること（同条2項）が定められている。

　なお、国家公務員と同様、民間企業でみられる当然退職の規定は置かれていないことから、休職期間満了後も休職事由が消滅しない場合には、別途、分限免職処分（地公28条1項2号）を行う必要がある。

（3）　休職処分に対する救済

　職員の意に反する休職処分は、不利益処分であることから、当該処分に対する救済は、審査請求およびこれに続く取消訴訟によって行われる。

# Ⅳ 勤務関係の終了

## 1 辞　職

### （1） 辞職の手続・効果

職員がその意によって退職することを辞職という（人事院規則8-12（職員の任免）4条11号参照）。

民間企業の労働契約では、期間の定めのない労働契約の場合、辞職の意思表示から2週間が経過することで、当然に労働契約関係は終了する（民627条1項）。これに対して、公務員の場合は、辞職の意思表示のみによって勤務関係は終了せず、職員の採用の場面での行政処分説と同様、職員の辞職の意思表示に応じて、任命権者が離職させる旨の行政処分を行う必要があると解するのが一般的である。

国家公務員の場合、辞職の意思表示は書面で行い、任命権者は、特段の支障がない限りこれを承認するものとされており（人事院規則8-12（職員の任免）51条）、この承認が職員本人の意思表示に応じて退職させる行政処分に当たるものと解されている。職員の辞職を承認した場合には、職員に人事異動通知書を交付しなければならない（国公61条、人事院規則8-12（職員の任免）53条10号）。

［書式1：人事異動通知書（国家公務員・辞職承認）］

| 人　事　異　動　通　知　書 ||
|---|---|
| （氏名）<br>　　○　○　○　○ | （現官職）<br>　　○　○　○　○ |
| （異動内容）<br>　　辞職を承認する ||

49

```
┌─────────────────────────────────────┐
│                                     │
│                                     │
│                                     │
│   令和○年○月○日                    │
│                                     │
│  任命権者                            │
│    ○○大臣    ○  ○  ○  ○         │
│                                     │
└─────────────────────────────────────┘
```

[書式2：辞令書（地方公務員・辞職承認）]

```
┌─────────────────────────────────────┐
│            辞　令　書                │
│                                     │
│ （氏名）           （職名）          │
│    ○ ○ ○ ○        ○ ○ ○ ○      │
│                                     │
│ （異動内容）                         │
│    辞職を承認する                    │
│                                     │
│    令和○年○月○日                   │
│                                     │
│            任命権者                  │
│              ○○市長   ○ ○ ○ ○  │
│                                     │
└─────────────────────────────────────┘
```

（2）辞職の意思表示の瑕疵

　辞職の行政処分にあたっては、職員の辞職の意思表示が有効であり瑕疵がないことが前提となっているものと考えられ、これに瑕疵がある場合は、辞職承認処分が違法となり得る。辞職の意思表示に瑕疵があることを理由として辞職承認処分を取り消した裁判例としては、公正取引委員会事件：東京地判昭和44年4月24日労判80号21頁（辞職の意思表示が動機の錯誤により無効であるとされた例）や、長崎市・長崎市選挙管理委員会事件：福岡高判令和3年10月

14 日労働判例ジャーナル 119 号 32 頁（統合失調症のため、辞職の意思表示が意思能力を欠く状態でされたものと認められた例）などがある。

　なお、民間企業の労働契約においては、労働者にとって不利益な合意の成否を認定するにあたって、「自由な意思に基づいてされたものであると認めるに足りる合理的な理由が客観的に存在すること」を要求する例が多くみられ（山梨県民信用組合事件：前掲最二小判平成 28 年 2 月 19 日）、退職の意思表示の場面でも、これを要するものとした例がある（グローバルマーケティングほか事件：東京地判令和 3 年 10 月 14 日労判 1264 号 42 頁）。そして、公務員の辞職の意思表示でも同様の法理が妥当するとの判断を示し、辞職の意思表示が自由な意思に基づくものとはいえないとして、辞職承認処分を取り消した裁判例がある（栃木県・県知事（土木事務所職員）事件：宇都宮地判令和 5 年 3 月 29 日労判 1293 号 23 頁）。

### (3)　辞職の意思表示の撤回

　民間企業における辞職の意思表示は、単独行為であることから、意思表示の瑕疵がない限り、その意思表示が相手方に到達した時点でその効力が生じ、撤回することはできない。

　一方で、公務員の場合、前述のとおり、辞職の意思表示によって当然に勤務関係の終了という効果が生じるのではなく、辞職の承認という行政処分によって初めて効果が生じることから、行政処分の効力が生じるまでの間であれば、いつでも撤回が可能であるようにも思われる。しかし、最高裁は、「退職願の提出者に対し、免職辞令の交付があり、免職処分が提出者に対する関係で有効に成立した後においては、もはや、これを撤回する余地がないと解すべきことは勿論であるが、その前においては、退職願は、それ自体で独立に法的意義を有する行為ではないから、これを撤回することは原則として自由である」が、「免職辞令の交付前において、無制限に撤回の自由が認められるとすれば、場合により、信義に反する退職願の撤回によって、退職願の提出を前提として進められた爾後の手続がすべて徒労に帰し、個人の恣意により行政秩序が犠牲に供される結果となるので、免職辞令の交付前においても、退職願を撤回することが信義に反すると認められるような特段の事情がある場合には、その撤回は許されない」（丸森町教育委員会事件：最二小判昭和 34 年 6 月 26 日判時 191 号 5

頁）として、例外的に辞職の意思表示の撤回が許されない場合がある旨判断している。

辞職の意思表示の撤回が信義に反すると認められた例としては、撤回の意思表示が、退職予定日の2日前に任命権者に到達し、それまでに退職を前提とする後任人事が相当程度進められていた事例（水戸地判昭和42年12月11日判タ219号195頁）、撤回の意思表示が第三者を通じて電話で行われたものにすぎず、撤回の意思表示後も職員本人は職場に復帰する等の行動をとらず、後任者が任命された事例（宮崎地決昭和47年9月25日判タ285号224頁）、懲戒免職に相当する非違行為を行った職員が、辞職をすれば軽い処分を検討するとの任命権者の勧めに応じて辞職の意思表示を行ったが、停職処分発令後に辞職を撤回した事例（東京地判昭和56年4月16日行集32巻4号544頁）などがある。

### （4） 退職勧奨

退職勧奨とは、任命権者等が職員に対して、辞職の意思表示を行うように促す行為である。

退職勧奨の結果、辞職の意思表示を行った場合で、当該退職勧奨の態様が、辞職の意思表示に錯誤等の瑕疵を生じさせるものだった場合には、当該職員としては、辞職の意思表示を取り消すとともに（民95条・96条）、すでに解職の処分がされている場合は、同処分に対する審査請求（昭和27年12月23日自行公発第112号）や取消訴訟を提起することが考えられる。

また、不当な退職勧奨（退職強要）に対する救済としては、国家賠償請求訴訟を提起することも検討すべきである。職員が、退職勧奨に応じないことを表明しているにもかかわらず、市教育委員会の担当者が、退職するまで勧奨を続ける旨繰り返し述べて短期間内に多数回、長時間にわたり執拗に退職を勧奨した事案について、国家賠償請求を認容した例がある（下関商業高校事件：最一小判昭和55年7月10日集民130号131頁）。

## 2　失　職

### （1） 失職とは

失職とは、職員が欠格条項（国公38条、地公16条）に該当することによって当然離職することをいう（人事院規則8-12（職員の任免）4条8号参照）。任命

権者による行政処分を要する辞職や免職と異なり、欠格条項に該当した公務員は、行政処分を介さずに当然に公務員の地位を失う（国公76条、地公28条4項）。

### （2） 失職事由

#### ア　国家公務員

　国家公務員法上の欠格事由（国公38条）は、①禁錮（2025（令和7）年6月1日以降は拘禁刑）以上の刑に処せられ、その執行を終わるまでまたはその執行を受けることがなくなるまでの者（1号）、②懲戒免職の処分を受け、当該処分の日から2年を経過しない者（2号）、③人事院の人事官または事務総長の職にあって、国家公務員法109条から112条までに規定する罪を犯し、刑に処せられた者（3号）、④日本国憲法施行の日以後において、日本国憲法またはその下に成立した政府を暴力で破壊することを主張する政党その他の団体を結成し、またはこれに加入した者（4号）である。

　このうち、失職事由とされているのは、1号・3号・4号である（国公76条）。1号および3号の「刑に処せられ」とは、刑を科す判決を言い渡されて確定したことを指し、執行猶予付きの判決であっても刑に処せられた者に該当する。交通事故などを起こして懲役刑・禁錮刑を科され、1号に該当するとして失職する例が多くみられる。

　なお、人事院規則で失職の特例を定めることができるとされているが（国公76条）、現時点で、このような特例を定めた人事院規則は存在しない。

#### イ　地方公務員

　地方公務員法上の欠格事由（地公16条）のうち、1号および4号は、上述した国家公務員法と同じである。2号の欠格事由は、「当該地方公共団体において懲戒免職の処分を受け、当該処分の日から2年を経過しない者」と定められており、ある地方公共団体で懲戒免職処分を受けても、他の地方公共団体では欠格事由とはならない。また、3号の欠格事由は、人事委員会または公平委員会の委員の職にあって、60条から63条までに規定する罪を犯し、刑に処せられた者とされている。

　このうち、失職事由とされているのは、1号・3号・4号である（地公28条4項）。交通事故などを起こして懲役刑・禁錮刑を科され、1号に該当するとして失職する例が多くみられることは、国家公務員の場合と同様である。

なお、条例で失職の特例を定めることが認められており（地公28条4項）、実際、特例条例が定められている地方公共団体も多い。特例条例の内容は、地方公共団体によって様々であるが、例えば東京都では、職員が過失犯で禁錮刑を科され、刑の執行を猶予された場合は、情状により、失職しないものとすることができる旨定められている（職員の分限に関する条例8条1項）。また、大阪府では、公務上の過失による事故に係る罪で、禁錮以上の刑に処せられ、刑の全部の執行を猶予され、情状を考慮して特に必要があると認められるときに、失職しないものとすることができる旨定められている（職員の分限に関する条例13条）。

### （3） 失職に対する救済

先述のとおり、失職は、行政処分を介さずに公務員の地位を当然に失わせるものであることから、失職を争う場合には、抗告訴訟（取消訴訟）を提起することはできず、職員たる地位の確認を求める当事者訴訟（行訴4条）によることとなる。

なお、地方公務員については、先述のとおり、条例で「情状により失職させないことができる」等の例外規定が置かれている場合がある。この場合にも、失職の通知が単なる事実行為にすぎないのかが問題となる。裁判例では、「任命権者が情状により特に斟酌すべきものがあると認定した事実を原因として法16条2号（注：現1号）の規定に該当するに至った職員のうち、その罪が過失によるものであつて、且つ刑の執行を猶予された者は、当該猶予を取り消されない限り、その職を失わない」との条例があった事案において、「任命権者が斟酌すべきものなしとの認定をすれば、当該職員は失職することになり、当該職員の身分関係に変動を生ぜしめることになるわけであって、任命権者のこのような認定は実質的にみれば行政処分としての性質を保有していると解せざるを得ない」として、失職通知の行政処分性を認めたものがある（名古屋地判昭和47年11月8日判タ289号266頁）。

一方、「地方公務員法第16条第2号（注：現1号）に該当するに至った職員で、刑の執行を猶予された者については、他の法令に特別の定めがある場合を除くほか、その者の罪が業務上過失によるものであり、かつ、任命権者が情状を考慮して特に必要と認めたときに限り、その職を失わないものとすることが

できる」との条例が置かれていた事案では、「当該職員の過失による犯罪行為が公務遂行中のものでないときは、当該職員は任命権者の情状に関する認定判断をまつまでもなく、……当然失職の効果を生ずることになる」のであり、「右認定に基づいてなされた当該職員に対する失職通知を行政処分とみる余地はない」として、行政処分性が否定されている（神戸地判昭和57年2月24日労判386号60頁）。両者の違いは、情状に関する認定判断が必要か否かにあるものと考えられる。

なお、失職の場合、懲戒免職処分の場合と同様に、その者が占めていた職の職務および責任、非違の内容および程度、当該非違が公務に対する国民の信頼に及ぼす影響等を勘案して、退職手当等の全部または一部を支給しない処分を行うことができる（国家公務員退職手当法12条。各地方公共団体でも、退職手当条例で同様の規定を置いている場合がほとんどである）。

## 3　免　職

免職とは、職員をその意に反して退職させることをいう（人事院規則8-12（職員の任免）4条10号参照）。

免職には、職員の非違行為に対する懲戒処分としての免職（国公82条1項、地公29条1項）と、分限処分としての免職（国公78条、地公28条1項）がある（詳細は、第4章参照）。懲戒免職処分の場合には、退職手当の一部または全部を支給しない処分をすることができ（退手法12条。各地方公共団体でも、退職手当条例で同様の規定を置いている場合がほとんどである）、また、前述のとおり、2号の欠格事由の要件となっていることが、分限免職処分と大きく異なっている。

## 4　定年退職

### （1）定年退職とは

定年退職とは、一般職職員が定年に達したことにより、当然に離職（退職）することをいう。定年に達した職員は、前述した失職と同様、定年退職日の到来をもって、特段の処分を介することなく当然に公務員としての地位を失う。

## （2）　定年退職の要件等

### ア　国家公務員

　国家公務員法等の一部を改正する法律（令和3年法律第61号）により、定年延長の法改正が行われ、2023（令和5）年4月1日に施行された。

　原則的な定年は、旧法で60歳、新法で65歳であり、定年退職日は定年に達した日以降における最初の3月31日である（国公旧81条の2第1項、新81条の6第1項）。また、病院、療養所、診療所等の医療業務を担当する部署のある施設等に勤務する医師および歯科医師の定年は、旧法で65歳、新法で70歳である（国公旧81条の2第2項1号、新81条の6第2項、人事院規則11-8（職員の定年）2条）。定年退職日については、任命権者があらかじめ例外を指定することができるものとされている。

　なお、臨時的職員、任期付職員、常時勤務を要しない官職に就く職員については、定年の規定は適用されない（国公81条の6第3項）。

　国家公務員法等の一部を改正する法律（令和3年法律第61号）による定年延長については、2023（令和5）年4月1日から2年に1歳ずつ定年が引き上げられ、2032（令和14）年4月1日以降、定年が65歳ないし70歳となる経過措置が設けられている（国公81条の6第2項・附則8条1項）。定年延長と同時に、管理監督職勤務上限年齢という、民間企業での役職定年制に相当する制度が設けられ、原則的な管理監督職勤務上限年齢は60歳、事務次官については62歳と定められている（国公81条の2第1項・2項）。また、60歳から延長後の定年までに退職した職員を短時間勤務の官職に採用する制度も設けられた（同法60条の2）。

### イ　地方公務員

　地方公務員については、定年および定年退職日を条例で定め、定年については、国家公務員の定年を基準とするものとされている（地公28条の6第1項～3項）。臨時的職員、任期付職員および非常勤職員に定年の規定が適用されない（同条4項）のは国家公務員と同様である。

　地方公務員についても、地方公務員法等の一部を改正する法律（令和3年法律第63号）による定年に関する法改正が2023（令和5）年4月1日より施行され、段階的な定年の引き上げに関しても、改正後の国家公務員法附則8条を基

準に条例で特例を定めるものとされた（地公附則21項）。例えば、東京都では、職員の定年等に関する条例で、国家公務員と同様、定年が段階的に65歳に延長されている（同条例3条・附則7項）。

なお、国家公務員と同様、管理監督職勤務上限年齢に関する規定や、延長後の定年前に退職した職員の短時間勤務職員への採用に関する規定が新たに設けられた（地公28条の2、22条の4）。

（3） 勤務の延長

任命権者は、ある公務員の定年退職により公務の運営に著しい支障が生ずると認められる十分な理由があるときは、定年退職日の翌日から起算して1年を超えない期間、定年前の職務に引き続き従事させることができる（国公81条の7第1項、地公28条の7第1項）。公務の運営に著しい支障が生ずると認められる十分な理由については、人事院規則や条例で定められており、①職務が高度の専門的な知識、熟達した技能または豊富な経験を必要とするものであるため、後任を容易に得ることができないとき、②勤務環境その他の勤務条件に特殊性があるため、その職員の退職により生ずる欠員を容易に補充することができず、業務の遂行に重大な障害が生ずるとき、③業務の性質上、その職員の退職による担当者の交替が当該業務の継続的遂行に重大な障害を生ずるとき、の3つの事由が挙げられている（人事院則11-8（職員の定年）7条、各地方公共団体の条例。例えば東京都では、職員の定年等に関する条例4条1項）。

1回目の勤務延長の期間を経過後も、退職により公務の運営に著しい支障が生ずると認められる十分な理由が引き続き認められる場合は、さらに1年を超えない期間で勤務の延長をすることができ、上記理由が存続する場合には、定年退職日の翌日から起算して3年未満であれば、何度でも延長をすることができる（国公81条の7第2項、地公28条の7第2項）。第1項に定められた1回目の勤務の延長は、任命権者のみの決定で行うことができるが、2回目以降は、国家公務員の場合、人事院による承認を要する。また、地方公務員の場合は、必要な事項を条例で定めることとされており、例えば東京都では、2回目以降の勤務の延長については、人事委員会の承認を要する（職員の定年等に関する条例4条2項）。

勤務の延長の期間が終了した場合、特段の行政処分を介さずに、公務員の地

位が当然に失われるものと考えられる。

また、勤務の延長にあたっては、あらかじめ当該職員の同意を得なければならない（人事院規則11－8（職員の定年）8条、各地方公共団体の条例。例えば東京都では、職員の定年等に関する条例4条3項）。

## V　定年後再任用

### 1　制度概要

定年後再任用とは、定年退職者を再任用する制度であり、常時勤務（フルタイム）または短時間勤務（パートタイム）の官職（職員）に採用することができる。

2001（平成13）年度より、共済年金の定額部分の支給開始年齢が、60歳から65歳に段階的に引き上げられたことに合わせて、国家公務員法および地方公務員法の改正が行われ、再任用の規定が置かれた（国公旧81条の4～81条の5、地公旧28条の4～28条の6）。2013（平成25）年度からは、共済年金のうち報酬比例部分についても支給開始年齢が65歳に至るまで段階的に引き上げられており、定年後再任用の制度は、民間企業における高年齢者等の雇用の安定等に関する法律9条1項2号の定年後再雇用の規定と同様に、定年退職から年金支給開始までのつなぎとして活用されていた。

前述のとおり、2023（令和5）年4月1日施行の国家公務員法改正・地方公務員法改正により、定年が延長され、再任用に関する規定は廃止された。もっとも、定年は段階的に引き上げられることから、これに伴う経過措置として、定年延長が完了するまでは、法改正前の定年後再任用制度と同様の制度（暫定再任用制度）が設けられている（国公改正法附則4条1項・5条1項、地公改正法附則4～9条）。

以下では、暫定再任用制度の解説を行う。

### 2　暫定再任用制度の概要

#### （1）　国家公務員

国家公務員法改正法の施行日（令和5年3月1日）前に定年退職等をした者

については、従前の再任用制度と同様の再任用を行うことができるよう、旧法の定年（原則60歳）に達した日以後65歳に達する年度の3月31日までの間、1年以内の任期を定めて、フルタイム勤務の暫定再任用（国公改正法附則4条1項）または短時間勤務の暫定再任用（同法附則5条1項）を行うことを可能としている。

また、国家公務員法改正法の施行日（令和5年3月1日）以後に定年退職等をした者については、定年の引き上げ完成までの間において、従前の再任用制度と同様の再任用を行うことができるよう、定年退職者等を段階的に引き上げられる定年に達した日以後65歳に達する年度の3月31日までの間、1年以内の任期を定めて、フルタイム勤務の暫定再任用（国公改正法附則4条2項）または短時間勤務の暫定再任用（同法附則5条2項）を行うことを可能としている。

なお、再任用を定めた条文上は、選考により「採用することができる」と規定されており、任命権者に再任用の対象者選定について広い裁量が認められるようにも思われる。しかし、平成25年3月26日の閣議決定（「国家公務員の雇用と年金の接続について」）では、年金支給開始年齢までは欠格事由ないし分限免職事由に当たらない限り、再任用を行うこととされており、実際、これに従った運用がされている。また、同閣議決定では、フルタイムでの再任用を原則とし、短時間勤務の官職での再任用は、職員の年齢別構成の適正化を図る観点から再任用を希望する職員をフルタイム官職に再任用することが困難であると認められる場合または当該職員の個別の事情を踏まえて必要があると認められる場合にのみ許される例外と位置付けられている。

（2） 地方公務員

地方公務員についても、国家公務員と同様の経過措置（暫定再任用制度）が設けられている。

すなわち、地方公務員法改正法の施行日（令和5年3月1日）前に定年退職等をした者については、旧法の定年（原則60歳）に達した日以後65歳に達する年度の3月31日までの間、条例で定めるところにより、1年以内の任期を定めて、フルタイム勤務の暫定再任用（地公改正法附則4条1項・3項）または短時間勤務の暫定再任用（同法附則6条1項・3項）を行うことを可能としている。

また、地方公務員法改正法の施行日（令和5年3月1日）以後に定年退職等をした者については、定年の引き上げ完成までの間、条例で定めるところにより、定年退職者等を段階的に引き上げられる定年に達した日以後65歳に達する年度の3月31日までの間、1年以内の任期を定めて、フルタイム勤務の暫定再任用（地公改正法附則4条2項・3項）または短時間勤務の暫定再任用（同法附則6条2項・3項）を行うことを可能としている。

なお、地方公務員についても、選考により「採用することができる」との規定になっているが、賃金と年金の接続の観点から、総務省より、国家公務員の場合と同様、年金支給開始年齢までは、再任用するようにとの要請がなされている（平成25年3月29日総行高第2号「地方公務員の雇用と年金の接続について（総務副大臣通知）」）。

## 3 再任用がされなかった場合の救済

### （1） 救済方法

再任用がされなかった場合の救済方法としては、取消訴訟や再任用の義務付け訴訟が考えられる。再任用をしないことが取消訴訟の対象となる行政処分に該当するのか、あるいは処分ではなく単なる不作為なのか、また、再任用の義務付け訴訟は、申請型（行訴3条6項2号）か非申請型（同条1号）かという問題があり、前掲大阪地判平成29年5月10日が参考となるのは、上記Ⅱ4で述べたとおりである。

また、違法な再任用の拒否に対して国家賠償請求を行うことも考えられる。

### （2） 裁判例

#### ア 義務付け訴訟

再任用の義務付け訴訟の例として、前掲大阪地判平成29年5月10日がある。同裁判例は、再任用の義務付け訴訟を非申請型義務付け訴訟と位置付け、補充性の要件を満たさないとして請求を却下した。

#### イ 国家賠償請求訴訟

再任用拒否についての国家賠償請求の事例のうち、請求を認めなかったものとしては、教員が国歌斉唱等の職務命令に従わなかったことを理由とする再任用拒否の事例（東京都（君が代・再任用不合格等）事件：最一小判平成30年7月

19日労判1191号16頁）等がある。

　他方、認容例としては、①定年退職後再任用されて1回更新されたものの2回目の更新をされなかった高校教員の事案について、再任用の制度が公的年金の支給開始年齢の引き上げに合わせて高齢職員に雇用機会を提供するという考えに基づき導入されたものであること、勤務実績の評価が良好であったことから、当該公務員が任用の継続を期待することが無理からぬものであると判断した上で、著しく合理性を欠く面接や推薦書による評価に依拠して行われた更新の拒否に国家賠償法上の違法性を認めた例（東京都事件：東京高判平成26年10月30日裁判所ウェブサイト）、②教員が定年後再任用の選考に申し込んだところ、勤務状況や面接審査の評価が基準を下回るものとして不合格とされた事案について、これらの評価の内容が合理性を欠くものとして、不合格決定の国家賠償法上の違法性を認めた例（熊本県事件：福岡高判平成25年9月27日判時2207号39頁）、③定年後再任用された税務課職員が、課税に関する業務について住民訴訟を提起したことを理由に更新拒絶された事例で、職員の主張の当否を検討することなく守秘義務に違反するものと評価し、更新を拒絶したことが裁量権の逸脱・濫用に当たるとして、国家賠償法上の違法性を認めた例（東串良町事件：鹿児島地判令和4年12月7日労働判例ジャーナル132号34頁）などがある。なお、これらの認容例では、いずれも再任用の任期が1年間であり、1年間分の給与を基準として逸失利益の額が算定されている。

# 第4章 公務員の人事（2）——分限・懲戒

## I 分限処分と懲戒処分

### 1 公務員の身分保障

**（1） 職員の身分保障の原則**

　職員は、全体の奉仕者として公共の利益のために勤務し、かつ、職務の遂行にあたっては、全力を挙げてこれに専念しなければならない（国公96条1項、地公30条）。これを支えるため、職員がみだりにその職を奪われたり不利益を科されたりしないように、職員の身分は法律によって保障されている。

　具体的には、国家公務員は、国家公務員法または人事院規則に定める事由による場合でなければ分限処分・懲戒処分を受けることがない（国公75条・82条）。また、地方公務員は、地方公務員法または条例で定める事由による場合でなければ分限処分・懲戒処分を受けることがない（地公27条2項・3項）。しかも、職員の分限および懲戒については、公正でなければならない（国公74条1項、地公27条1項）。これが、職員の身分保障である。

**（2） 臨時的職員・条件付採用職員についての分限処分の特例**

　臨時的職員および条件付採用期間中の職員については、分限処分について、以下のとおり特例が設けられている（詳細は、下記II 4参照）。

　　ア　国家公務員

　臨時的職員および条件付採用期間中の職員については、公務員の身分保障や分限に関する事項を定めた国家公務員法75条、78条から80条や、不利益処分時の手続に関する同法89条および行政不服審査法が適用されない（国公81条1項）。これらの職員の分限については、人事院規則で定められている（同条2項、人事院規則11-4（職員の身分保障）9条・10条）。

イ　地方公務員

　臨時的職員および条件付採用期間中の職員については、公務員の身分保障や分限に関する事項を定めた地方公務員法27条2項、28条1項から3項や、不利益処分時の手続に関する同法49条1項・2項および行政不服審査法が適用されない（地公29条の2第1項）。これらの職員の分限については、条例で必要な事項を定めることができるとされている（同条2項）。

## 2　分限処分と懲戒処分の意義

### （1）　分限処分

　分限制度は、公務の能率の維持およびその適正な運営の確保の目的から、一定の事由がある場合に、職員の意に反する不利益な身分上の変動をもたらす処分をする権限を任命権者に与えるとともに、他方で職員の身分保障の見地からその処分権限を発動しうる場合を限定したものである（国公78条～79条、地公28条。広島県校長降格事件：最二小判昭和48年9月14日民集27巻8号925頁参照）。

　分限処分は、職員が職務を十分に果たし得ないこと等を理由とする処分であり、広い意味では職員の責任を問うものともいいうるが、あくまで公務の能率の維持およびその適正な運営の確保が目的であり、懲戒処分のように職員に制裁を科すものではない。

### （2）　懲戒処分

　公務員に職務上の義務違反、その他、単なる労使関係の見地においてではなく、国民全体の奉仕者として、公共の利益のために勤務することをその本質的な内容とする勤務関係の見地において、公務員としてふさわしくない非行がある場合に、その責任を確認し、公務員関係の秩序を維持するため、科される制裁である（国公82条、地公29条。神戸税関事件：最三小判昭和52年12月20日民集31巻7号1101頁参照）。

### （3）　両者の異同

　いずれも職員に不利益を与えるものであるが、分限処分は国や地方公共団体側の都合すなわち公務能率の維持または公務の適正な執行のために行われる処分であり、本人の責めに帰すべき事由の有無を問わない。

　これに対し、懲戒処分は、公務員関係の規律および秩序維持のために行われ

る処分であり、公務組織の規律や秩序を乱す非違行為あるいは不作為など、職員の責めに帰すべき義務違反に対する制裁処分である。

例えば、分限免職は制裁として行われるものではないので、退職手当が全額支給されるが、懲戒免職は制裁として行われるので、退職手当を全部または一部支給しない処分がなされうる（退手法12条1項1号）。また、懲戒免職処分を受けてから2年間は、（地方公務員の場合は当該地方公共団体において）公務員となることができない（国公38条2号、地公16条2号）。

以下に述べるとおり、分限処分も、懲戒処分も、いずれも処分庁に一定の裁量権が認められている。

**（4） 同一事由に基づく分限処分と懲戒処分の併科**

行政実例は、いずれの処分を行うかは任命権者の裁量であり（行実昭28・1・14自行公発12号）、1つの事実に基づき懲戒処分および分限処分を併せて行うことも可能であると解している（昭42・6・15高知県総務部あて公務員課長電話回答）。裁判例にも、職務命令違反などを理由に双方の処分を科したことについて、「それぞれ制度の趣旨、目的を異にする」ことを理由に併科を認めた例がある（東京高判平成19年12月26日公務員関係判決速報383号35頁）。

なお、分限処分の事由として考慮すべき事由（住居手当不正受給）がすでになされた懲戒処分とほぼ重複している例において、分限処分と懲戒処分とは、その趣旨、目的を異にしているとはいえ、処分事由とし考慮すべき事由がほぼ重複し、すでに停職6か月という重い懲戒処分がされていることから分限処分を取り消した例もある（大阪高判平成26年12月5日労判1113号5頁）。

## II　分限処分

### 1　分限処分の事由と種類

分限処分には、免職、降任、休職および降給の4種類があり、この順序で重い処分から軽い処分となる。

**（1）　免職および降任（国公78条、地公28条1項）**

免職とは、職員をその意に反して退職させることである。

降任とは、現に任命されている官職より下位の職制上の段階に属する官職に

任命することである。

免職および降任の事由は次のとおりであり、詳細は後述する。
① 人事評価または勤務の状況を示す事実に照らして、勤務実績がよくない場合
② 心身の故障のため、職務の遂行に支障があり、またはこれに堪えない場合
③ ①・②のほか、その官職（職）に必要な適格性を欠く場合
④ 官制（職制）もしくは定員（定数）の改廃または予算の減少により廃職または過員を生じた場合

## （2） 休職（国公79条、地公28条2項）

休職とは、官職（職、身分）を保有したまま職員を職務に従事させないことである。休職の事由は以下のとおりである（休職期間、休職中の地位、休職終了の効果については、第3章Ⅲ4を参照）。
① 心身の故障のため、長期の休養を要する場合
② 刑事事件に関し起訴された場合
③ 国家公務員については、人事院規則11-4（職員の身分保障）で定める以下の事由

・研究休職（3条1項1号）
　学校、研究所等の公共的施設における職務に関連がある学術に関する調査・研究等の経験が復職後の職務遂行に資する点に着目して休職事由とされたものである。

・共同研究休職（3条1項2号）
　前号の公共的施設や、公共的性格を有しない施設でも、国等との共同研究団体等で当該業務に従事することが国等の研究に資することに着目して休職事由とされたものである。

・役員兼業休職（3条1項3号）
　研究職員が、その研究成果を活用する事業を営む会社等の役員、顧問等を兼ねる場合に、これらを兼ねることが承認基準のいずれにも該当し、かつ、主として当該役員等の職務に従事する必要があり、研究職員としての職務に従事することができないときに認められるものである。

・設立援助休職（3条1項4号）

　法令により国が必要な援助等を行う公共的機関の設立に伴う国からの技術移転あるいは人材援助を円滑に行うための休職である。

・行方不明休職（3条1項5号）

　水難、火災等の災害により生死不明または所在不明になった場合に、公務能率維持のため速やかに後任者を補充するための休職である。

・過員休職（3条2項）

　復職時に過員免職を回避する趣旨で設けられた休職である。

④　地方公務員については、①および②のほか、条例で定める事由（地公27条2項）

　例えば東京都では、職員の分限に関する条例（昭和26年9月20日条例第85号）で、「法第28条第2項に定める事由によるほか、職員が人事委員会規則で定める事由に該当する場合においては、その意に反して、これを休職することができる」と規定されており（同条例2条1項）、職員の休職の事由等に関する規則（昭和27年7月15日人事委員会規則第11号）には、前項の行方不明休職等に相当する事由などの休職事由が定められている。

## （3）降給（国公75条2項、地公28条3項）

### ア　意　義

　降給とは、職員について現に決定されている俸給（給料）の額より低い額の俸給（給料）に決定することをいう。

　なお、公務員の俸給（給料）については、俸給表（給料表）があり、横軸に「級」、縦軸に「号俸（号給）」が定められ、これらの合わさったところが個々の職員の基本的な俸給（給料）額となる（詳細は、第6章Ⅰ参照）。

　降給には、職員の号俸（号給）を同一の職務の級の下位の号俸（号給）に変更すること（降号）と、職員の職務の級を同一の俸給表（給料表）の下位の職務の級に変更すること（降格）の双方が含まれる。

　降給は、昇給がない限り降給後の給料額が継続する点で、一定期間に限られる懲戒処分としての減給とは異なる。また、降任や職責変更に伴う給料の減額は降給ではない。

### イ　降給の要件

**（A）　国家公務員の場合**

降給を行うためには、国家公務員については人事院規則11-10（職員の降給）で定める事由に該当することが必要である。

① 　降格事由

人事院規則11-10（職員の降給）では、降格事由として以下を定めている（4条）。

ⓐ　勤務の状況を示す事実に基づき勤務実績がよくないと認められる場合で、指導等の人事院が定める措置を行ったにもかかわらず、なお勤務実績がよくない状態が改善されないときであって、当該職員がその職務の級に分類されている職務を遂行することが困難であると認められるとき

ⓑ　各庁の長が指定する医師2名によって、心身の故障があると診断され、その故障のため職務の遂行に支障があり、またはこれに堪えないことが明らかな場合

ⓒ　職員がその職務の級に分類されている職務を遂行することについての適格性を判断するに足りると認められる事実に基づき、当該適格性を欠くと認められる場合において、指導その他の人事院が定める措置を行ったにもかかわらず、当該適格性を欠く状態がなお改善されないとき

ⓓ　官制もしくは定員の改廃または予算の減少により職員の属する職務の級の給与法8条1項または2項の規定による定数に不足が生じた場合

② 　降号事由

人事院規則11-10（職員の降給）では、勤務の状況を示す事実に基づき勤務実績がよくないと認められる場合であり、かつ、その職務の級に分類されている職務を遂行することが可能であると認められる場合であって、指導その他の人事院が定める措置を行ったにもかかわらず、なお勤務実績がよくない状態が改善されない場合において、必要があると認めるときに降号するとされている（5条）。

**（B）　地方公務員の場合**

地方公務員については、降給の事由等について条例を制定し、その事由に該当する必要がある。

例えば、東京都では、職員の分限に関する条例（昭和26年9月20日条例第85

号）で降給に関する規定が設けられており、そこでは、降給の事由として、「職員の勤務実績が良くない場合においては、その意に反して、これを降給することができる」とされ（2条2項）、降給の効果として、「降給する場合におけるその者の号給は、降給した日の前日に受けていた号給より三号給下位の号給（当該受けていた号給が職員の属する職務の級の最低の号給の上位三号給以内の号給である場合にあっては、当該最低の号給）とする」とされている（7条）。

## 2 分限処分についての裁量

分限処分については、分限事由に該当するか等につき任命権者にある程度の裁量が認められる。しかし、純然たる自由裁量ではなく、裁量権の逸脱・濫用があれば違法になる。

すなわち、分限制度の目的と関連のない目的や動機に基づいて分限処分をした場合、考慮すべき事項を考慮せず、考慮すべきでない事項を考慮して判断した場合、その判断が合理性をもつ判断として許容される限度を超えた不当なものである場合は、裁量権の行使を誤った違法のものとなる（広島県校長降格事件：前掲最二小判昭和48年9月14日参照）。

## 3 分限事由該当性（降任または免職の事由）

(1) 「人事評価又は勤務の状況を示す事実に照らして、勤務実績がよくない場合」（国公78条1号、地公28条1項1号）

　ア　国家公務員の場合

次に掲げる場合であって、指導その他の人事院が定める措置を行ったにもかかわらず、勤務実績が不良なことが明らかなときとされている（人事院規則11－4（職員の身分保障）7条1項）。

① 当該職員の能力評価または業績評価の全体評語（能力評価、業績評価の総括的な評価結果）が下位または「不十分」の段階である場合

② ①のほか、勤務の状況を示す事実に基づき、勤務実績がよくないと認められる場合

　イ　地方公務員の場合

条例の定めがあればそれによる。例えば大阪府では、「職員の分限に関する

条例」（昭和26年11月8日大阪府条例第41号）に、次の事由に該当するときは「勤務実績がよくない場合」（地公28条1項1号）に当たるとする等の定めがある（同条例4条）。

① 人事評価が継続して任命権者が定める基準を下回る場合であって、研修その他必要な措置を実施しても勤務実績の改善がない場合
② 担当すべきものとして割り当てられた職務を遂行してその職責を果たすべきであるにもかかわらず、その実績がよくないと認められる場合

ウ　近時の裁判例

(A)　長門市・市消防長事件：広島高判令和3年9月30日労判1277号15頁

約9年にわたり、約30名の部下（消防職員の半数近く）への約80件に及ぶ暴行等の行為（刑事罰を科された行為もある）をした地方公共団体の職員が、地方公務員法28条1項1号・3号に該当するとしてされた分限免職処分の取消しを請求した事例である。消防庁の職員である原告（被控訴人）につき、複数の部下に対する暴行、暴言等を行った事実が分限免職事由に該当するか等が争われた。

第一審（山口地判令和3年4月14日労判1277号18頁）は、「地公法28条1項1号は、勤務実績不良の場合の降任又は免職について規定するところ、原告が、消防職員として高い能力および実績を有していたことについては当事者間に争いがなく、また、本件処分の基礎として被告が主張する行為は、いずれも原告の勤務実績自体の不良を示すものとはいえないから、原告に同号所定の事由があるとは認められない」と判断した。

また、控訴審（広島高判令和3年9月30日労判1277号15頁）も、「勤務実績が不良か否かは、任命権者の客観的な判断によるべきであり、勤務成績の評定結果などの客観的な資料に基づいて行われることが望ましいと解される」とし、被控訴人は「勤務成績が良くないとの評価は受けておらず、むしろ救助技術が高いと評価されていた」のであり、「パワハラ行為が繰り返され、それが上司に明るみにならなかったために、人事評価上の評価が低くならずにすんでいたという事情を考慮しても、なお被控訴人が勤務実績不良であるとまでは認められない」として、1号該当性を否定した。

なお、最高裁（最三小判令和4年9月13日労判1277号5頁）では、1号該当

性は審理の対象となっていない（3号該当性の判断については後述する）。

　(B)　**大阪府・府知事（障害者対象採用職員）事件：大阪地判平成31年1月9日労判1200号16頁**

　身体障害者を対象とする職員採用試験に合格し職員に任用された原告が、府知事から勤務実績不良または職に必要な適格性を欠く状況であるとして地方公務員法28条1項1号および3号による分限処分を受け、この取消しを求めた事案である。

　判決は、原告については勤務実績不良等に該当する可能性のある勤務状況が認められ、人事評価においても最低またはその1つ上の評価を受けており、個別指導研修を受けても大きな改善がみられなかったことから、地方公務員法に定める分限事由（勤務実績不良および適格性欠如）があったと認められ、処分行政庁が有する裁量権を逸脱し、または濫用したものであるとは認められず、また、被告において原告の高次脳機能障害という障害に応じた具体的な合理的配慮を提供するためには、少なくとも本件処分当時被告において原告が高次脳機能障害であることを認識しまたは認識し得たことが必要と解されるところ、被告は本件処分当時、原告が高次脳機能障害であることを認識しまたは認識し得たとは認められないことから、合理的配慮の欠如という事情を考慮せずにされた本件処分には裁量権の行使を誤った違法があるとする原告の主張はその前提を欠き失当であるなどとして、原告の請求をいずれも棄却した。

(2)　**「心身の故障のため、職務の遂行に支障があり、又はこれに堪えない場合」（国公78条2号、地公28条1項2号）**

　　ア　意　義

　身体的故障または精神的故障により、職員が現に就いている官職の職務遂行に支障があり、またはこれに堪えない場合をいう。

　　イ　労働基準法の適用の可否

　地方公務員の場合、職員を分限免職する場合も労働基準法の規定に従わなければならず（地公58条3項）、公務上の負傷または疾病の場合、療養のため休業する期間およびその後30日間は原則として解雇（免職）できない等とする労働基準法19条（解雇制限）の適用がある。また、同法20条（解雇の予告）も適用される。

これに対し、労働基準法19条、20条の国家公務員への適用については争いがあり、前者につき積極に解された例もあるが（昭和24年10月20日法制二人事院法制局長）、公務の能率的な運営の確保の観点からすれば両者とも消極に解すべきとする見解もある。

　ウ　医師の診断

　国家公務員については、心身の故障（国公78条2号）の規定により降任または免職をする場合、医師2名の診断が必要とされている（人事院規則11－4（職員の身分保障）7条3項）。なお、この診断のための受診命令を正当な理由なく拒否した場合は免職されるおそれがある。

　エ　近時の裁判例

　　(A)　板橋区事件：東京地判平成25年3月13日判自379号15頁

　身体障害者枠で採用された特別区の職員であった原告が、板橋区長（処分行政庁）から地方公務員法28条1項2号および3号に該当する分限免職処分を受け、その取消しを求めた事案である。

　判決は、休職期間満了の時点において近い将来「躁うつ病」から回復または寛解する見込みがあったと認められず、試し勤務における勤務状況に問題が多く生じ、職務に著しい支障があったことから、地方公務員法28条1項2号の要件は満たされ、また、休職期間満了の時点において、簡単に矯正することのできない持続性を有する素質・能力・性格等に基因して その職務の円滑な遂行に支障があり、「躁うつ病」が近い将来に回復の見込みがあるとは認められず、1日8時間の勤務が不可能であり単純かつ簡易な業務すら満足に行うことができなかったことに照らせば、現職に限らず転職の可能な他の職をも含めて適格性を欠くとして、同項3号にも該当する判断とした。

　　(B)　東京都・都教委事件：東京高判平成27年2月18日公務員関係最新判
　　　　決と実務問答2号64頁

　地方公務員法28条1項2号に基づく分限免職処分の適法性が争われた事案である。

　判決は、①休職期間満了後も、概ね抑うつ状態・神経症性抑うつ等と診断され得る精神疾患が引き続き継続していること、②客観的裏付けのない原告本人の申告内容を重視した主治医の診断内容を採用しない判断には合理性が認めら

れること、③必ずしも分限休職前と同一の職場における同一の職務内容を、復職当初から同一の職務遂行能力でもって遂行し得る状態にまで回復していなくても、復職可能であると認められる場合があり得ることは否定されないが、本件では職務の遂行が可能な他の職場や、一定範囲の具体的な勤務軽減措置の可能性を考慮する余地があったとはいえない等として、処分を適法と判断した。

## コラム② 公務員がメンタル不調になったら

### 1 メンタル不調が原因の「病休」の増加

「心身の故障」を理由に仕事を休む公務員の数が増えている。総務省の調査では、2021年度において地方公務員の病気休職は3万1456人に上り、過去最高を記録した（2022年12月30日読売新聞「『心身の故障』で休職の地方公務員、21年度は過去最多に…コロナで業務増大影響か」）。国家公務員についても、2020年度のデータでは、心の健康問題による1か月以上の「長期病休者」は全職員に対して1.54%であり、2019年度から0.03%上昇している。当該年度に限らず増加傾向にあり、とりわけ若年層でその傾向が強いとも指摘されている（人事院『令和3年度公務員白書』）。

### 2 療養中の身分保障と給与保障

公務員がメンタル不調をはじめとする病気や怪我で仕事ができなくなった場合、いくつかの制度がかかわってくる。まずは、仕事が原因ではない私傷病を想定するが、私傷病による「病休」は、公務員の身分保障や給与保障との兼ね合いで、次の順序で進むのが通常である（ただし、この順序は法定されているわけではなく、あくまで運用によるものであることには留意されたい）。

すなわち、①病気休暇の取得、②「心身の故障」を理由とした病気休職（国公79条1号、地公28条2項1号）、③分限免職（国公78条2号、地公28条1項2号）というフローである。このうち、①の病気休暇は、公務員からの請求と任命権者の承認が要件となり、「療養のため勤務しないことがやむを得ないと認められる必要最小限度の期間」取得できるのが原則であるが、連続して90日を超えることはできず（人事院規則15-14（職員の勤務時間、休日および休暇）21条柱書ただし書。地方公共団体でも、国と同様の上限を設ける団体が増えているとされる）、この上限である90日を経過しても復職できない場合には分限処分の一種である病気休職処分が発令されることが一般的である。そ

して、病気休職となってから3年が経過しても復職できない場合に、初めて分限免職の対象となる（心身の故障による分限休職は最長3年であり（国公80条1項、人事院規則11-4（職員の身分保障）5条1項前段）、その最長期間を休職期間として設定することが多いため。地方公務員でも同様であることが普通である）。こうして、公務員は、一定期間、身分を失うことなく療養に専念できる。いやむしろ、公務員は病気休職中、療養に専念しなければならないとされているので（公務人材開発協会人事行政研究所編『国家公務員任免関係質疑応答集〔第7次改訂版〕』（公務人材開発協会人事行政研究所、2018年）149～150頁）、そのための身分保障というべきかもしれない。

　では、療養中の収入はどうなるのだろうか。「私傷病」による病休であっても、90日の病気休暇中の給与は100%保障される。なぜなら、公務員の休暇は100%の有給が原則であり（給与法15条）、同法附則6項が、例外的に、90日を超えた病気休暇の場合において俸給を半減すると定めているにとどまるからである（地方公務員でも同様の取扱いとなることが多い）。ただし、上でみたように病気休暇が90日を超えるタイミングで病気休職処分が発令されることが多く、この場合は、この例外規定が適用されることはない。

　そして、続く病気休職中においては、1年間に限って給与の80%が支給され（給与法23条3項）、その後（つまり「病休」開始後概ね1年3か月後から）、無給となる（地方公務員も同様の取扱いになることが多い）。さらに、無給の間も、1年6か月に限り、公務員共済組合から、直近1年の標準報酬月額の3分の2に相当する傷病手当金の支給がある（国家公務員共済組合法66条、地方公務員共済組合法68条）。このように、公務員が「病休」となった場合、分限免職の対象となる前の相当期間において給与保障が定められている。その期間は、生活費の心配なく療養に専念せよ、というわけである。

### 3　公務災害を理由に病休する場合

　2では、「私傷病」による病休をみてきたが、仕事が原因で怪我や病気をして療養する場合には扱いが異なる部分があるので注意したい。

　身分上の取扱いについて、通常、運用によって、①病気休暇の取得、②病気休職、③分限免職の順序で進むのは私傷病の場合と同じである。しかし、③の分限免職については労働基準法19条（業務上の傷病により療養するために休業する間の解雇制限）との関係が問題となる。国家公務員については同条の適用がないものの、運用上同様の配慮をすべきものとされ、地方公務員には同条の適用があるため病休の間は「心身の故障」を理由とした分限免職はできない（た

だし、療養が開始して3年が経過した時点で労働基準法19条による解雇制限が解除される場合について、地公災28条の3）。

公務災害による病休中の公務員の給与について、国家公務員の場合、病気休暇を取得した場合には90日経過による給与半減措置はなく（給与法附則6条）、続く病気休職でも全期間給与が全額支払われることが法律上明記されている（同法23条1項）。他方、地方公務員の場合は各地方公共団体の給与条例の定めによるため、特に病気休職中の給与保障については地方公共団体によって異なる取扱いがみられる（例えば、京都府では国家公務員と同様に給与を全額保障しているが（京都府「休職者の給与に関する条例」2条1項）、東京都では期末手当・勤勉手当を除く給与は支払われず（東京都給与条例20条）、原則として地方公務員災害補償法に基づく休業補償にゆだねられている）。

このように、私傷病と公務災害とで、療養中の身分保障や給与保障に関するルールが異なる場合があるが、公務災害の認定には時間がかかることが多いため、実務上、公務災害認定申請中は私傷病を理由とした病休として扱われ、公務災害と認定された後に遡及的に当初からの給与が全額支給されるという扱いがなされることがみられる（また、分限免職された後に公務災害認定がなされた場合には遡及的に身分が回復する取扱いがなされる例もある）。この場合、追加支給された給与について、本来の支給日が各給与の支払期限であるから各支給日の翌日から遅延損害金が発生するとした裁判例がある（京都府（公務災害）事件：大阪高判令和4年4月15日判時2575号78頁）。

**4　復職にあたって**

復職にあたってのルールが設けられているのが通例であり（国家公務員については、「人事院規則11-4（職員の身分保障）の運用について」（昭和54年12月28日任企-548）、東京都では「病気休職事務処理要領」等）、職場復帰支援を受けられることも多いので、復職にあたっては職場の制度を十分に確認しておきたい。

## （3）「その（官）職に必要な適格性を欠く場合」（国公78条3号、地公28条1項3号）

　ア　意　義

「その（官）職に必要な適格性を欠く場合」とは、当該職員の簡単に矯正することのできない持続性を有する素質、能力、性格等に基因してその職務の円

滑な遂行に支障があり、または支障を生ずる高度の蓋然性が認められる場合をいう（日本郵政公社（大曲郵便局）事件：最一小判平成16年3月25日労判870号5頁参照）。

（1）および（2）で説明した勤務実績の不良（国公78条1号、地公28条1項1号）または心身の故障（国公78条2号、地公28条1項2号）が、同時に適格性を欠く場合に該当することもありうる。

イ 判断要素

この適格性の有無は、当該職員の外部に表れた行動、態度に徴してこれを判断するほかはない。その場合、個々の行為、態度につき、その性質、態様、背景、状況等の諸般の事情に照らして評価すべきことはもちろん、それら一連の行動、態度については相互に有機的に関連づけてこれを評価すべく、さらに当該職員の経歴や性格、社会環境等の一般的要素をも考慮する必要があり、これら諸般の要素を総合的に検討した上、当該職に要求される一般的な適格性の要件との関連においてこれを判断しなければならない（前掲広島県校長降格事件：最二小判昭和48年9月14日参照）。

ウ 近時の裁判例

（A）処分を適法とした裁判例

適格性欠如による分限免職処分の取消しが請求され、これを認めなかった近時の裁判例として、以下のものがある。

（a）長門市・市消防庁事件：最三小判令和4年9月13日労例1277号5頁

約9年にわたり、約30名の部下（消防職員の半数近く）への約80件に及ぶ暴行等の行為（刑事罰を科された行為もある）をした地方公共団体の職員が、地方公務員法28条1項1号・3号に該当するとしてされた分限免職処分の取消しを請求した事案（1号該当性については、前述した）。

第一審（山口地判令和3年4月14日労判1277号18頁）は、同項3号に該当しないとして分限免職処分を取り消し、原審（広島高判令和3年9月30日労判1277号15頁）もこれを相当として市側の控訴を棄却した。

しかし、最高裁は、長期間にわたる悪質で社会常識を欠く一連の行為に表れた被上告人の粗野な性格につき、公務員である消防職員として要求される一般的な適格性を欠き、改善の余地がないとみることにも不合理な点は見当たらず、

消防組織の職場環境が悪化するといった影響は、公務の能率の維持の観点からも看過しがたいとして、免職の場合には特に厳密、慎重な判断が要求されることを考慮しても、被上告人に対し分限免職処分をした消防長の判断が合理性を持つものとして許容される限度を超えたものであるとはいえず、裁量権の行使を誤った違法なものであるということはできないとし、原審の判断に違法があるとして原判決を破棄し、第一審判決を取り消し、分限処分の取消請求を棄却した。

(b) 神戸市事件：大阪高判令和3年11月17日 D1-Law.com 判例体系

情緒不安定性パーソナリティ障害等と診断され休職中であった原告が、地方公務員法28条1項2号および3号に基づく分限免職処分を受けたことに関し、同処分の取消しを求めた事案である。

第一審は、治療の継続、精神的負担の少ない職務への従事により、問題行動に及ぶ可能性を抑えることができる見込みが十分にあったとして、地方公務員法28条1項2号・3号該当性を認めず、原告の請求を認容した。

しかし、本判決は、被控訴人（原告）の病状・行動の経過や医師の見解に加え、一般的な医学的知見として、情緒不安定性パーソナリティ障害が人格に関するものであるため、環境や薬物療法などによって症状や衝動行為を制御していくことは想定できるものの、完治という概念にはなじまず、持続性を有するものであること等から、本件処分時において、被控訴人が今後事務職として復職すれば、再び従前同様の症状や衝動行為が発現し、職務の円滑な遂行に支障を来す可能性が高いと判断したことには十分な根拠と理由があり、合理性を欠くものとは言い難く、被控訴人の病状ないし障害が本件処分当時地方公務員法28条1項2号の事由に当たるかどうかはともかく、同項3号に該当するとした判断は、その裁量権を逸脱・濫用するような不合理なものであったとはいえないとして、被控訴人の請求を認めた第一審判決を取り消し、その請求を棄却した。

(B) 処分を違法として取り消した裁判例

適格性欠如による分限免職処分が違法であるとして取り消した近時の裁判例として、以下のものがある。

(a) 武蔵村山市事件：東京高判平成25年2月20日公務員関係判決速報438号8

頁

　地方公務員法28条1項1号および3号に基づく分限免職処分の取消しが求められた事案である。

　判決は、原告の問題行動は、統合失調症を中心とする原告の精神疾患に起因するものと推認され、地方公務員法28条1項2号所定の「心身の故障のため、職務の遂行に支障があり、又はこれに堪えない場合」に該当する可能性があり、同号では指定医師の診断が必要であるのに、処分行政庁は指定医師の受診を命ずる受診命令を発すること等を行わずに同項1号・3号に該当する事由があるとして分限免職処分を行っており、同処分には裁量権の行使を誤った違法があるとした。

(b)　東京都I島村（職員・分限免職）事件：東京地判平成26年1月29日労判1092号20頁

　村長から地方公務員法28条1項3号に基づく分限免職処分を受けた元職員（課長補佐）が処分の取消しを求めた事案である。

　判決は、元職員が課長補佐職に必要な適格性を欠くとした村長の判断には十分な合理性があるが、元職員の分限免職事由の認定事実には、職員数削減に伴う元職員の担当業務の大幅な範囲拡大とそれに伴い元職員が従前の担当業務に加え、それらとは異なる複数の慣れない業務を同時に担当するに至ったことに起因して、事務処理の過誤および遅滞が発生したと理解し得る面もあること等から、原告が、現職に限らず、転職可能な他職をも含めた全ての職について、簡単に矯正することのできない持続性を有する素質、能力、性格等に基因して職務の円滑な遂行に支障があり、または支障を生ずる高度の蓋然性があるとは認められず、村長の分限免職事由該当性に係る判断には、裁量権の逸脱・濫用があるとした。

(c)　高知県教委（高校教諭）事件：高知地判平成24年12月7日判タ1394号158頁

　生徒との不適切な交際等を理由とする地方公務員法28条1項3号に基づく分限免職処分の取消しが求められた事案である。

　判決は、処分行政庁は原告の資質等の矯正可能性を短絡的に否定しており、そのような判断過程を経て、原告について、教員としてだけではなく一般公務

員としての適格性を欠くと判断したことは、合理性をもつ判断として許容される限度を超えた不当なものであるから、本件処分は裁量権の行使を誤った違法なものとして取消しを認めた。

**(4)　「官制（職制）若しくは定員（定数）の改廃又は予算の減少により廃職又は過員を生じた場合」（国公78条4号、地公28条1項4号）**

　　ア　意　義

　国家公務員法にいう「官制」とは、行政組織のことであり、法律、政省令等により形成される組織である。また、「定員」とは、定員法（「行政機関の職員の定員に関する法律」）や、その他職員の定員に関する法令により定められた定員をいう。

　地方公務員法にいう「職制」とは、法令に基づいて設けられる地方公共団体の内部組織を意味するものであり、地方自治法158条1項に基づき条例で定められたものおよび長が設けたもののいずれも職制に該当する。また、「定数」とは、法令（定数条例等）に基づき決定された職員の員数である。

　　イ　判断枠組み

　行政整理に伴う分限免職処分の適法性が争われる場合は、「任免権者において被処分者の配置転換が比較的容易であるにもかかわらず、配置転換の努力を尽くさずに分限免職処分をした場合に、権利の濫用となるにすぎない」との判断枠組みが採られている（北九州市病院局長事件：福岡高判昭和62年1月29日労判499号64頁等）。

　すなわち、民間労働法における整理解雇4要件（4要素）とは、判断枠組みが異なっている。ただし、近年の社会保険庁の廃止に伴う分限免職処分に関する一連の事件において、各判決は、整理解雇の4要件を用いることを否定しつつも、任命権者である社会保険庁長官等が分限免職処分回避努力義務を負うとしている。

　　ウ　近時の裁判例

　前述した北九州市病院局長事件判決後も、この枠組みが踏襲されており、ほとんどが職員側の敗訴となっているが、認容例も登場している。

　　①　棄却例

　　　ⓐ　小美玉市事件：水戸地判平成24年11月29日公務員関係判決速報424

号2頁
  ⓑ　白石市・蔵王町・七ヶ宿町組合ほか事件：仙台地判平成26年9月18日労働判例ジャーナル34号56頁
  ⓒ　阿賀野市事件：東京高判平成27年11月4日D1-Law.com判例体系
  ⓓ　社会保険庁事件：大阪高判平成28年11月16日D1-Law.com判例体系
  ⓔ　社会保険庁事件：東京高判平成30年9月19日労判1199号68頁（②の裁判例の控訴審であり、逆転敗訴となった）
② 認容例——社会保険庁事件：東京地判平成29年6月29日労判1171号44頁

　社会保険庁が廃止されたことに伴い、社会保険庁長官または東京社会保険事務局長が、国家公務員法78条4号に基づいて、社会保険庁の職員であった原告らを分限免職する旨の各処分をしたことにつき、原告ら3名が、被告（国）に対し、同各処分は、同号の要件に該当せず、仮に同号の要件に該当するとしても、裁量権の範囲を逸脱しまたはこれを濫用した違法なものであると主張して、同各処分の取消しを求めるとともに、同各処分が不法行為または債務不履行に当たると主張して、国家賠償法1条1項または民法415条に基づき、損害賠償を求めた事案である。

　第一審は、「社保庁長官等において分限免職処分を回避するための容易かつ現実的な努力をすることが可能であり、当該努力をしておれば、特定の職員について分限免職処分を回避することができた相応の蓋然性があったにもかかわらず、社保庁長官等において当該努力を怠った結果、分限免職処分に至ったものと認められるような事情があるときは、当該職員に係る分限免職処分については、裁量権の逸脱または濫用があった違法なものとして、その効力は否定される」とした上で、原告のうちX₃については、分限免職を回避するための容易かつ現実的な努力として、機構において本件基本計画段階に比して現に欠員が生じている人員数に相当する正規職員の追加募集をするよう働きかける程度のことは可能であったと考えられるにもかかわらず、これすらも怠ったものであるから、X₃に対する分限免職回避努力義務に違反したものといわざるを得ず、もとより、機構職員の

採否は機構設立委員会の判断によるものであるから、追加募集がされたからといって、必ずX₃が機構の正規職員として採用された保証はないが、X₃の当時の健康状態および面接の結果に照らせば、X₃が機構の正規職員として追加採用されたであろう相応の蓋然性が認められる以上、機構職員の採否が機構設立委員会の判断によるものであることは上記認定および判断を左右するものではないから、X₃に対する本件処分は、社会保険庁長官等が分限免職回避努力義務を尽くさなかったことにより、その裁量の範囲を逸脱しまたはこれを濫用したものとして違法となるとして、分限免職処分を取り消した（その余の請求は棄却。なお、棄却の原告2名は懲戒処分歴があり、機構の採用資格がなかったため、機構以外への分限免職回避努力義務が尽くされたかが問題とされた）。

（※前述のとおり、控訴審で逆転敗訴となった（①棄却例ⓔ）点に注意。控訴審では、X₃について、機構採用基準が定める正規職員に採用されるべき健康状態であったとまでは認められない等として分限免職処分が裁量権の範囲を逸脱しまたはこれを濫用した違法なものであるということはできないとして、X₃勝訴の部分を取り消し、原告らの請求をいずれも棄却した）。

## 4　分限処分の特例

### (1)　臨時的職員・条件付採用職員の特例

臨時的職員および条件付採用期間中の国家公務員については、分限に関する規定が適用除外とされ（国公81条1項）、それらの職員の分限については人事院規則で必要な事項を定めることができるとされている（同条2項）。

また、臨時的職員および条件付採用期間中の地方公務員についても、分限に関する規定が適用除外とされ（地公29条の2第1項）、それらの職員の分限については条例で必要な事項を定めることができるとされている（同条2項）。

### (2)　条件付採用職員に対する分限処分

#### ア　国家公務員

##### （A）　降任・免職

国家公務員法82条2項を受けて、人事院規則11-4（職員の身分保障）が、条件付採用期間中の職員の分限事由を定めている。すなわち、同規則10条は、

次の事由に該当する場合には、条件付採用期間中の職員を降任または免職することができるとしている。そして、これらの事由に該当しない限り、条件付採用期間中の職員に対する降任処分や免職処分をなし得ないものと解されている（最三小判昭和49年12月17日集民113号629頁参照）。

- 官制もしくは定員の改廃または予算の減少により廃職または過員を生じた場合（1号）
- 特別評価の全体評語が下位の段階である場合または勤務の状況を示す事実に基づき勤務実績がよくないと認められる場合において、その官職に引き続き任用しておくことが適当でないと認められるとき（2号）
- 心身に故障がある場合において、その官職に引き続き任用しておくことが適当でないと認められるとき（3号）
- その他、客観的事実に基づいてその官職に引き続き任用しておくことが適当でないと認められる場合（4号）

　　（B）　降給（降格・降号）

条件付採用期間中の職員が前述の降任等により、現に属する職務の級より下位の職務の級に分類されている職務を遂行することとなった場合のほか、次のいずれかに掲げる事由に該当し、必要があると認める場合は、条件付採用期間中の職員を降格することができるとされている（人事院規則11-10（職員の降給）6条1項）。

- 特別評価の全体評語が下位の段階である場合その他勤務の状況を示す事実に基づき勤務実績がよくないと認められる場合であって、当該職員がその職務の級に分類されている職務を遂行することが困難であると認められるとき
- 心身の故障のため、職務の遂行に支障があり、またはこれに堪えないことが明らかである場合
- 上記の場合のほか、客観的事実に基づいてその職務の級に分類されている職務を遂行することが困難であると認められるとき
- 官制もしくは定員の改廃または予算の減少により職員の属する職務の級の定数に不足が生じた場合

さらに、条件付採用期間中の職員の定期評価の全体評語が下位または「不十

分」の段階である場合その他勤務の状況を示す事実に基づき勤務実績がよくないと認められる場合であり、かつ、その職務の級に分類されている職務を遂行することが可能であると認められる場合であって、必要があると認めるときは、条件付採用期間中の職員を降号することができるとされている（人事院規則11-10（職員の降給）6条2項）。

　　　(C)　休　職
　国家公務員法における休職の規定（同法79条・80条）は適用除外とされており（国公81条1項）、かつ、人事院規則で休職に関する規定は設けられていない。そのため、条件付採用期間中の職員に対して休職処分を行うことはできないと解されている。

　　イ　地方公務員
　条例において定めがある場合は、それに従う。例えば、宝塚市では、「条件付採用期間中の職員の分限に関する条例」（令和元年12月27日条例第33号）により、降任、免職、休職の事由が定められている。
　他方、条例が定められていない場合には、国家公務員法が、条件付採用期間中の職員の分限につき、人事院規則で必要な事項を定めることができる旨を定め（同規則81条2項）、これを受けた人事院規則11－4（職員の身分保障）10条各号が条件付採用期間中の職員の降任・免職事由を定めていることに照らし、条件付採用期間中の地方公務員の降任・免職事由についても、上記人事院規則の事由に準じて考えるべきとされることが多い（最三小判昭和53年6月23日判タ366号169頁（原審：東京高判昭和51年1月29日行集27巻1号91頁）、旭川地判平成30年3月6日労判1197号82頁など）。

　　ウ　任命権者の裁量権等
　条件付採用期間中の職員に対する分限処分について、任命権者が有する裁量権は、純然たる自由裁量ではないが、適格性の有無の判断については正式採用職員に対する処分の場合に比較して任命権者により広い裁量権が与えられているものと解されている（前掲最三小判昭和49年12月17日、前掲東京高判昭和51年1月29日など）。

　　エ　近時の裁判例
　条件付採用期間中の職員に対する分限処分が争われた裁判例では、当該処分

の適法性を認め、職員側の取消請求を棄却するものが多い。もっとも、近時は請求が認容される例も増えてきている。

以下では、処分の違法性を認めた近時の裁判例を紹介する。

(A) 宇城市事件：福岡高判令和5年11月30日労判1310号29頁

条件付採用期間中の職員の分限に関する条例を定めておらず、人事院規則11－4（職員の身分保障）10条2号の「勤務の状況を示す事実に基づき勤務実績がよくないと認められる場合において、その官職に引き続き任用しておくことが適当でないと認められるとき」の規定に基づいて行った分限免職処分の取消しを求めた事案である。

原判決（熊本地判令和5年3月24日労判1310号35頁）は、前述した前掲最三小判昭和49年12月17日を引用しつつ、上記該当性の判断については新規採用職員の任用権者である被告に相応の裁量権が認められるものの、その裁量権は純然たる自由裁量ではなく、当該処分が合理性を有するものとして許容される限度を超えた不当なものであるときは、裁量権の行使を誤った違法なものになるというべきであるとした。また、分限処分に関するリーディングケースである広島県校長降格事件：前掲最二小判昭和48年9月14日を引用しつつ、条件付採用職員を分限免職するにあたっても、当該職員が現に就いている職位に限らず、異動の可能な他の職位を含めて地方公共団体の職員としての適格性を欠くか否かを厳密、慎重に判断する必要があるとの判断基準を示した。

その上で、「原告の勤務状況及び指導状況によっても、市役所職員としての資質・適格性に欠ける程度まで原告の勤務成績が不良であったと評価することはできない」とし、原告の人事評価が5点満点中最低の1点または2点ばかりとされていることは十分な合理性および客観性を欠き、代替手段や処分の相当性についての十分な検討を経ることなく行われたものであって、本件処分は、裁量権の行使を誤った違法な処分として取消しを免れないと判断した。

これに対し、市側が控訴したが、本判決は、原判決の判断を維持し、控訴を棄却した。

(B) 京都府事件：京都地判令和2年3月24日裁判所ウェブサイト

条件付採用期間中の地方公務員が、知事から受けた分限免職処分の取消しを求めた事案である。

判決は、地方公務員法における条件付採用期間中の職員についても、人事院規則11-4（職員の身分保障）10条各号の規定に準じて分限事由を考えることが相当とした上で、原告には同条1号・3号に準じた分限事由が存在せず、2号・4号に準じた分限事由についても、被告の指導に対して原告が不誠実な対応をとり続けたとして被告が訓告としたことには理由があるが、原告には2号・4号に準じた分限事由が存在するとは認められないとし、処分は裁量権の行使を誤った違法があるとして請求を認容した。

　　（C）　富士吉田市事件：甲府地判平成30年1月23日LLI/DB判例秘書

条件付採用期間中の保育士が、市長から受けた免職処分の取消しを求めた事案である。

判決は、適格性判断の検討にあたり適切な指導を受けられず、精神的ストレスの大きい状況にあったことも考慮すべきとした上で、保育士として将来成長していくだけの資質・能力を有していないと判断できる根拠事実は認められず、処分に係る判断は客観的許容限度を超えた不当なもので、同処分は違法であるとして請求を認容した。

　　（D）　東京都・都教委事件：東京地判平成26年12月8日労判1110号5頁

東京都教育委員会（以下「都教委」という）に条件付採用された教員が、特別評価所見の採用の可否につき「否」とされ、その後免職処分を受けたことが、都教委の裁量権を逸脱ないし濫用する違法な処分であると主張して、同処分の取消し等を求めた事案である。

判決は、初任者研修による初任者への教育効果を踏まえて教員としての適格性を判断することが予定されているが、不十分な初任者研修にとどまった弊害に留意することなく判断したものとして、客観性を欠き、かつ不合理なものであった等と判断し、分限処分の違法性を肯定し、原告の請求を認容した。

　　（E）　京都市・市教委事件：大阪高判平成21年6月4日LLI/DB判例秘書

京都市立学校教員として条件付採用された教員が、適格性を欠き、勤務実績が不良であるとしてなされた免職処分の取消しを求めた事案である。

判決は、条件付採用期間中の教員について、十分な経験を経た者ではなく、今後研さん等に努めて成長していく過程の者であり、勤務成績が経験のある教員と比して十分でなかったとしても、直ちに、分限免職の対象となるとはいえ

ず、将来成長していくだけの資質・能力を有するか否かという観点から判断するべきとして、分限免職処分を取り消した。

（3）　臨時的職員に対する分限処分

国家公務員の臨時的職員については、国家公務員法上の分限降任・免職事由（国公78条各号）のいずれかに掲げる事由に該当する場合や、臨時的任用の事由がなくなった場合には、免職することができるとされている（人事院規則11-4（職員の身分保障）9条）。また、人事院規則11-10（職員の降給）6条の事由に該当する場合には、降給（降格または降号）をすることができる（降格事由・降号事由は、前述した条件付採用職員の場合と同様である）。

地方公務員の臨時的職員については、各地方公共団体の条例（「臨時的に任用された職員の分限に関する条例」など）で、分限免職事由が定められていることがある。

## Ⅲ　懲戒処分

### 1　懲戒とは

懲戒とは、職員の義務違反に対し、公務の規律および秩序維持の観点から科せられる制裁である。

### 2　懲戒処分の事由と種類

（1）　懲戒の対象となる行為、懲戒の種類

懲戒の対象となるのは、職員の責めに帰すべき義務違反、具体的には公務組織の規律や秩序を乱す非違行為または不作為であり、法令違反、職務上の義務違反および全体の奉仕者たるにふさわしくない非行である。

懲戒の種類は、重い順に、免職、停職、減給、戒告である（国公82条、地公29条）。懲戒処分はこの4種類に限定され、日常の職員管理の一環として行われる厳重注意、訓告などの内部矯正措置は懲戒には当たらない。

国家公務員法におけるそれぞれの内容は以下のとおりである（国公82条・83条、人事院規則12-10（職員の懲戒））。免職とは、職員の身分をはく奪し、公務員関係から排除する処分である。停職とは、1日以上1年以下の期間、職員と

しての身分を保有させたまま職務に従事させない処分である。減給とは、1年以下の期間、俸給の月額の5分の1以下に相当する額を給与から減ずる処分である。戒告とは、職員の責任を確認し、その将来を戒める処分である。

地方公務員については、条例において具体的な内容が定められており、例えば減給の割合の上限については各地方公共団体によって差異がある。

**（2） 免職・減給についての労働基準法等との関連**

　ア　労働基準法の適用関係等

免職については労働基準法20条、減給については同法91条との関連が出てくることがある。

非現業の国家公務員は、労働基準法の適用が排除されている（国公附則6条）。他方、行政執行法人職員には労働基準法の適用除外を定めた上記規定（同条）が適用されないので、労働基準法が適用される（行執労37条1項）。

非現業の地方公務員には、労働基準法の一部が適用されるところ（地公58条3項）、労働基準法20条は適用され、91条は不適用とされている。他方、企業職員、単純労務職員および特定独立行政法人職員については、労働基準法の適用除外を定めた上記規定（地公58条3項）が適用されないので、労働基準法が適用される（地公企39条1項、地公等労17条1項・附則5条、地独行法53条1項）。

　イ　労働基準法20条（解雇予告）

懲戒免職の事由があることは、「労働者の責に帰すべき事由に基いて解雇」する場合（労基20条1項ただし書）に相当し、同条3項により同法19条2項が準用され、解雇予告せずに解雇するためには行政官庁（労働基準監督署長・労基則7条）の認定が必要である。同条項は、非現業の国家公務員には適用されないが、行政執行法人職員には適用される。

地方公務員については、前述のとおり、非現業か否かを問わず、労働基準法20条が適用される。しかし、地方公務員法58条5項が労働基準法別表第1第1号から第10号および第13号から第15号に掲げる事業に従事する者以外の職員については、労働基準監督機関の職権を人事委員会またはその委任を受けた人事委員会の委員（人事委員会を置いていない場合は地方公共団体の長）が行うと定めている（詳しくは、［図表10：労働基準法別表第一］（160頁）を参照）。そこで、例えば、建設事務所や土木事務所の職員（労基別表第3号に当たる職

員）については、労働基準監督署長から除外認定を受ける必要があり、公立学校の教員（同表第12号に当たる職員）については、人事委員会または地方公共団体の長から除外認定を受ける必要があるということになる。

　ウ　労働基準法91条（減給の制限）
　前述のとおり、労働基準法91条は、非現業の国家公務員や地方公務員には適用されない。
　他方、地方公務員のうち企業職員、単純労務職員および独立行政法人職員については労働基準法91条が適用される。
　また、国家公務員のうち行政執行法人職員は、行政執行法人の労働関係に関する法律37条1項により国家公務員法附則6条が適用除外とされていることから、労働基準法91条が適用されるようにも読める。しかし、同職員に労働基準法が適用されるのは、民間類似の職務を行っていることが根拠となっており、一般職の国家公務員としての勤務関係を規律するのに不可欠な条項を同職員に適用しつつ、行政執行法人の労働関係に関する法律と抵触する国家公務員法の規定については適用を排除することを目指したと解されていることから、最低限度の労働条件を定めた労働基準法が同職員に適用されるのは、国家公務員法に規定されていない事項に限定されると解されている。そして、行政執行法人の労働関係に関する法律37条1項は、懲戒に関して人事院の懲戒権限に関する規定を除外するにとどまっているので、労働基準法91条の規定は行政執行法人職員には適用されないとされている（東京地判昭和54年3月22日労判316号24頁。ただし、旧法当時の現業職員の事例）。

（3）　公務員の身分
　懲戒処分の対象となる義務違反は、懲戒が組織の規律ないし秩序の維持を目的とするものであるため、原則として公務員としての身分を取得した後、当該身分を喪失するまでの間のものに限られる。公務員の身分取得前の非行、いったん離職して再び採用された職員の離職前の非行について懲戒処分を行うことはできない。ただし、人事交流のためにいったん退職して別の職に就いた後に復帰する場合、定年退職後に再任用される場合等は、実質的に継続して公務に従事しているため、懲戒処分を行うことができる（国公82条2項・同改正附則6条7項、地公29条2項・同改正附則8条6項）。

他方、懲戒の対象となる行為を行った後、懲戒処分前に退職した場合は、公務員の身分がないため懲戒処分をすることはできない。

### （4） 懲戒処分の主体

懲戒処分の主体は、国家公務員の場合は任命権者と人事院であり（国公84条1項）、地方公務員の場合は任命権者である（地公6条）。

職員が併任されて異なる任命権者がある場合、それぞれの任命権者が独自に懲戒処分を行うことができる。ただし、併任に係る官職の任命権者の懲戒権の行使は、本務である官職の基本的な地位に影響を及ぼさない範囲でなされる必要があると解されており、免職、停職については本務の任命権者に対象となる事実を通知し、本務の任命権者の処分に従うのが相当であるとされている。また、同一の非違行為について本務および併任の双方の任命権者が重ねて懲戒処分をすることはできない。

また、転任、昇任により身分を維持したまま任命権者が異なったとしても、使用者である国または地方公共団体と当該職員との身分関係が継続している以上、現在の任命権者は以前の任命権者の下でなされた非違行為を理由として懲戒処分をすることができる。

国家公務員の場合、国家公務員倫理法またはこれに基づく命令に違反する行為に関する懲戒については、国家公務員倫理審査会に委任されている（国公84条の2）。これは、不祥事が官僚組織の上層部にかかわる場合には、懲戒処分等の措置を任命権者に委ねることでは不十分と考えられたためである。

## 3　懲戒処分の基準等

### （1） 懲戒権者の裁量

懲戒処分を行うか否かは懲戒権者の裁量で決定されるが、懲戒処分は公正、平等であることが要求され（国公74条、地公13条）、恣意による処分が許されないことはもちろんであり、懲戒権者の決定は社会通念に照らして客観的妥当性を欠いてはならない。懲戒処分の種類および程度の選択も懲戒権者の裁量によって決定されるが、これも公正かつ妥当でなければならない。

裁量が問題となる場面では、神戸税関事件：前掲最三小判昭和52年12月20日が引用されることが多い。同判決は次のとおり判示する。

「国公法は、同法所定の懲戒事由がある場合に、懲戒権者が、懲戒処分をすべきかどうか、また、懲戒処分をするときにいかなる処分を選択すべきかを決するについては、公正であるべきこと（74条1項）を定め、平等取扱いの原則（27条）および不利益取扱いの禁止（98条3項（注：現108条の7））に違反してはならないことを定めている以外に、具体的な基準を設けていない。

したがって、懲戒権者は、懲戒事由に該当すると認められる行為の原因、動機、性質、態様、結果、影響等のほか、当該公務員の右行為の前後における態度、懲戒処分等の処分歴、選択する処分が他の公務員および社会に与える影響等、諸般の事情を考慮して、懲戒処分をすべきかどうか、また、懲戒処分をする場合にいかなる処分を選択すべきか、を決定することができるものと考えられるのであるが、その判断は、右のような広範な事情を総合的に考慮してされるものである以上、平素から庁内の事情に通暁し、部下職員の指揮監督の衝にあたる者の裁量に任せるのでなければ、とうてい適切な結果を期待することができないものといわなければならない。

それ故、公務員につき、国家公務員法に定められた懲戒事由がある場合に、懲戒処分を行うかどうか、懲戒処分を行うときにいかなる処分を選ぶかは、懲戒権者の裁量に任されているものと解すべきである。

もとより、右の裁量は、恣意にわたることを得ないものであることは当然であるが、懲戒権者が右の裁量権の行使としてした懲戒処分は、それが社会観念上著しく妥当を欠いて裁量権を付与した目的を逸脱し、これを濫用したと認められる場合でない限り、その裁量権の範囲内にあるものとして、違法とならないものというべきである。したがって、裁判所が右の処分の適否を審査するにあたっては、懲戒権者と同一の立場に立って懲戒処分をすべきであったかどうか又はいかなる処分を選択すべきであったかについて判断し、その結果と懲戒処分とを比較してその軽重を論ずべきものではなく、懲戒権者の裁量権の行使に基づく処分が社会観念上著しく妥当を欠き、裁量権を濫用したと認められる場合に限り違法であると判断すべきものである」。

このような判断枠組みは、広島県教組教研集会使用不許可事件：最三小判平成18年2月7日判タ1213号106頁にもみられるところであるが、懲戒処分における裁量の範囲として判例が引用するものとしては、伝習館事件：最一小判

平成2年1月18日民集44巻1号1頁、教職員国旗国歌事件：最一小判平成24年1月16日集民239号253頁がある。

### （2） 懲戒処分の基準

国家公務員の懲戒処分基準として、人事院事務総長発「懲戒処分の指針について」（平成12年3月31日職職-68、最終改正：令和2年4月1日職審-131）があるので、以下に転載する（人事院が作成・公表している「標準例一覧」［図表5］も参照されたい）。地方公共団体においても、上記指針と同様の懲戒処分基準を作成していることが多い。ただし、地方公共団体によって細部は異なる。

なお、同指針は法規ではないから裁判所を拘束せず、懲戒権者は、同指針の範囲で懲戒処分を決定すれば問題がないとは言い切れない。すなわち、同指針の範囲内であっても、裁判所が、処分が重すぎる等の理由で当該処分を違法と判断することはあり得る。他方で、懲戒権者が同指針を逸脱した懲戒処分を行えば、平等の原則や信頼保護の原則等の観点から、同処分が違法と判断されることもあり得る。

---

懲戒処分の指針について

（平成12年3月31日職職-68）
（人事院事務総長発）
最終改正：令和2年4月1日職審-131

人事院では、この度、懲戒処分がより一層厳正に行われるよう、任命権者が懲戒処分に付すべきと判断した事案について、処分量定を決定するに当たっての参考に供することを目的として、別紙のとおり懲戒処分の指針を作成しました。

職員の不祥事に対しては、かねて厳正な対応を求めてきたところですが、各省庁におかれては、本指針を踏まえて、更に服務義務違反に対する厳正な対処をお願いいたします。

特に、組織的に行われていると見られる不祥事に対しては、管理監督者の責任を厳正に問う必要があること、また、職務を怠った場合（国家公務員法第82条第1項第2号）も懲戒処分の対象となることについて、留意されるようお願いします。

第1 基本事項
　本指針は、代表的な事例を選び、それぞれにおける標準的な懲戒処分の種類

を掲げたものである。
　具体的な処分量定の決定に当たっては、
　①　非違行為の動機、態様及び結果はどのようなものであったか
　②　故意又は過失の度合いはどの程度であったか
　③　非違行為を行った職員の職責はどのようなものであったか、その職責は非違行為との関係でどのように評価すべきか
　④　他の職員及び社会に与える影響はどのようなものであるか
　⑤　過去に非違行為を行っているか
等のほか、適宜、日頃の勤務態度や非違行為後の対応等も含め総合的に考慮の上判断するものとする。
　個別の事案の内容によっては、標準例に掲げる処分の種類以外とすることもあり得るところである。例えば、標準例に掲げる処分の種類より重いものとすることが考えられる場合として、
　①　非違行為の動機若しくは態様が極めて悪質であるとき又は非違行為の結果が極めて重大であるとき
　②　非違行為を行った職員が管理又は監督の地位にあるなどその職責が特に高いとき
　③　非違行為の公務内外に及ぼす影響が特に大きいとき
　④　過去に類似の非違行為を行ったことを理由として懲戒処分を受けたことがあるとき
　⑤　処分の対象となり得る複数の異なる非違行為を行っていたとき
がある。また、例えば、標準例に掲げる処分の種類より軽いものとすることが考えられる場合として、
　①　職員が自らの非違行為が発覚する前に自主的に申し出たとき
　②　非違行為を行うに至った経緯その他の情状に特に酌量すべきものがあると認められるとき
がある。
　なお、標準例に掲げられていない非違行為についても、懲戒処分の対象となり得るものであり、これらについては標準例に掲げる取扱いを参考としつつ判断する。

第2　標準例
　1　一般服務関係
　　（1）　欠勤

ア　正当な理由なく10日以内の間勤務を欠いた職員は、減給又は戒告とする。
　　イ　正当な理由なく11日以上20日以内の間勤務を欠いた職員は、停職又は減給とする。
　　ウ　正当な理由なく21日以上の間勤務を欠いた職員は、免職又は停職とする。
（2）　遅刻・早退
　　勤務時間の始め又は終わりに繰り返し勤務を欠いた職員は、戒告とする。
（3）　休暇の虚偽申請
　　病気休暇又は特別休暇について虚偽の申請をした職員は、減給又は戒告とする。
（4）　勤務態度不良
　　勤務時間中に職場を離脱して職務を怠り、公務の運営に支障を生じさせた職員は、減給又は戒告とする。
（5）　職場内秩序を乱す行為
　　ア　他の職員に対する暴行により職場の秩序を乱した職員は、停職又は減給とする。
　　イ　他の職員に対する暴言により職場の秩序を乱した職員は、減給又は戒告とする。
（6）　虚偽報告
　　事実をねつ造して虚偽の報告を行った職員は、減給又は戒告とする。
（7）　違法な職員団体活動
　　ア　国家公務員法第98条第2項前段の規定に違反して同盟罷業、怠業その他の争議行為をなし、又は政府の活動能率を低下させる怠業的行為をした職員は、減給又は戒告とする。
　　イ　国家公務員法第98条第2項後段の規定に違反して同項前段に規定する違法な行為を企て、又はその遂行を共謀し、そそのかし、若しくはあおった職員は、免職又は停職とする。
（8）　秘密漏えい
　　ア　職務上知ることのできた秘密を故意に漏らし、公務の運営に重大な支障を生じさせた職員は、免職又は停職とする。この場合において、自己の不正な利益を図る目的で秘密を漏らした職員は、免職とする。
　　イ　具体的に命令され、又は注意喚起された情報セキュリティ対策を怠ったことにより、職務上の秘密が漏えいし、公務の運営に重大な支障

を生じさせた職員は、停職、減給又は戒告とする。
（9） 政治的目的を有する文書の配布
　　政治的目的を有する文書を配布した職員は、戒告とする。
（10） 兼業の承認等を得る手続のけ怠
　　営利企業の役員等の職を兼ね、若しくは自ら営利企業を営むことの承認を得る手続又は報酬を得て、営利企業以外の事業の団体の役員等を兼ね、その他事業若しくは事務に従事することの許可を得る手続を怠り、これらの兼業を行った職員は、減給又は戒告とする。
（11） 入札談合等に関与する行為
　　国が入札等により行う契約の締結に関し、その職務に反し、事業者その他の者に談合を唆すこと、事業者その他の者に予定価格等の入札等に関する秘密を教示すること又はその他の方法により、当該入札等の公正を害すべき行為を行った職員は、免職又は停職とする。
（12） 個人の秘密情報の目的外収集
　　その職権を濫用して、専らその職務の用以外の用に供する目的で個人の秘密に属する事項が記録された文書等を収集した職員は、減給又は戒告とする。
（13） 公文書の不適正な取扱い
　ア　公文書を偽造し、若しくは変造し、若しくは虚偽の公文書を作成し、又は公文書を毀棄した職員は、免職又は停職とする。
　イ　決裁文書を改ざんした職員は、免職又は停職とする。
　ウ　公文書を改ざんし、紛失し、又は誤って廃棄し、その他不適正に取り扱ったことにより、公務の運営に重大な支障を生じさせた職員は、停職、減給又は戒告とする。
（14） セクシュアル・ハラスメント（他の者を不快にさせる職場における性的な言動及び他の職員を不快にさせる職場外における性的な言動）
　ア　暴行若しくは脅迫を用いてわいせつな行為をし、又は職場における上司・部下等の関係に基づく影響力を用いることにより強いて性的関係を結び若しくはわいせつな行為をした職員は、免職又は停職とする。
　イ　相手の意に反することを認識の上で、わいせつな言辞、性的な内容の電話、性的な内容の手紙・電子メールの送付、身体的接触、つきまとい等の性的な言動（以下「わいせつな言辞等の性的な言動」という。）を繰り返した職員は、停職又は減給とする。この場合においてわいせつな言辞等の性的な言動を執拗に繰り返したことにより相手が強

度の心的ストレスの重積による精神疾患に罹患したときは、当該職員は免職又は停職とする。
　　　ウ　相手の意に反することを認識の上で、わいせつな言辞等の性的な言動を行った職員は、減給又は戒告とする。
　（15）　パワー・ハラスメント
　　　ア　パワー・ハラスメント（人事院規則10-16（パワー・ハラスメントの防止等）第2条に規定するパワー・ハラスメントをいう。以下同じ。）を行ったことにより、相手に著しい精神的又は身体的な苦痛を与えた職員は、停職、減給又は戒告とする。
　　　イ　パワー・ハラスメントを行ったことについて指導、注意等を受けたにもかかわらず、パワー・ハラスメントを繰り返した職員は、停職又は減給とする。
　　　ウ　パワー・ハラスメントを行ったことにより、相手を強度の心的ストレスの重積による精神疾患に罹（り）患させた職員は、免職、停職又は減給とする。
　（注）　(14)及び(15)に関する事案について処分を行うに際しては、具体的な行為の態様、悪質性等も情状として考慮の上判断するものとする。
2　公金官物取扱い関係
　（1）　横領
　　　公金又は官物を横領した職員は、免職とする。
　（2）　窃取
　　　公金又は官物を窃取した職員は、免職とする。
　（3）　詐取
　　　人を欺いて公金又は官物を交付させた職員は、免職とする。
　（4）　紛失
　　　公金又は官物を紛失した職員は、戒告とする。
　（5）　盗難
　　　重大な過失により公金又は官物の盗難に遭った職員は、戒告とする。
　（6）　官物損壊
　　　故意に職場において官物を損壊した職員は、減給又は戒告とする。
　（7）　失火
　　　過失により職場において官物の出火を引き起こした職員は、戒告とする。
　（8）　諸給与の違法支払・不適正受給
　　　故意に法令に違反して諸給与を不正に支給した職員及び故意に届出を

怠り、又は虚偽の届出をするなどして諸給与を不正に受給した職員は、減給又は戒告とする。
（9）　公金官物処理不適正
自己保管中の公金の流用等公金又は官物の不適正な処理をした職員は、減給又は戒告とする。
（10）　コンピュータの不適正使用
職場のコンピュータをその職務に関連しない不適正な目的で使用し、公務の運営に支障を生じさせた職員は、減給又は戒告とする。

3　公務外非行関係
（1）　放火
放火をした職員は、免職とする。
（2）　殺人
人を殺した職員は、免職とする。
（3）　傷害
人の身体を傷害した職員は、停職又は減給とする。
（4）　暴行・けんか
暴行を加え、又はけんかをした職員が人を傷害するに至らなかったときは、減給又は戒告とする。
（5）　器物損壊
故意に他人の物を損壊した職員は、減給又は戒告とする。
（6）　横領
ア　自己の占有する他人の物を横領した職員は、免職又は停職とする。
イ　遺失物、漂流物その他占有を離れた他人の物を横領した職員は、減給又は戒告とする。
（7）　窃盗・強盗
ア　他人の財物を窃取した職員は、免職又は停職とする。
イ　暴行又は脅迫を用いて他人の財物を強取した職員は、免職とする。
（8）　詐欺・恐喝
人を欺いて財物を交付させ、又は人を恐喝して財物を交付させた職員は、免職又は停職とする。
（9）　賭博
ア　賭博をした職員は、減給又は戒告とする。
イ　常習として賭博をした職員は、停職とする。
（10）　麻薬等の所持等

麻薬、大麻、あへん、覚醒剤、危険ドラッグ等の所持、使用、譲渡等をした職員は、免職とする。
(11) 酩酊による粗野な言動等
　　酩酊して、公共の場所や乗物において、公衆に迷惑をかけるような著しく粗野又は乱暴な言動をした職員は、減給又は戒告とする。
(12) 淫行
　　18歳未満の者に対して、金品その他財産上の利益を対償として供与し、又は供与することを約束して淫行をした職員は、免職又は停職とする。
(13) 痴漢行為
　　公共の場所又は乗物において痴漢行為をした職員は、停職又は減給とする。
(14) 盗撮行為
　　公共の場所若しくは乗物において他人の通常衣服で隠されている下着若しくは身体の盗撮行為をし、又は通常衣服の全部若しくは一部を着けていない状態となる場所における他人の姿態の盗撮行為をした職員は、停職又は減給とする。
4　飲酒運転・交通事故・交通法規違反関係
（1）　飲酒運転
　ア　酒酔い運転をした職員は、免職又は停職とする。この場合において人を死亡させ、又は人に傷害を負わせた職員は、免職とする。
　イ　酒気帯び運転をした職員は、免職、停職又は減給とする。この場合において人を死亡させ、又は人に傷害を負わせた職員は、免職又は停職（事故後の救護を怠る等の措置義務違反をした職員は、免職）とする。
　ウ　飲酒運転をした職員に対し、車両若しくは酒類を提供し、若しくは飲酒をすすめた職員又は職員の飲酒を知りながら当該職員が運転する車両に同乗した職員は、飲酒運転をした職員に対する処分量定、当該飲酒運転への関与の程度等を考慮して、免職、停職、減給又は戒告とする。
（2）　飲酒運転以外での交通事故（人身事故を伴うもの）
　ア　人を死亡させ、又は重篤な傷害を負わせた職員は、免職、停職又は減給とする。この場合において措置義務違反をした職員は、免職又は停職とする。
　イ　人に傷害を負わせた職員は、減給又は戒告とする。この場合において措置義務違反をした職員は、停職又は減給とする。

（3）　飲酒運転以外の交通法規違反
　　　　著しい速度超過等の悪質な交通法規違反をした職員は、停職、減給又は戒告とする。この場合において物の損壊に係る交通事故を起こして措置義務違反をした職員は、停職又は減給とする。
　（注）　処分を行うに際しては、過失の程度や事故後の対応等も情状として考慮の上判断するものとする。
 5　監督責任関係
　（1）　指導監督不適正
　　　　部下職員が懲戒処分を受ける等した場合で、管理監督者としての指導監督に適正を欠いていた職員は、減給又は戒告とする。
　（2）　非行の隠ぺい、黙認
　　　　部下職員の非違行為を知得したにもかかわらず、その事実を隠ぺいし、又は黙認した職員は、停職又は減給とする。

[図表5：標準例一覧（人事院）]　標準例一覧

| 区分 | 事　　由 | 免職 | 停職 | 減給 | 戒告 |
|---|---|---|---|---|---|
| 1 一般服務関係 | (1)　欠勤 | | | | |
| | 　ア　10日以内 | | | ● | ● |
| | 　イ　11日以上20日以内 | | ● | ● | |
| | 　ウ　21日以上 | ● | ● | | |
| | (2)　遅刻・早退 | | | | ● |
| | (3)　休暇の虚偽申請 | | | ● | ● |
| | (4)　勤務態度不良 | | | ● | ● |
| | (5)　職場内秩序を乱す行為 | | | | |
| | 　ア　暴行 | | ● | ● | |
| | 　イ　暴言 | | | ● | ● |
| | (6)　虚偽報告 | | | ● | ● |
| | (7)　違法な職員団体活動 | | | | |
| | 　ア　単純参加 | | | | ● |
| | 　イ　あおり・そそのかし | ● | ● | | |
| | (8)　秘密漏えい | | | | |
| | 　ア　故意の秘密漏えい | ● | ● | | |
| | 　　　自己の不正な利益を図る目的 | ● | | | |
| | 　イ　情報セキュリティ対策のけ怠による秘密漏えい | | ● | ● | ● |
| | (9)　政治的目的を有する文書の配布 | | | | ● |
| | (10)　兼業の承認等を得る手続のけ怠 | | | ● | ● |
| | (11)　入札談合等に関与する行為 | ● | ● | | |
| | (12)　個人の秘密情報の目的外収集 | | | ● | ● |

| | | | | | | |
|---|---|---|---|---|---|---|
| | (13) 公文書の不適正な取扱い | | | | | |
| | | ア 偽造・変造・虚偽公文書作成、毀棄 | ● | ● | | |
| | | イ 決裁文書の改ざん | ● | ● | | |
| | | ウ 公文書の改ざん・紛失・誤廃棄等 | | ● | ● | ● |
| | (14) セクシュアル・ハラスメント | | | | | |
| | | ア 不同意わいせつ、上司等の影響力利用による性的関係・わいせつな行為 | ● | ● | | |
| | | イ 意に反することを認識の上でのわいせつな言辞等の性的な言動の繰り返し | | ● | ● | |
| | | 執拗な繰り返しにより強度の心的ストレスの重積による精神疾患に罹患させたもの | ● | ● | | |
| | | ウ 意に反することを認識の上でのわいせつな言辞等の性的な言動 | | | ● | ● |
| | (15) パワー・ハラスメント | | | | | |
| | | ア 著しい精神的又は身体的な苦痛を与えたもの | | ● | ● | ● |
| | | イ 指導、注意等を受けたにもかかわらず、繰り返したもの | | ● | ● | |
| | | ウ 強度の心的ストレスの重積による精神疾患に罹患させたもの | ● | ● | ● | |
| 2 公金官物取扱い | (1) 横領 | | ● | | | |
| | (2) 窃取 | | ● | | | |
| | (3) 詐取 | | ● | | | |
| | (4) 紛失 | | | | | ● |
| | (5) 盗難 | | | | | ● |
| | (6) 官物損壊 | | | | ● | ● |
| | (7) 失火 | | | | | ● |
| | (8) 諸給与の違法支払・不適正受給 | | | | ● | ● |
| | (9) 公金官物処理不適正 | | | | ● | ● |
| | (10) コンピュータの不適正使用 | | | | ● | ● |

## Ⅲ　懲戒処分

| 事由 | | | 免職 | 停職 | 減給 | 戒告 |
|---|---|---|---|---|---|---|
| 3 公務外非行関係 | (1) 放火 | | ● | | | |
| | (2) 殺人 | | ● | | | |
| | (3) 傷害 | | | ● | ● | |
| | (4) 暴行・けんか | | | | ● | ● |
| | (5) 器物損壊 | | | | ● | ● |
| | (6) 横領 | | | | | |
| | | ア　横領 | ● | ● | | |
| | | イ　遺失物等横領 | | | ● | ● |
| | (7) 窃盗・強盗 | | | | | |
| | | ア　窃盗 | ● | ● | | |
| | | イ　強盗 | ● | | | |
| | (8) 詐欺・恐喝 | | ● | ● | | |
| | (9) 賭博 | | | | | |
| | | ア　賭博 | | | ● | ● |
| | | イ　常習賭博 | | ● | | |
| | (10) 麻薬等の所持 | | ● | | | |
| | (11) 酩酊による粗野な言動等 | | | | ● | ● |
| | (12) 淫行 | | ● | ● | | |
| | (13) 痴漢行為 | | | ● | ● | |
| | (14) 盗撮行為 | | | ● | ● | |
| 4 飲酒運転・交通事故・交通法規違反 | (1) 飲酒運転 | | | | | |
| | | ア　酒酔い | ● | ● | | |
| | | 　　人身事故あり | ● | | | |
| | | イ　酒気帯び | | | | |
| | | 　　人身事故あり | ● | ● | | |
| | | 　　措置義務違反あり | ● | | | |
| | | ウ　飲酒運転者への車両提供、飲酒運転車両への同乗行為等 | ● | ● | ● | ● |
| | | 　　※飲酒運転をした職員の処分量定、飲酒運転への関与の程度等を考慮し決定 | | | | |
| | (2) 飲酒運転以外での人身事故 | | | | | |
| | | ア　死亡又は重篤な傷害 | ● | ● | ● | |
| | | 　　措置義務違反あり | ● | ● | | |
| | | イ　傷害 | | | ● | ● |
| | | 　　措置義務違反あり | | ● | ● | |
| | (3) 飲酒運転以外の交通法規違反 | | | | | |
| | | 　著しい速度超過等悪質な交通法規違反 | | | ● | ● | ● |
| | | 　物損・措置義務違反あり | | | ● | ● | |
| 5 監督責任 | (1) 指導監督不適正 | | | | ● | ● |
| | (2) 非行の隠ぺい、黙認 | | | ● | ● | |

## 4　懲戒処分が取り消される場合

### (1)　概　説

　懲戒処分が取り消されるのは、裁量権の行使に基づく処分が社会観念上著しく妥当を欠き、裁量権を濫用したと認められる場合であるから、前提となる非違事実に誤認がある場合のほか、社会通念に照らし著しく妥当性を欠く場合（目的違反、平等原則違反、比例原則違反等）などに限られることとなってくる。裁判例の中には、内部で定めた懲戒手続に重大な瑕疵があることを理由とするものも見受けられる。

### (2)　裁判例

　以下、近時の裁判例を、棄却例と認容例に分けて記載する。なお、懲戒免職処分の取消しは、後述する退職手当支給制限処分の取消しとともに請求されることが多いため、同処分の裁判例をまとめた箇所にも懲戒免職処分の裁判例が含まれている。

　多様な懲戒免職処分の取消訴訟についてまとめたものとしては、上田賀代「公務員に対する懲戒免職処分について」（判タ1283号5頁）がある。また、飲酒運転については、安藤高行「判例にみる公務員・教員の飲酒運転と懲戒免職処分」（判自373号から381号までの連載）が参考となる。

①　棄却例（懲戒処分が適法とされた例）
- 多摩市事件：東京地判平成27年3月27日判自409号50頁（わいせつ行為、免職）
- 和寒町事件：札幌高判平成27年5月21日判自401号35頁（無断欠勤・不適切な事務処理、免職）
- 東京都・都教委（都立高校教諭）事件：東京高判平成28年3月24日裁判所ウェブサイト（女子生徒に対する不適切な内容のメール送信等、免職）
- 宮崎県・県教委（県立高校教諭）事件：福岡高宮崎支判平成30年6月29日判自448号45頁（体罰・不適切な金銭管理、免職）
- 加古川市事件：最三小判平成30年11月6日労判1227号21頁（勤務時間中の店舗従業員女性に対するわいせつ行為、停職6か月）
- 兵庫県・県教委事件（姫路市中学校柔道部顧問）事件：最一小判令和2年

7月6日判タ1480号123頁（いじめの被害生徒に対する虚偽説明指示等、停職6か月）
・秋田市・市教委（高校教諭）事件：秋田地判令和3年7月9日労経速2461号24頁（受験予定の中学生の保護者に対するセクハラないしそれに準ずる行為、免職）
・日高町事件：札幌地判令和4年1月14日労経速2476号36頁（職場を離脱して観光協会の事務に従事、停職3か月）
・氷見市（消防職員）事件：最三小判令和4年6月14日判タ1504号24頁（別個の停職処分の審査請求中に処分を軽くする目的で同僚への働きかけ等、停職6か月）
② 認容例（懲戒処分が違法とされた例）
・古河市（生活保護課職員）事件：水戸地判平成28年1月28日判自414号42頁（わいせつ行為、免職）
・宝塚市（消防職員）事件：神戸地判平成29年4月26日裁判所ウェブサイト（営利行為・虚偽の旅行届等、免職）
・国・防衛大臣（海上自衛隊自衛官）事件：東京地判平成30年10月25日判タ1465号177頁（コンビニでの窃盗、免職）
・みよし広域連合事件：高松高判令和4年4月22日労働判例ジャーナル126号28頁（同乗していた部下の飲酒運転車両による死亡事故についての監督責任、戒告）
・糸島市・市消防本部消防長事件：福岡地判令和4年7月29日労判1279号5頁（他の職員へのハラスメント行為、免職。慰謝料100万円を認容）

## 5　退職手当の支給制限処分

### (1)　はじめに

　懲戒免職の場合、一般の退職手当の支給制限処分（その多くは全額不支給処分）がなされることがほとんどである。退職手当は、一般の退職手当とその他の退職手当（予告を受けない退職者の退職手当、失業者の退職手当）の合算で計算されるが、通常、金額が大きいのは前者であり、また、勤務年数が長年にわたる場合には高額であるため、懲戒処分を争わないとしても、退職手当の支給制

限処分について争われる事案が相当数ある。

### （2） 法改正の経緯

懲戒免職に伴う一般の退職手当の支給制限処分については、改正の経緯を把握しておく方が有益と思われるので、概略を記載する。

#### ア 改正の内容

平成20年改正前の国家公務員退職手当法旧8条は、懲戒免職処分を受けた者については、懲戒免職の効果としてではなく、退職手当算出上の取扱いとして退職手当を支給しないと規定しており、当然に不支給とされていた。すなわち、同改正前においては退職手当の不支給という行政処分は存在しないとされていた。

しかし、同年改正により、懲戒免職処分を受けた公務員に対する退職手当に係る措置は、懲戒免職処分とは別個の行政処分として、その者が占めていた職の職務および責任、非違の内容および程度、当該非違が公務に対する国民の信頼に及ぼす影響等を勘案して、退職手当等の全部または一部を支給しない処分を行うことができるとされた（退手法12条、同法施行令17条）。同改正により、退職手当独自の見地から、一般の退職手当の全部または一部を支給するか否かを決定することになったのである。

なお、地方公務員の退職手当については、各地方公共団体の条例（退職手当条例）で規定されているが、国家公務員退職手当法の改正後、上記の法改正の内容に沿って条例を改正した地方公共団体が大部分である。

#### イ 検討会報告書の内容

国家公務員退職手当法の改正に先立ち、総務大臣主催の「国家公務員退職手当の支給の在り方等に関する検討会」が設置され、その報告に沿う形で同改正が実施された。一般の退職手当支給制限処分が争われた事案においては、原告が、同報告の内容を引用して支給制限処分の裁量権の逸脱・濫用を主張するものがあり、裁判例の中にも、同検討会での報告内容を具体的に記載して処分の適否を決しているものがある。

同報告では、懲戒免職処分は非違行為をした職員の身分を引き続き保有させることが相当か否かの問題であるのに対し、退職手当は通常であれば退職時に支払われる金銭を支払うのが相当であるかという問題であるから、懲戒免職処

分によって退職手当の全額不支給が原則とされる論理関係にはないこと、退職手当には勤続報償、生活保障、賃金後払いという複合的性格があり、非違行為によって在職中の功績が没却されたとしても直ちに生活保障、賃金後払いをしなくてよいということにはならず、勤続報償としての要素を重視するとしても非違の重大性との間で均衡がとれている必要があり、過去の功績の度合いと非違行為によってこれが没却される度合いを比較衡量する必要があること、民間においては懲戒解雇でも一部支給する規定を設けられている場合があり、裁判事例においても懲戒解雇を認めつつ退職金は諸般の事情を考慮して一部支給を命じるものがあること等が指摘されていた。

同改正の経過からすると、退職手当支給制限処分を争って取消しが認められる範囲が広がったようにもみえる。しかし、現実には、後述するとおり、裁判所で取消しが認められる場面は限定的である。

(3) 退職手当管理機関の裁量等

国家公務員退職手当法12条では、懲戒免職等処分を受けた場合等の退職手当の支給制限にあたって勘案すべき事項として、当該退職をした者が占めていた職の職務および責任、当該退職をした者が行った非違の内容および程度、当該非違が公務に対する国民の信頼に及ぼす影響その他の政令で定める事情を挙げている。そして、同条を受けた国家公務員退職手当法施行令17条では、①当該退職をした者が占めていた職の職務および責任、②当該退職をした者の勤務の状況、③当該退職をした者が行った非違の内容および程度、④当該非違に至った経緯、⑤当該非違後における当該退職をした者の言動、⑥当該非違が公務の遂行に及ぼす支障の程度、並びに⑦当該非違が公務に対する国民の信頼に及ぼす影響の7点を挙げている。

退職手当の支給制限処分は、懲戒処分と同様に、支給者(退職手当管理機関)の裁量で決定されるが、公正・平等が要求されること、恣意による処分が許されないことは懲戒処分に関する裁量と同じであり、社会通念に照らして客観的妥当性を欠いてはならない。

なお、国家公務員退職手当法の運用については、総務省の「運用方針」があるので、以下に記載する。同方針によれば、一般の退職手当等の全部を支給しないのが原則とされている。そして、一部を支給しない処分にとどめるのは、

103

非違の内容および程度について同方針が列挙する場合に限られ、公務に対する国民の信頼に及ぼす影響に留意して慎重な検討を行うものとされている。各地方公共団体においても、これと同様の運用方針を定めていることが多い（ただし、独自の運用方針を定めている地方公共団体もある）。

---

国家公務員退職手当法の運用方針（抜粋）

昭和60年4月30日 総人第261号
最終改正 令和4年8月3日閣人人第501号

第十二条関係
一　非違の発生を抑止するという制度目的に留意し、一般の退職手当等の全部を支給しないこととすることを原則とするものとする。
二　一般の退職手当等の一部を支給しないこととする処分にとどめることを検討する場合は、施行令第十七条に規定する「当該退職をした者が行った非違の内容及び程度」について、次のいずれかに該当する場合に限定する。その場合であっても、公務に対する国民の信頼に及ぼす影響に留意して、慎重な検討を行うものとする。
　　イ　停職以下の処分にとどめる余地がある場合に、特に厳しい措置として懲戒免職等処分とされた場合
　　ロ　懲戒免職等処分の理由となった非違が、正当な理由がない欠勤その他の行為により職場規律を乱したことのみである場合であって、特に参酌すべき情状のある場合
　　ハ　懲戒免職等処分の理由となった非違が過失（重過失を除く。）による場合であって、特に参酌すべき情状のある場合
　　ニ　過失（重過失を除く。）により禁錮以上の刑に処せられ、執行猶予を付された場合であって、特に参酌すべき情状のある場合
三　一般の退職手当等の一部を支給しないこととする処分にとどめることとすることを検討する場合には、例えば、当該退職をした者が指定職以上の職員であるとき又は当該退職をした者が占めていた職の職務に関連した非違であるときには処分を加重することを検討すること等により、施行令第十七条に規定する「当該退職をした者が占めていた職の職務及び責任」を勘案することとする。
四　一般の退職手当等の一部を支給しないこととする処分にとどめることとす

ることを検討する場合には、例えば、過去にも類似の非違を行ったことを理由として懲戒処分を受けたことがある場合には処分を加重することを検討すること等により、施行令第十七条に規定する「当該退職をした者の勤務の状況」を勘案することとする。
五　一般の退職手当等の一部を支給しないこととする処分にとどめることとすることを検討する場合には、例えば、当該非違が行われることとなった背景や動機について特に参酌すべき情状がある場合にはそれらに応じて処分を減軽又は加重することを検討すること等により、施行令第十七条に規定する「当該非違に至った経緯」を勘案することとする。
六　一般の退職手当等の一部を支給しないこととする処分にとどめることとすることを検討する場合には、例えば、当該非違による被害や悪影響を最小限にするための行動をとった場合には処分を減軽することを検討し、当該非違を隠蔽する行動をとった場合には処分を加重することを検討すること等により、施行令第十七条に規定する「当該非違後における当該退職をした者の言動」を勘案することとする。
七　一般の退職手当等の一部を支給しないこととする処分にとどめることとすることを検討する場合には、例えば、当該非違による被害や悪影響が結果として重大であった場合には処分を加重することを検討すること等により、施行令第十七条に規定する「当該非違が公務の遂行に及ぼす支障の程度」を勘案することとする。
八　本条第一項第二号に規定する「これに準ずる退職」とは、例えば次に掲げる規定による退職をいう。
　イ　国会職員法第十条
　ロ　公職選挙法（昭和二十五年法律第百号）第九十条
　ハ　自衛隊法第三十八条第二項

## （4）裁判例

退職手当支給制限処分の適法性が争われた近時の裁判例を、以下、棄却例と認容例とに分けて記載する。なお、飲酒運転の事案については、安藤高行「公務員の懲戒免職処分と退職手当」（労判1125号5頁）が参考となる。
① 棄却例（退職手当支給制限処分が適法とされた例）
・北海道市町村職員退職手当組合事件：札幌高判平成27年9月11日労判1129号49頁（着服）

- 東京都・警視総監（警視庁警察官）事件：東京地判平成28年2月8日判自420号45頁（捜査情報の漏洩等）
- 札幌市事件：札幌地判平成28年3月17日判自420号64頁（酒気帯び運転）
- 福島県・県教委（県立高校教諭）事件：仙台高判平成28年11月30日判自427号48頁（生徒に対するみだらな行為）
- 名古屋市・市上下水道局長（水道局職員）事件：名古屋高判平成29年10月20日判自436号19頁（酒気帯び運転）
- 堺市事件：大阪地判令和3年3月29日労判1247号33頁（個人情報漏洩）
- 東京都・公営企業管理者交通局長（都営バス運転手）事件：東京地判令和4年3月17日労経速2494号32頁（勤務時間外の酒気帯び運転による交通事故）
- 宮城県・県教委（県立高校教諭）事件：最三小判令和5年6月27日労判1297号78頁（酒気帯び運転）
- 大津市事件：最一小判令和6年6月27日裁判所ウェブサイト（酒気帯び運転）

② 認容例（退職手当支給制限処分が違法とされた例）
- 北海道・道教委（市立中学校教員）事件：札幌高判平成28年11月18日判時2232号90頁（著作権法違反、懲戒免職処分取消しも認容）
- 愛知県事件：名古屋高判平成30年3月14日裁判所ウェブサイト（精神疾患による無断欠勤、懲戒免職処分取消しも認容）
- 長崎県・県教委（県立高校教諭）事件：長崎地判平成31年4月16日判自463号51頁（酒気帯び運転、懲戒免職処分取消請求は棄却）
- 国・陸上自衛隊第11旅団長（陸上自衛隊自衛官）事件：札幌地判令和2年11月16日労判1244号73頁（詐欺、懲戒免職処分取消しも認容）
- 阿蘇市事件：福岡高判令和3年10月15日判タ1501号84頁（酒気帯び運転）

## （5） 令和5年最高裁判決

棄却例に記載した前掲宮城県・県教委（県立高校教諭）事件：最三小判令和5年6月27日は、退職手当支給制限処分について初めて最高裁が具体的な判

断を示した例である。

　ア　事案の概要

　宮城県の県立高校教諭であった原告が、車で職場の歓迎会に参加し、長時間にわたって相当量を飲酒した後、車で帰宅するときに走行中の他車に衝突するという物損事故を起こしたことから、任命権者である県教育委員会（以下「県教委」という）から懲戒免職処分（地公29条1項1号・3号）を受け、それに伴い、退職手当条例（宮城県「職員の退職手当に関する条例」）12条1項1号により、退職手当管理機関である県教委から、退職手当全部不支給処分を受けたため、宮城県を被告として、上記各処分の取消しを求めた事案である。

　第一審（仙台地判令和3年12月2日労判1297号115頁）は、懲戒免職処分は適法であるが、退職手当全部支給制限処分は社会通念上著しく妥当性を欠いており、裁量権の範囲を逸脱するもので違法であるとして、取消請求を認容した。これに対し、双方が控訴したが、控訴審（仙台高判令和4年5月26日労判1297号98頁）は、退職手当全部支給制限処分のうち、退職手当の3割相当額を支給しないこととした部分は、裁量権の範囲を逸脱した違法なものであるとして、退職手当全部支給制限処分の全部取消しから一部取消しへと変更した。

　イ　判　旨

　本判決は、以下のとおり述べて、原判決を変更し、第一審判決中、宮城県の敗訴部分を取り消し、同部分について原告の請求を棄却した（結論としては、原告の全部棄却。なお、後述するとおり、宇賀克也裁判官の反対意見が付されている）。

　まず、「本件条例の規定により支給される一般の退職手当等は、勤続報償的な性格を中心としつつ、給与の後払的な性格や生活保障的な性格も有するもの」で、「本件規定は、個々の事案ごとに、退職者の功績の度合いや非違行為の内容および程度等に関する諸般の事情を総合的に勘案し、給与の後払的な性格や生活保障的な性格を踏まえても、当該退職者の勤続の功を抹消し又は減殺するに足りる事情があったと評価することができる場合に、退職手当支給制限処分をすることができる旨を規定したもの」であり、「このような退職手当支給制限処分に係る判断については、平素から職員の職務等の実情に精通している者の裁量に委ねるのでなければ、適切な結果を期待することができない」、「そうすると、本件規定は、懲戒免職処分を受けた退職者の一般の退職手当等

につき、退職手当支給制限処分をするか否か、これをするとした場合にどの程度支給しないこととするかの判断を、退職手当管理機関の裁量に委ねているものと解すべき」であり、「裁判所が退職手当支給制限処分の適否を審査するに当たっては、退職手当管理機関と同一の立場に立って、処分をすべきであったかどうか又はどの程度支給しないこととすべきであったかについて判断し、その結果と実際にされた処分とを比較してその軽重を論ずべきではなく、退職手当支給制限処分が退職手当管理機関の裁量権の行使としてされたことを前提とした上で、当該処分に係る判断が社会観念上著しく妥当を欠いて裁量権の範囲を逸脱し、又はこれを濫用したと認められる場合に違法であると判断すべきである」と判示した（当該判断は、懲戒処分に関する前掲神戸税関事件：最三小判昭和52年12月20日と同様の判断枠組みと考えられる）。

　また、「本件規定は、退職手当支給制限処分に係る判断に当たり勘案すべき事情を列挙するのみであり、そのうち公務に対する信頼に及ぼす影響の程度等、公務員に固有の事情を他の事情に比して重視すべきでないとする趣旨を含むものとは解されない」、「本件規定の内容に加え、本件規定と趣旨を同じくするものと解される国家公務員退職手当法（令和元年法律第37号による改正前のもの）12条1項1号等の規定の内容およびその立法経緯を踏まえても、本件規定からは、一般の退職手当等の全部を支給しないこととする場合を含め、退職手当支給制限処分をする場合を例外的なものに限定する趣旨を読み取ることはできない」とした。

　その上で、本件については、①被上告人は、車で酒席に赴き、長時間にわたって相当量の飲酒をした直後に、同車を運転して帰宅しようとしたものであること、②現に、運転開始から間もなく本件事故を起こしていることからも、本件非違行為の態様は重大な危険を伴う悪質なものであったこと、③公立学校の教諭の立場にありながら、酒気帯び運転という犯罪行為に及んだものであり、生徒への影響も相応に大きかったこと、④現に、本件高校は、本件非違行為の後、生徒やその保護者への説明のため、集会を開くなどの対応も余儀なくされたことから、「本件非違行為は、公立学校に係る公務に対する信頼やその遂行に重大な影響や支障を及ぼすものであったといえる」こと、さらに、「県教委が、本件非違行為の前年、教職員による飲酒運転が相次いでいたことを受けて、

複数回にわたり服務規律の確保を求める旨の通知等を発出するなどし、飲酒運転に対する懲戒処分につきより厳格に対応するなどといった注意喚起をしていたとの事情は、非違行為の抑止を図るなどの観点からも軽視し難い」ことからすると、「本件全部支給制限処分に係る県教委の判断は、被上告人が管理職ではなく、本件懲戒免職処分を除き懲戒処分歴がないこと、約30年間にわたって誠実に勤務してきており、反省の情を示していること等を勘案しても、社会観念上著しく妥当を欠いて裁量権の範囲を逸脱し、又はこれを濫用したものとはいえない」とした。

　ウ　反対意見

　宇賀克也裁判官の反対意見の概要は、以下のとおりである。

　県教委が制定した運用方針では、停職以下の処分にとどめる余地がある場合に、特に厳しい措置として懲戒免職処分とされたときは、一般の退職手当等の一部を支給しないこととする処分にとどめることを検討することとし、その場合であっても、公務に対する信頼に及ぼす影響に留意して、慎重な検討を行うこととされているところ、県教委が制定した「教職員に対する懲戒処分原案の基準」では、飲酒運転を行った場合には免職または5か月以上の停職とされ、平成27年に3名の高校教員が酒気帯び運転で停職処分とされたほか、飲酒運転による非違行為で停職処分にとどめられた例は少なくない。本件以降に発生した警察官の酒気帯び運転では停職3か月の懲戒処分にとどめられている。したがって、被上告人については停職処分以下の処分にとどめる余地がある場合に特に厳しい措置として懲戒免職処分がなされたといえ、一般の退職手当等の一部を支給しないこととする処分をすることを公務に対する信頼に及ぼす影響に留意して慎重に検討すべきであったといえる。高校教諭が飲酒運転を行ったことは公務に対する信頼を損ねるものであり、一般の退職手当等の大幅な減額はやむを得ないが、内容や態様の面で相違がうかがえるとしても、飲酒運転による公務に対する信頼の失墜は飲酒運転を取り締まる立場にある警察官による酒気帯び運転の方が影響が大きいと思われるにもかかわらず、同警察官は停職3か月の懲戒処分を受けたにとどまっていること、被上告人が管理職ではないこと、過去に懲戒処分を受けたことがなく30年余り勤続してきたこと、本件事故の被害は物損にとどまりすでに回復されていること、反省の情を示してい

ること等を考慮すると、全部支給制限処分の取消請求を一部認容した原審の判断は是認することができる。

### （6）遅延損害金

退職手当支給制限処分の取消しが認められた場合、退職手当の額が大きいことから、遅延損害金の発生時期が問題となることがある。

裁判例（茨城県市町村総合事務組合事件：水戸地判平成30年7月20日労働判例ジャーナル80号42頁）では、退職手当を請求した日の属する月の翌月末日が退職手当の支払日とする条例の規定があった事案において、退職手当を請求したのは支給を求めて訴えを提起したときであり、訴状送達日が請求日であるとされた（この事案では、原告は、退職手当支給制限処分の取消請求とともに、退職手当の支払も請求していた）。

個別の案件において、遅延損害金の発生時期についても配慮すべき場合があると思われる。

## 6　不服申立て

懲戒処分および退職手当支給制限処分の不服申立てについては、以下のとおりである（第5章も参照されたい）。

### （1）懲戒処分の不服申立て

#### ア　国家公務員

不服申立ての方法は、人事院に対する審査請求である（国公90条1項）。審査請求は、処分説明書を受領した日の翌日から起算して3か月以内にしなければならず、処分があった日の翌日から起算して1年を経過したときはすることができない（同法90条の2）。審査請求を受理した人事院は、自らまたは人事院の定める機関により事案を調査し（同法91条）、処分を行う理由がある場合は処分を承認または裁量により修正し、理由がない場合は処分を取り消すとともに不当な処置を是正しなければならない（同法92条）。

取消訴訟の提起は、審査請求に対する人事院の裁決を経た後でなければ提起することができない（審査請求前置主義。国公92条の2）。裁決を経ずに訴訟提起した場合には却下される（地方公務員の事案であるが、東京都事件：東京地判平成26年4月21日判自397号37頁、東京都・都教委（都立高校教諭）事件：東京

地判令和2年12月11日判自481号16頁参照)。ただし、①審査請求から3か月を経過しても裁決がない場合、②処分、処分の執行または手続の続行により生ずる著しい損害を定めるため緊急の必要がある場合、③その他裁決を経ないことについて正当な理由があるときは、人事院の裁決を経ずに取消訴訟を提起することができる(行訴8条2項)。なお、「正当な理由」がない場合、訴訟で争う方法としては、無効確認訴訟の提起を検討することになる。

また、取消訴訟(処分取消しの訴え)は、処分または裁決があったことを知った日から6か月を経過したとき、もしくは、処分または裁決の日から1年を経過したときは、正当な理由がない限り提起することができない(行訴14条)。

イ　地方公務員

不服申立ての方法は、人事委員会または公平委員会に対する審査請求である(地公49条の2第1項)。審査請求は、処分があったことを知った日の翌日から起算して3か月以内にしなければならず、処分があった日の翌日から起算して1年を経過したときはすることができない(同法49条の3)。処分説明書の受領が問題とされていない点で国家公務員と異なる。

審査請求を受理した人事委員会または公平委員会の執るべき措置(地公50条)、審査請求前置主義が適用されること(同法51条の2)、審査請求前置主義の例外(行訴8条2項)、取消訴訟の出訴期間(同法14条)については、前述した国家公務員の場合と同様である。

(2)　退職手当支給制限処分の不服申立て

退職手当支給制限処分について、懲戒処分と同様に、職員の意に反する不利益な処分(国公89条、地公49条)として、人事院や人事委員会・公平委員会に対する審査請求(国公90条、地公49条の2)をすることができるか否かについては、審査請求の主体が「職員」と規定されており懲戒免職された職員はすでに職員でなくなっていること、また、審査請求の対象として「懲戒処分」の記載はあるが退職手当支給制限処分の記載がないこと等から、否定されている。

ただし、行政不服審査法に基づく審査請求(行審4条、自治206条1項)を行うことは可能である。この場合の審査請求先は、処分庁の最上級行政庁であり、大臣、都道府県知事、市町村長等である。

なお、審査請求前置主義(国公92条の2、地公51条の2)は適用されないの

で、審査請求を行わずに、最初から処分の取消しを求める行政訴訟を提起することもできる（行訴8条1項）。

　懲戒免職処分と退職手当支給制限処分の双方の処分を受けた者は、両者について争うこともできるし、退職手当支給制限処分のみを争うこともできる。理論上、前者が取り消されれば免職の効果が失われるため、後者も取り消されることになるが、両者について取消訴訟を提起して併合審理（行訴13条）されなかった場合には、各々の訴訟において別個に懲戒免職処分の適法性が審理されるため、免職処分の適法性について矛盾する判決が生じる可能性がある。代理人としては、矛盾のない解決を図るために、併合の要否を検討すべきである。なお、同様の趣旨から、懲戒免職処分を争って審査請求を行い、他方、退職手当支給制限処分については審査請求を行わずに取消訴訟を先行させた事案で、裁判所が懲戒免職処分に関する審査請求の結論が出るまで、訴訟手続の進行を止めた事例があるようである。

# 第5章　処分の手続と救済方法

## I　処分の手続

### 1　弁明の機会の付与

#### （1）行政手続法の適用除外

　公務員に対する懲戒処分や分限処分など、「公務員……又は公務員であった者に対してその職務又は身分に関してされる処分」については、行政手続法は適用されない（行手3条1項9号）。したがって、任命権者は、職員に対して懲戒処分や分限処分などの不利益処分をするにあたって、行政手続法上の「聴聞」または「弁明の機会の付与」の手続（同法13条参照）を採ることは、必ずしも必要ない。

　もっとも、公務員に対する処分について行政手続法の適用が除外された趣旨は、同法の規定の適用がなじまないと判断されたからにすぎず、公務員に対する処分の手続が適正手続の法理の要請に適合しているか否かは、別途検討されなければならない。実際、裁判例の中には、後述するとおり、適正手続の観点から、一定の場合に弁明の機会の付与が必要であると判示するものがある。

#### （2）裁判例の状況

　上述したとおり、公務員に対する処分については行政手続法が適用されないものの、裁判例の中には、以下のとおり、一定の場合に弁明の機会の付与が必要である旨判示するものがある。

　例えば、高松高裁は、「地方公務員法27条1項が『すべて職員の分限及び懲戒については、公正でなければならない』として、地方公務員に対する懲戒処分の公正を定めていることに照らすと、特に被処分者の地方公務員としての身分を喪失させるという重大な不利益を及ぼす懲戒免職処分については、処分の基礎となる事実の認定等について被処分者の実体上の権利の保護に欠けること

のないよう、適正かつ公正な手続を履践することが要求されているというべきである。かかる観点からすると、懲戒免職処分の基礎となる事実の認定に影響を及ぼし、ひいては処分の内容に影響を及ぼす相当程度の可能性があるにもかかわらず、弁明の機会を与えなかった場合には、裁量権の逸脱があるものとして当該懲戒免職処分には違法がある」としている（高知県（酒酔い運転・懲戒免職）事件：高松高判平成23年5月10日労判1029号5頁。ただし、結論としては、「懲戒免職処分の基礎となる事実の認定に影響を及ぼし、ひいては処分の内容に影響を及ぼす相当程度の可能性があるにもかかわらず、弁明の機会を与えなかったものとは認められない」としている）。

　また、福岡高裁は、「免職処分は当該職員にとってこの上なく不利益な処分なのであるから、そのような処分をするに際しては、手続的にも適正手続を踏まえていることが不可欠の要請である。この点につき、原判決は、……『……懲戒免職処分に際し、被処分者に対して告知・聴聞の機会を与えることにより、処分の基礎となる事実の認定に影響を及ぼし、ひいては処分の内容に影響を及ぼす可能性があるときに限り、上記機会を与えないでした処分は違法となると解される。』としているが、にわかに首肯することができない。いやしくも、懲戒処分のような不利益処分、なかんずく免職処分をする場合には、適正手続の保障に十分意を用いるべきであって、中でもその中核である弁明の機会については例外なく保障することが必要である」として、弁明の機会を不可欠のものとしている（熊本県教委（教員・懲戒免職処分）事件：福岡高判平成18年11月9日労判956号69頁）。なお、同事件では、被処分者に対する事情聴取が数回行われていたが、判決は、事実調査の域を出ないものであって、弁明の機会を付与したものとはいえず、「適正手続の保障という意味においても重大な問題を含んでいる」とした。同判決は、非違行為に比べて処分が重すぎるとの理由で懲戒免職処分を違法と判断しているため、手続違反のみで処分が取り消されるのかは判然としない。もっとも、弁明の機会の付与は重要な手続であるから、少なくとも懲戒免職処分の場合に弁明の機会を付与しなければ、それだけで処分が取り消されることもあり得ると考えられる。

　以上のことからすると、処分権者としては、懲戒免職処分を発令する場合には、被処分者たる職員に対し、必ず事前に弁明の機会を付与すべきであろう。

また、その他の懲戒処分や分限処分などの不利益処分をするにあたっても、できる限り弁明の機会を付与することが望ましいといえる。

## 2　処分説明書の交付

### （1）　処分説明書の交付義務

任命権者（処分権者）が、職員に対し懲戒処分または分限処分などの不利益処分を行うときは、処分の事由を記載した説明書（処分説明書）を交付しなければならない（国公89条1項、地公49条1項）。

ただし、臨時的職員および条件付採用職員については、処分説明書の交付義務を定めた国家公務員法89条および地方公務員法49条が適用除外とされている（国公81条1項、地公29条の2第1項）。また、地方公務員のうち、地方公営企業職員、単純労務職員および特定地方独立行政法人職員も、処分説明書の交付義務を定めた地方公務員法49条が適用除外とされている（地公企39条1項、地公等労附則5項、地独行法53条1項）。したがって、これらの職員に対する処分説明書の交付義務はない。

もっとも、地方公務員については、解雇理由証明書の交付義務を定めた労働基準法22条が適用されることから、免職処分（解雇）された場合には、民間労働者と同様、任命権者に対し、同条に基づく解雇理由証明書（免職理由証明書）の交付を請求することが可能である。

### （2）　不利益処分の意義

前述のとおり、処分権者が職員に処分説明書を交付しなければならないのは、「不利益な処分」であるところ、「不利益な処分」とはいかなる処分かが問題となる。

この点について、国家公務員法では、①職員の意に反する降給、降任、休職、免職処分（いずれも分限処分。国公75条以下参照）、②懲戒処分、③その他職員に対する著しく不利益な処分とされている（同法89条1項）。また、地方公務員法では、「懲戒その他その意に反すると認める不利益な処分」とされている（地公49条1項）。国家公務員法と異なり、「著しく……」との文言がないものの、「著しく不利益な処分」と「不利益な処分」との限界についての明確な基準はなく、両者は同一の内容であると解されている。

なお、辞職承認処分（依願免職処分）は、職員の退職の意思表示を前提とする処分であるが、退職の意思表示が真正なものでない場合には、不利益処分と判断されうる。また、転任は水平的な異動であるため、転任処分が不利益処分か否かが争われることが多いが、場合によっては不利益処分とされることがある（詳細は、第3章Ⅲ3参照）。

### （3） 処分説明書の交付請求

転任処分や辞職承認処分などの場合には、任命権者が不利益処分でないと判断し、職員に対し処分説明書を交付しないことが多い。そのような場合であっても、職員は、その意に反して「著しく不利益な処分を受けたと思料する場合」（国公89条2項）や、「不利益な処分を受けたと思うとき」（地公49条2項）には、任命権者に対し、処分説明書の交付を請求することができる。

任命権者としては、職員から処分説明書の交付請求があった場合には、再度、当該処分が不利益処分か否かについて検討すべきである。

なお、任命権者が不利益処分に該当しないとの理由で処分説明書を交付しない場合であっても、客観的にみて不利益処分に該当すれば、当該職員は、人事院等に対し、不利益処分の審査請求を行うことが可能である（詳細は、本章Ⅱ参照）。

### （4） 処分説明書の記載事項

処分説明書には、処分の事由を記載するほか、当該処分につき、人事院（地方公務員の場合は、人事委員会または公平委員会）に対して審査請求ができる旨および審査請求期間（国公90条の2、地公49条の3参照）を記載しなければならない（国公89条3項、地公49条4項）。

処分説明書の記載事項の中で最も重要なのは、処分の事由の記載である。これについては、「具体的かつ詳細に、事実を挙げて（いつ、どこで、どのようにして、何をしたというように）記入する」必要がある（人事院事務総長発「処分説明書の様式および記載事項等について」昭和35年4月1日職職-354）。

近時の裁判例には、処分説明書に処分の根拠法条の記載があるのみで、処分の原因となった事実の記載がなかった事案について、処分事由の記載として不十分であるとして、当該処分を取り消したものがある（古河市（生活保護課職員）事件：水戸地判平成28年1月28日判自414号42頁）。

### （5）　処分事由の追加主張の可否

　職員に処分説明書を交付する趣旨は、処分時に処分の事由を明示させることによって、処分権者に慎重な判断をさせるとともに、被処分者に審査請求をするかどうかの判断を可能ならしめることにある。このような趣旨からすれば、処分説明書に記載された事実と同一性のない事実を、後の争訟過程において処分事由として追加することは許されない（吉川町事件：東京高判昭和59年1月31日行集35巻1号82頁参照。同判決は、結論としては追加主張を認めた）。

　近時の裁判例でも、「懲戒処分の際の処分説明書において懲戒事由とされていない事由を当該懲戒処分の取消訴訟において処分行政庁の所属する公共団体が主張することは許されない」（京都市（児童相談所職員）事件：大阪高判令和2年6月19日労判1230号56頁）とか、「公務員に対する懲戒処分は、理由を特定してなされるものであり、当該処分の理由とされた非違行為の事実が認定できない場合には、その処分は違法といわざるを得ず、その取消訴訟において、他の処分理由と差し替えて、懲戒処分の適法性を維持することは許されない」（北海道郵政局長事件：札幌地判平成15年10月27日判タ1152号150頁）などと判示されている。

　したがって、懲戒処分や分限処分などの不利益処分を受けた職員が、審査請求や取消訴訟を行うか否かを判断するにあたっては、処分説明書に記載された処分事由を検討することが重要である。

## 3　その他の手続（辞令書の交付など）

### （1）　国家公務員

　国家公務員の懲戒の手続に関しては、人事院規則12−0（職員の懲戒）にいくつかの規定が設けられている。

　具体的には、懲戒処分は、職員に文書を交付して行わなければならないこと（同規則5条1項）、当該文書の交付を受けるべき者の所在を知ることができない場合においては、その内容を官報に掲載することをもってこれに替えることができ、掲載された日から2週間を経過したときに文書の交付があったものとみなすこと（同条2項）などが規定されている。

　なお、当該文書の記載事項については、人事院事務総長発「人事院規則12−

0（職員の懲戒）の運用について」（昭和32年6月1日職職-393）に明記されているので、参照されたい。

### （2） 地方公務員

地方公務員については、各地方公共団体の条例（「職員の懲戒の手続及び効果に関する条例」「職員の分限に関する手続及び効果に関する条例」など）に、懲戒処分や分限処分の手続が定められている。具体的には、当該職員に書面（辞令書）を交付して行わなければならないこと等が定められていることが多い。

また、懲戒処分を行う場合には、懲戒審査会等に諮問した結果を踏まえ、懲戒処分の要否およびその内容を決定するといった規定が設けられていることもある。そのような場合には、任命権者は、当該手続を履践した上で処分を行う必要がある。

［書式3：辞令書（地方公務員・懲戒免職）］

```
                    辞   令   書
┌─────────────────────┬─────────────────────┐
│（氏名）              │（職名）              │
│     ○ ○ ○ ○       │     ○ ○ ○ ○       │
├─────────────────────┴─────────────────────┤
│（異動内容）                                │
│   地方公務員法第29条第1項第1号の規定により免職する。│
│                                            │
├───────────────────────────────────────────┤
│ 令和○○年○○月○○日                       │
│         任命権者   ○○市長    ○ ○ ○ ○ │
└───────────────────────────────────────────┘
```

［書式4：処分説明書（国家公務員）］

```
                    処   分   説   明   書
┌───────────────────────────────────────────┐
│（教示）                                    │
│ 1．この処分についての審査請求は、国家公務員法第90条及び人事院規則13－│
│   1の規定により、この説明書を受領した日の翌日から起算して3箇月以内に、│
│   人事院に対して、することができます。ただし、この期間内であっても、処│
│   分があった日の翌日から起算して1年を経過した後は、することができません。│
│ 2．この処分についての処分の取消しの訴えは、国家公務員法第92条の2の規│
```

定により、審査請求に対する人事院の裁決を経た後でなければ提起することができません。ただし、次の①から③までのいずれかに該当するときは、人事院の裁決を経ないで、処分の取消しの訴えを提起することができます。
① 審査請求があった日から3箇月を経過しても、人事院の裁決がないとき。
② 処分、処分の執行又は手続の続行により生ずる著しい損害を避けるため緊急の必要があるとき。
③ その他裁決を経ないことにつき正当な理由があるとき。

　この処分の取消しの訴えは、審査請求に対する人事院の裁決があったことを知った日の翌日から起算して6箇月以内に、国を被告として（訴訟において国を代表する者は法務大臣となります。）、提起しなければなりません。ただし、この期間内であっても、人事院の裁決があった日の翌日から起算して1年を経過した後は、提起することができません。
（注）この処分を行った者が行政執行法人に所属する者である場合にあっては、この処分の取消しの訴えの被告及び訴訟において被告を代表する者は、その者が所属する行政執行法人及びその長となります。

| 文書番号 | | |
|---|---|---|
| 1　処分者 | | |
| 官　職 _____ | 氏　名 _____ | |
| 2　被処分者 | | |
| 所属部課 | 氏名（ふりがな）_____ | |
| 官　職 | 級及び号俸 | |
| 3　処分の内容 | | |
| 処分発令日<br>　　年　月　日 | 処分効力発生日<br>　　年　月　日 | 処分説明書交付日<br>　　年　月　日 |
| 根拠法令 | 処分の種類及び程度 | |
| 国家公務員倫理法第26条による承認の日<br>　　年　月　日 | 刑事裁判との関係<br>起訴日　年　月　日 | 国家公務員法第85条による承認の日<br>　　年　月　日 |
| 処分の理由 | | |

**119**

[書式5：処分説明書（地方公務員）]

| 処 分 説 明 書 | 整理番号 | 第〇〇〇号 |
|---|---|---|
| | 交付年月日 | 令和〇〇年〇〇月〇〇日 |

| 処分者 | 〇〇市長　〇　〇　〇　〇　㊞ |||||||
|---|---|---|---|---|---|---|---|
| 被処分職員 | 氏　名 | 〇〇〇〇 | 職　名<br>補職名 | 〇〇〇〇<br>〇〇 | 所　属 | 〇〇〇課 ||
| 処分の種類 | 免　職 |||||||
| 処分年月日 | 平成〇〇年<br>〇〇月〇〇日 || 根拠<br>法令等 | 地方公務員法第29条第1項第3号<br>地方公務員法第33条<br>〇〇市職員の懲戒の手続及び効果<br>に関する条例第〇条 ||||
| 処分事由 | 　被処分職員〇〇〇〇は、令和〇〇年〇〇月〇〇日（〇〇）退庁後、19時30分頃から翌日1時過ぎまで、〇〇駅前の「〇〇〇」「△△△」「□□□」「×××」の4軒において、小ビン1本、焼酎8本を飲酒し、自家用車の中で仮眠をした後〇〇月〇〇日4時30分過頃、自動車を運転し帰路についた。帰宅途中、〇〇市民センター跡地南西の交差点を通り過ぎる時、歩行者1名が信号を無視して交差点を渡ったため、呼び止め注意をしたところ口論となった。そのため自動車を発進させたが、〇〇県総合庁舎南の交差点で信号待ちをしている際、同歩行者の通報を受けた警察官の職務質問により酒気帯び運転が発覚し、検査の結果、呼気中アルコール濃度0.3mg／ℓが検出されたため道路交通法違反容疑（酒気帯び運転）で逮捕され、〇〇月〇〇日略式起訴、〇〇月〇〇日罰金20万円の処分を受けた。<br>　かかる行為は、道路交通法第65条の「酒気帯び運転等の禁止」の規定に違反するばかりでなく、地方公務員法第30条（服務の根本基準）に規定する「全体の奉仕者」としてふさわしくない常識を逸脱した行為であるとも |||||||

に、同法第33条「信用失墜行為の禁止」に規定される職の信用を傷つけ、ま
　　た職全体の不名誉ともなる行為でもあり、市職員としての自覚と認識が著
　　しく欠如しているものと言わざるを得ない。
　　　本市は飲酒運転の撲滅を図るため、昨年〇〇月〇〇日「職員の交通事故
　　に関する取扱要領」を改正し、飲酒運転については厳罰をもって臨むこと
　　をあらゆる機会を通じて周知徹底を図っているにもかかわらず、過去の処
　　分の反省もなく、しかも重責を担う課長職にありながらのかかる行為は、
　　情状酌量の余地はなく厳しくその責任が問われるべきである。
　　　よって、上記懲戒処分とするものである。

＊教示
・この処分について、〇〇〇〇公平委員会に対して審査請求をしようとするときは、
　地方公務員法第49条の３に規定する期間内に、同法第49条の２に規定する審査請求を
　することができます。
・この処分の取消しの訴えは、当該審査請求に係る裁決の送達を受けた日の翌日から
　起算して６か月以内に、市を被告として（市長が被告の代表者となります。）提起す
　ることができます。
　　なお、処分の取消しの訴えは、前記の審査請求に対する裁決を経た後でなければ提
　起することができないこととされていますが、①審査請求があった日から３か月を経
　過しても裁決がないとき、②処分、処分の執行又は手続きの続行により生じる著しい
　損害を避けるため緊急の必要があるとき、③その他裁決を経ないことにつき正当な理
　由があるときは、裁決を経なくても処分の取消しの訴えを提起することができます。

（注）　各地方公共団体の規則等（「〇〇市職員の懲戒の手続及び効果に関する規則」
　　「〇〇市職員の分限及び懲戒に関する規則」等）に、処分説明書の様式が定めら
　　れていることが多い。上記は、代表的なものである。

## Ⅱ　救済方法

### 1　紛争解決手続の全体像（民間労働者との違い等）

#### （1）　はじめに

　民間労働者が解雇や懲戒処分等を受けた場合の紛争解決制度としては、行政
による紛争解決手段として、個別労働紛争解決法に基づく個別労働紛争解決制
度や、労働委員会における不当労働行為救済制度などがあり、裁判所における
紛争解決手段としては、労働審判手続、通常訴訟手続（地位確認訴訟等）、仮処

分手続（賃金仮払仮処分等）などがある。

　しかし、後述するとおり、公務員については上記制度の一部が適用除外とされている。また、民間労働者とは異なり、公務員の免職等が行政処分とされていることから、争い方にも違いが生じることとなる。

　以下では、その全体像を概観する。

### （2） 行政による**紛争解決**

#### ア　個別労働紛争解決制度

　民間労働者であれば、個別労働紛争解決法に基づき、都道府県労働局長の助言・指導や、紛争調整委員会によるあっせん等を利用することが可能である。

　しかし、公務員には個別労働紛争解決制度が適用されないので（個別労働関係紛争の解決の促進に関する法律22条本文）、公務員が分限処分や懲戒処分などの不利益処分を受けた場合に、当該制度を利用して紛争を解決することはできない。ただし、国家公務員のうち行政執行法人職員、地方公務員のうち地方公営企業職員、特定地方独立行政法人職員および単純労務職員には同制度が適用されるので（同条ただし書）、これらの職員は、同制度を利用することが可能である。

#### イ　不当労働行為救済申立制度

　懲戒処分や分限処分などの不利益処分が不当労働行為（労組7条1号など）に当たる場合であっても、非現業職員については、労働組合法が適用除外とされている結果（国公附則6条、地公58条1項）、労働委員会に対する不当労働行為救済申立制度を利用することはできない。

　ただし、国家公務員のうち行政執行法人職員、地方公務員のうち地方公営企業職員、特定地方独立行政法人職員および単純労務職員については、労働組合法が適用されるので（行執労37条1項、地公企39条1項、地公等労4条・附則5項、地独法53条1項）、これらの職員については、同職員が加入する労働組合等により、労働委員会への救済申立て（労組27条以下）を行うことが可能である。

#### ウ　公平審査制度

　公務員には、人事院（地方公務員の場合は人事委員会または公平委員会。以下、人事院と人事委員会・公平委員会とを併せて、「人事院等」ということがある）によ

る公平審査制度が設けられている。公平審査制度には、不利益処分についての審査請求（公平審理。国公89条以下、地公49条の2以下）と、勤務条件に関する行政措置の要求（国公86条以下、地公48条以下）が含まれる（措置要求については、第6章Ⅲで説明する）。なお、国家公務員の場合には、このほかに、災害補償の実施に関する審査の申立て（国公災24条1項）と、給与の決定についての審査の申立て（給与法21条1項）がある。いずれも、公平・中立な第三者機関である人事院等が、準司法的な審査手続に従って、事案の処理を行うものである。

　公務員が分限処分や懲戒処分などの不利益処分を受けた場合には、上記の公平審査制度のうち、人事院等に対する不利益処分審査請求を行うことが可能である。ただし、後述するとおり、一部の公務員は審査請求を行うことができない。

### （3）　裁判所における紛争解決
#### ア　労働審判手続

　労働審判は、「労働契約の存否その他の労働関係に関する事項について個々の労働者と事業主との間に生じた民事に関する紛争」（労審1条）、すなわち個別労働関係民事紛争が対象であるので、公務員の地位・身分等の問題については、労働審判手続を利用することができない。したがって、職員が懲戒処分や分限処分などの不利益処分を受けた場合であっても、同処分の取消し等を求めて労働審判を申し立てることはできない。ただし、ハラスメントを受けたことなどを理由とする損害賠償請求については、労働審判制度を利用することが可能であると解されている。

#### イ　通常訴訟手続

　通常訴訟手続については、公務員も当然に利用することができる。ただし、公務員に対する分限処分や懲戒処分などの不利益処分は、行政処分と解されていることから、訴訟形式としては、抗告訴訟としての取消訴訟が選択されることになる（行訴3条2項）。

　なお、後述するとおり、取消訴訟を提起する前に、原則として人事院等への審査請求を経る必要がある（審査請求前置主義）。

　ちなみに、［図表6］のとおり、公務員労働事件の職員側の勝訴率は、民間

*123*

労働事件と比べると圧倒的に低い状況にある。

[図表６：公務員労働事件の職員側勝訴率]

|  | 平成30年度 | 令和元年度 | 令和２年度 | 令和３年度 | 令和４年度 |
| --- | --- | --- | --- | --- | --- |
| 総数 | 105（771） | 102（829） | 76（704） | 95（870） | 118（1042） |
| 請求認容<br>（一部認容を含む） | 28（465） | 36（511） | 20（445） | 39（504） | 25（612） |
| 請求棄却・訴え却下 | 77（306） | 66（318） | 56（259） | 56（366） | 93（430） |
| 勝訴率（％） | 26.7（60.3） | 35.3（61.6） | 26.3（63.2） | 41.0（57.9） | 21.2（58.7） |

出所：「法曹時報」に毎年度掲載される「労働関係民事・行政事件の概況」に基づき作成。なお、括弧内の数値は、民間労働事件（原告が労働者側）のものである。

　　ウ　仮処分手続

　民間労働者が解雇等をされた場合で、生活が困窮している場合等には、民事保全法に基づく仮処分（地位保全仮処分や賃金仮払仮処分）の申立てを行うことが考えられる。

　しかし、公務員に対する懲戒処分や分限処分などの不利益処分は行政処分であるところ、行政庁の処分については、仮処分をすることができないとされている（行訴44条）。そのため、公務員は、民間労働者のように、民事保全法に基づく仮処分手続を用いることができない。

　そこで、公務員が生活に窮するような不利益処分を受けた場合には、当該処分の取消訴訟を提起した上で、当該処分の執行停止（効力停止）の申立て（行訴25条）を行うこととなる（詳細については後述する）。

## 2　不利益処分審査請求

（１）　不利益処分審査請求の概要

　　ア　審査請求前置主義

　懲戒処分や分限処分などの不利益処分であって人事院等に対して審査請求ができるものの取消しの訴えは、審査請求に対する人事院等の裁決を経た後でなければ、提起することができない（国公92条の２、地公51条の２）。すなわち、公務員の不利益処分については、審査請求前置主義が採られている。

　ただし、①審査請求があった日から３か月を経過しても裁決がないとき、②処分、処分の執行または手続の続行により生ずる著しい損害を避けるため緊急

の必要があるとき、③その他裁決を経ないことにつき正当な理由があるときは、裁決を経ないで、処分の取消しの訴えを提起することができる（行訴8条2項）。

　イ　審査請求を行うことができない者

　人事院等への審査請求を行うことができるのは、一般職の国家公務員のうち、非現業職員および行政執行法人職員と、一般職の地方公務員のうち、非現業職員に限られる（常勤か非常勤かは問わない）。

　ただし、行政執行法人職員は、不利益処分が不当労働行為に該当する場合には、人事院に対して審査請求を行うことができないこととされている（行執労37条3項）。したがって、この場合には、中央労働委員会に対して不当労働行為の救済申立てを行うか（労組25条1項・27条）、直ちに裁判所に処分取消訴訟を提起することになる。

　これに対し、地方公務員のうち、地方公営企業職員、地方独立行政法人職員および単純労務職員は、人事委員会ないし公平委員会への審査請求を行うことができない（地公企39条1項、地公等労附則5項、地独法53条1項）。また、臨時的職員や条件付採用期間中の職員も、人事院等への審査請求を行うことができない（国公81条1項、地公29条の2第1項）。したがって、これらの職員が懲戒処分や分限処分などの不利益処分を争う場合には、直ちに裁判所に処分取消訴訟を提起することになる。その場合の取消訴訟の出訴期間は、原則として、処分があったことを知った日から6か月以内（または処分の日から1年以内）である（行訴14条1項・2項）。

　なお、前述のとおり、地方公営企業職員、特定地方独立行政法人職員および単純労務職員については、処分が不当労働行為に当たる場合には、労働委員会への救済申立てを行うことも可能である。

　ウ　審査請求期間

　審査請求期間は、国家公務員の場合、処分説明書を受領した日の翌日から起算して3か月以内（または処分があった日の翌日から起算して1年以内）、地方公務員の場合、処分があったことを知った日の翌日から起算して3か月以内（または処分があった日の翌日から起算して1年以内）とされている（国公90条の2、地公49条の3）。

## （２）　公平審査と司法審査の異同

### ア　公平審査の制度目的

　公平審査は、公務員の権利利益の保護を十分なものとするため、国家公務員法および地方公務員法が特別に設けた行政救済手続で、行政組織の一部をなす行政委員会で行われる。簡易迅速な手続により不利益処分を受けた者の権利利益の救済を図ることがその目的であるが（ただし、実態は簡易迅速とはいいがたい例が少なくない）、それとともに、処分者の人事行政の適正な運営を確保することも重要な目的とされている。

　裁判所における処分取消訴訟は、不利益処分を受けた者の権利利益の救済を目的とするという意味では公平審査と同じであるが、処分取消訴訟には人事行政の適正な運営を確保するという目的はなく、この点に違いがある。

### イ　公平審理の主体

　公平審理（不利益処分審査請求における審理）は、人事院等（国家公務員の場合には人事院、地方公務員の場合には人事委員会または公平委員会）が行うものである。

　人事院は、国家公務員法に基づき、人事行政に関する公正の確保および国家公務員の利益の保護等に関する事務をつかさどる中立・第三者機関として設けられた機関である（国公３条）。人事院は、人事官３人で組織され、そのうち１人は総裁として命ぜられる（同法４条）。人事官は、人格が高潔で、民主的な統治組織と成績本位の原則による能率的な事務の処理に理解があり、かつ、人事行政に関し識見を有する年齢35歳以上の者のうちから、両議院の同意を経て、内閣により任命される（同法５条）。

　また、人事委員会・公平委員会は、地方公共団体において、国の人事院に対応し、人事行政に関する公正の確保等のために条例で設けられる行政委員会であり、地方公共団体の規模に応じて、人事委員会または公平委員会を設置することとなる（地公７条）。人事委員会・公平委員会は、３人の委員で組織される（同法９条の２第１項）。委員は、人格が高潔で、地方自治の本旨および民主的で能率的な事務の処理に理解があり、かつ、人事行政に関し識見を有する者のうちから、議会の同意を得て、首長により選任される（同条２項）。実際には、行政経験のある者（元首長など）、会社経営者、法曹（弁護士や元裁判官など）、

大学教授等が選任されているケースが多い。

なお、一部の地方公共団体では、他の地方公共団体と共同で公平委員会を設置したり、他の地方公共団体の人事委員会に公平委員会の事務を委託したりしている場合がある（地公7条4項参照）。また、複数の地方公共団体が、公平委員会の事務を共同処理するため、一部事務組合（自治286条以下）を設置している場合もある（例えば、「東京都市公平委員会」、「東京市町村公平委員会」など）。

　ウ　公平審理の範囲

公平審理（不利益処分審査請求における審理）において、人事院等は、不利益処分が適法か違法かを審理するだけではなく、処分が妥当か否か（当・不当）についても審理を行う。例えば、八女市公平委員会は、八女市長による地方公務員法28条1項2号に基づく分限免職処分を、違法ではないものの、不当であるとして取り消している（八女市公平委員会平成24年11月30日裁決。平裕介「地方公務員に対する分限免職処分の『不当』性審査基準に関する一考察」日本大学法科大学院法務研究14号115頁（2017年）も参照）。

なお、処分の妥当性に関する判断も行える結果として、人事院等は、処分を取り消すだけでなく、その内容や程度を減ずる修正裁決も行うことができる（国公92条、地公50条3項）。

この点で、人事院等における審査の枠組みは、懲戒処分の適法性に関する神戸税関事件：最三小判昭和52年12月20日民集31巻7号1101頁（第4章Ⅲ参照）とは異なっている。

　エ　裁決・判定に不服がある場合

訴訟の場合、仮に判決に不服があれば上訴することができるが、人事院等の判定は「最終のもの」（国公92条3項）とされている。

もっとも、人事院等の判定に不服がある審査請求者は、原処分の取消しを求めて裁判所に提訴することができる（原処分主義、行訴10条2項）。人事院等が修正裁決を行った場合には、修正された原処分が取消訴訟の対象となる（中国郵政局長事件：最三小判昭和62年4月21日判時1240号136頁）。ただし、公平審査の手続違反を争う場合には、人事院等の判定（裁決）が取消訴訟の対象となる。

他方で、処分者は、人事院等で処分が取り消されたり修正されたりしても、

当該判定の取消しを求めて裁判所に提訴することはできない。すなわち、審査請求者が取消訴訟を提訴しなければ、その判定が確定することになる。

### （3） 審査請求の手続

公平審理の手続については、国家公務員の場合は人事院規則13-1（不利益処分についての審査請求）に定められており、地方公務員の場合は、各地方公共団体の人事委員会や公平委員会における「不利益処分についての審査請求に関する規則」に定められている。

人事院における公平審理の基本的な流れは、［図表7］の「審査請求の審査の流れ」のとおりである。具体的には、審査請求人が「審査請求書」を提出すると、事件として受理され、人事院に公平委員会が設けられる（不利益処分審査請求を審理するために事件ごとに設けられる。人事院規則13-1（不利益処分についての審査請求）19条1項本文）。公平委員会は、3名または5名の公平委員で組織される（同条2項）。公平委員は、原則として人事官および事務総局の職員のうちから人事院が指名する（同規則21条）。

地方公共団体における公平審理の流れもほぼ同様であるが、人事委員会・公平委員会は、審査に関する事務の一部を委員または事務局長に委任することができるとされている（地公50条2項）。

その後、処分者が「答弁書」を提出し、さらに審査請求人がこれに対する「反論書」を提出する（その後も数回にわたって書面のやり取りが続くことがある）。そして、争点整理を行った上で、口頭審理または審尋審理を行い、最終的に人事院等の判定（裁決）に至ることとなる。

なお、国家公務員の不利益処分審査請求で用いられる様式例については、人事院のウェブサイト（下記URL）に掲載されている。

https://www.jinji.go.jp/seisaku/kouheisinsa/furiekisyobun.html

地方公務員についても、各地の人事委員会または公平委員会のウェブサイトに掲載されている場合があるので、インターネットで検索されたい。

## Ⅱ 救済方法

**[図表7：審査請求の審査の流れ（国家公務員）]**

| 審査請求 | 審査請求は、処分説明書受領日の翌日から起算して3月以内にしなければならず、処分があった日の翌日から起算して1年を経過したときはすることができません。 |
|---|---|
| 審査請求書受付・審査 | 審査請求書を受け付け、不備等がないかを審査します。 |
| 不備補正 | 不備が補正できるものであるときは、請求者に不備の補正を求めます。 |
| 却下 | 規則第6条第1項各号に該当する場合は、却下し、請求者に通知します。 |
| 受理 | 請求者及び処分者に通知します。 |
| 公平委員会設置 | 事案ごとに通常3名で組織されます。 |
| 答弁書提出（処分者）反論書提出（請求者） | 処分者は処分理由の具体的説明などを、請求者はその認否・反論などを、それぞれ書面で提出します。 |
| 口頭審理又は審尋審理 | **口頭審理（公開又は非公開）**<br>公平委員会は、請求者・処分者を同席させる場を設定し、双方に主張や立証を自発的に行わせるなどして調査を行います。誰でも傍聴できる「公開」の方式と、傍聴させない「非公開」の方式があります。<br>**審尋審理（非公開）**<br>公平委員会は、請求者・処分者を同席させる場を設けず、それぞれから事情を聴取し、その他の必要と認める調査を行います。 |
| 調書・意見の提出 | 公平委員会は、調査結果をまとめ、意見を付して人事院（3名の人事官で構成）に調書を提出します。 |
| 判定 | 人事院会議で議決し、判定書正本を請求者及び処分者に送付します。 |

（出所：人事院公平審査局「不利益処分についての審査請求の手引」）

[書式６：審査請求書（地方公務員）]

審　査　請　求　書

令和〇〇年〇〇月〇〇日

〇〇〇〇公平委員会　御中

請求者　〇〇県〇〇市〇〇町〇丁目〇番〇号
〇　〇　〇　〇　㊞
昭和〇〇年〇〇月〇〇日生

　私は、地方公務員法第29条第１項第３号に基づく処分を受けたことについて、不利益処分についての審査請求に関する貴公平委員会規則第５条に基づき、審査を請求いたします。

記

（１）　処分を受けた者の氏名、住所及び生年月日
　　　上記請求者のとおり
（２）　処分を受けた者の受けた当時の職及び所属部局
　　　事務吏員　補職名　課長　　〇〇〇〇課
（３）　処分を行った者の職及び氏名
　　　〇〇市長　　〇〇〇〇
（４）　処分の内容及び処分を受けた年月日
　　　地方公務員法第29条第１項第３号　懲戒免職　令和〇〇年〇〇月〇〇日付
（５）　処分があったことを知った日
　　　同　上
（６）　処分に対する不服の理由
　　　処分事由に誤りがある上、処分内容が重すぎる。
（７）　口頭審理を請求する場合は、その旨及び公開又は非公開の別
　　　口頭公開審理を請求する。
（８）　法第49条第１項又は第２項に規定する処分説明書（以下「処分説明書」という。）の交付を受けた年月日
　　　令和〇〇年〇〇月〇〇日
（９）　審査請求の年月日

本書記載日のとおり

[書式7：答弁書（地方公務員）]

審査請求人　〇　〇　〇　〇
処　分　者　〇　〇　市　長

　　　　　　　　　答　弁　書

　　　　　　　　　　　　　　　　　　　令和〇〇年〇〇月〇〇日

〇〇〇〇公平委員会　御中

　　　　　　　　　　　　　処分者　〇〇市長　〇　〇　〇　〇　㊞

　令和〇〇年（不）第〇号事案について、次のとおり陳述する。

　　　　　　　　　　　　　　　記

第1　審査請求の趣旨に対する答弁
　「〇〇市長が令和〇〇年〇〇月〇〇日付で審査請求人に対して行った懲戒免職処分を承認する。」との裁決を求める。

第2　処分に対する不服の理由に対する認否
　1　処分事由に誤りがあることについて
　処分説明書中「焼酎8本」とあるのは「焼酎8杯」の誤りであることは認める。
　2　処分内容が重すぎることについては、否認する。

第3　処分者の主張
　1　審査請求人の経歴
　審査請求人は、平成〇〇年〇〇月〇〇日付で〇〇市職員に任命され、〇〇課、〇〇課、〇〇課などの勤務を経て、令和〇〇年〇〇月〇〇日、〇〇〇課長に就任したが、同年〇〇月〇〇日付で免職になった。
　なお、同人は平成〇〇年〇〇月〇〇日、酒気帯び運転により戒告処分を受けたことがある。

　2　審査請求人の行為

審査請求人は、○○月○○日（○○）退庁後、パソコンショップである㈱○○に立ち寄った後、○○パーキング（○○町）に駐車した。その後、ショッピングセンター内のキャッシュコーナーで現金を引き出し、午後○時○分ごろから翌日午前1時過ぎまで、「○○○」「△△△」「□□□」「×××」の4軒において、ビール小ビン1本、焼酎8杯を飲酒した。（この間一人で飲酒）
　「×××」では、代行運転を勧められたがなじみの代行運転ではなかったので、自分で電話するからと言って断り、○○パーキングに戻ったが、代行運転は呼ばず自動車の中で仮眠した。○○月○○日午前4時30分ごろ、目を覚まし、自動車を運転したが、○○市民センター跡地南西の交差点を通り過ぎる際、歩行者1人（18歳男）が信号を無視して交差点を渡ったため、審査請求人は、歩行者を呼び止め注意した。話し合っているうちに口論となったため、審査請求人は、停車していた自動車を発進させた。発進の際、左足先を自動車にひかれたとして、歩行者は、警察に通報した。その後、審査請求人は、○○県○○総合庁舎南の○○家に立ち寄ったが、混んでいたため、店を出て自動車を発進させた。
　その後、午前5時5分ごろ、審査請求人が○○○総合庁舎南東の交差点で信号待ちをしていたところ、歩行者から通報を受けた警察に職務質問された際、酒気帯び運転が発覚し検査の結果、呼気中アルコール濃度0.3mg／ℓが検出されたため、午前5時33分、道路交通法違反（酒気帯び運転）で逮捕された。
　3　法律の適用
　審査請求人の前記2記載の酒気帯び運転行為は、道路交通法第65条第1項に規定する酒気帯び運転の禁止及び地方公務員法第33条に規定する信用失墜行為の禁止に違反し、懲戒処分をすることができる場合を規定する同法第29条第1項第1号及び第3号に該当する。
　また、本市では、職員が交通事故又は交通法規違反をした場合に適用する懲戒処分等の基準を規定する「職員の交通事故に関する取扱要領（平成○○年○月○日市長決定）」を定めているが、この要領では、酒気帯び運転に係る懲戒処分は免職と規定している。
　4　処分の理由
　近年、危険性が高い悪質運転の筆頭ともいえる飲酒運転等に対する社会一般の見方がより厳しくなっており、このことは次のとおり最近の刑法、道路交通法が改正されたことでも明らかである。
　平成13年12月、刑法が改正され、飲酒運転などの悪質な運転により人身事故を起こした場合に適用される危険運転致死傷罪が新設され、5年以下の懲役若しくは禁固又は50万円以下の罰金であったものが、死亡の場合、1年以上15年

以下の懲役となり、懲役刑が大幅に引き上げられ、罰金刑は廃止された。
　平成14年6月には改正道路交通法が施行され、酒気帯び運転は、3月以下の懲役又は5万円以下の罰金であったものが1年以下の懲役又は30万円以下の罰金に改められるなど罰則が大幅に強化され、改正道路交通法施行令の施行により酒気帯び運転の判定基準が厳しくなるとともに運転免許の停止又は取消しの基準となる違反点数が引き上げられた。
　　（中　略）
　この度の事件は、前回の飲酒運転事件の記憶が覚めやらないうちに起きた事件であり、しかも課長職にあった職員が道路交通法違反（酒気帯び運転）により現行犯逮捕されたことは、庁内外に大きな衝撃を与え、報道にも大きく取り上げられることとなった。
　地方公務員法第33条は、「職員は、その職の信用を傷つけ、又は職員の職全体の不名誉となるような行為をしてはならない。」と規定しているが、職員は全体の奉仕者として公共の利益のために勤務するものであり、換言すれば、公務は住民の信託を受けてこれを遂行するものであり、このような職員の地位の特殊性に基づき、職員には一般の国民以上に厳しい、かつ、高度の行為規範に従うことが要求され、そして職員が職務の内外において非行を行い、職全体の信用を傷つけたときは、それはその職員を一員としている公務全体の信用を損い、かつ、公務全体の不名誉ともなるものであると解されている。
　当該職員の飲酒運転は、勤務時間外に行った個人的な事件であったとしても、職員としての身分のつながりから、公務全体あるいは職全体の信用が損われることになるものであり同条に違反するとともに、同法第29条第1項第1号及び第3号に該当するものである。
　また、「職員の交通事故に関する取扱要領」に照らすと、市の幹部職員として安心安全なまちづくりを始めとする諸施策を推進し、また、他の職員よりも高度な行為規範を求められる課長職としての職責、社会的な影響、平成〇〇年〇〇月に酒気帯び運転により戒告処分を受けておりその反省がみられないことなどを考慮すると、処分基準に規定する免職を軽減する理由はないため、免職処分とすることとした。

[書式8：審査請求に対する裁決について（通知）（地方公務員）]

〇公委第〇〇〇号
令和〇〇年〇〇月〇〇日

審査請求人　　〇〇〇〇　殿

133

○○市公平委員会委員長　○　○　○　○　㊞

　　地方公務員法第49条の２第１項の規定に基づく審査請求に対する裁決
　　について（通知）

　あなたから令和○○年○○月○○日付で申立てのあった審査請求について、地方公務員法（昭和25年法律第261号）第50条第３項及び職員の不利益処分についての審査請求に関する規則（昭和○○年○○市公平委員会規則第○号。以下「規則」という。）第○条第○項の規定により、令和○○年○○月○○日付で裁決したので、同条第３項の規定により、裁決書の正本を送達します。
　なお、この裁決に係る手続上の瑕疵を理由とする裁決の取消しの訴えは、この裁決のあったことを知った日の翌日から起算して６か月以内に、○○市を被告（訴訟において○○市を代表する者は○○市公平委員会となります。）として、提起することができます。ただし、裁決のあったことを知った日の翌日から起算して６か月以内であっても、裁決のあった日の翌日から起算して１年を経過したときは、裁決の取消しの訴えを提起することができなくなります。
　また、本件事案の審査の際、提出されなかった新たな、かつ、重大な証拠が発見された場合などにあっては、規則第○条第○項の規定により、裁決のあったことを知った日の翌日から起算して６か月以内に、当委員会に対して再審の請求をすることができます。
　おって、処分者が行った原処分の違法性を理由とする処分の取消しの訴えは、この裁決のあったことを知った日の翌日から起算して６か月以内に、○○市を被告（訴訟において○○市を代表する者は○○市長となります。）として、提起することができます。ただし、裁決のあったことを知った日の翌日から起算して６か月以内であっても、裁決のあった日の翌日から起算して１年を経過したときは、処分の取消しの訴えを提起することができなくなります。

[書式９：裁決書（地方公務員）]

令和○○年（不）第○号事案

　　　　　　　　　　　　裁　　決　　書

|  |  |  |
| --- | --- | --- |
| 審査請求人 |  | ○○○○ |
| 審査請求人主任代理人弁護士 |  | ○○○○ |
| 審査請求人代理人 |  | ○○○○ |
| 処分者 | ○○市長 | ○○○○ |
| 処分者主任代理人弁護士 |  | ○○○○ |
| 処分者代理人 |  | ○○○○ |

　○○○○公平委員会は、元○○市職員○○○○から令和○○年○○月○○日付で提出された不利益処分に関する審査請求について、次のとおり裁決する。

主　　文

　○○市長が令和○○年○○月○○日付で審査請求人○○○○に対して行った懲戒免職処分を承認する。

事実及び争点

第1　事案の概要

　審査請求人○○○○（以下「申立人」という。）は、○○○課長として勤務していたところ、令和○○年○○月○○日付で○○市長○○○○（以下「処分者」という。）から、地方公務員法（昭和25年法律第261号）第29条第1項の規定により懲戒免職処分（以下「本件処分」という。）を受けたが、処分事由に誤りがあるうえ、処分内容が重すぎるとして令和○○年○○月○○日当委員会に審査請求をしたものである。

　本件処分の理由は次のとおりであった。

　申立人は、令和○○年○○月○○日（○）○○県○○総合庁舎南において、酒気を帯びて自家用自動車を運転したことにより、同年○○月○○日（○）に罰金20万円の処分を受けたものである。

　かかる行為は、地方公務員法第33条の規定に違反し、同法第29条第1項第3号の規定に該当するので、同項の規定により懲戒処分として免職するものである。

第2　争点

　本件審査請求における争点は、飲酒運転に対する懲戒処分につき原則免職とする処分の方針を前提としても、情状を考慮すれば、本件処分は過重ではないか（比例原則違反）、また、本件処分以外の事案と比べて過重ではないか（平等原則違反）の2点である。

(以下、略)

理　　由

第１　認定事実
　当委員会は、当事者の主張、証拠調べの結果及び口頭審理の全趣旨を踏まえ、次のとおり認定し、判断する。
　１　申立人の勤務歴等
　　（略）
　２　処分の対象となった事実
　　（略）

第２　争点に対する判断
　１　本件処分は過重ではないか（比例原則違反）について
　申立人は、酒気帯び運転の態様、過去の違反歴、その職責、代行運転業者の手配を依頼した状況、飲酒や仮眠の状況及び当時の道路交通の状況を考慮すれば、本件処分は、比例原則に反し、重きに失すると主張するので、この点について検討する。
　（１）　本件では申立人には酒気帯びの影響はなく、正常な運転を行って事故は発生しておらず、社会に何ら実害を与えていないこと。換言すれば、酒気帯び運転以外に非違性はないことについて
　申立人は、本件では「酒気帯びの影響はなく、正常な運転を行って事故は発生しておらず、社会に何ら実害を与えていない」と主張している。
　「酒気帯びの影響はなく、正常な運転を行って事故は発生していない」とするが、申立人の呼気からは0.35mg／ℓのアルコール濃度が検出されている。同濃度が0.25mg／ℓ以上の酒気帯び運転では死亡事故率が飲酒なしに比べて４倍以上の高率になるというデータ（乙第〇号証）をみても、酒気帯び運転は、そのこと自体が死亡事故率の発生率が高く、極めて悪質な行為であるといえる。
　さらに、申立人が運転を開始したのが午前５時少し前で、交通量が少なかったことから、結果として事故が発生しなかったのであり、このことをもって、自己の行為を正当化するものではない。
　次に、「社会に何ら実害を与えていないこと」についてであるが、本件事案は、報道において大きく取り上げられている（乙第〇号証）。
　その結果、所属職員に対し飲酒運転を行わないよう指導すべき立場にある課長自らがこのような事件を引き起こしたことは、市及び市職員全体に対する市

民の信頼、信用を失墜させたものである。
　よって、申立人の主張するように、「社会に何ら実害を与えていない」とはいえない。
　以上のことから、「酒気帯び運転以外に非違性はない」とする申立人の主張については、認められないものである。
　（以下、略）

第3　結論
　以上のとおりであるから、本件処分について、違法又は不当な点は認められない。
　よって、当委員会は、地方公務員法第50条第3項及び不利益処分についての審査請求に関する規則（令和○年○○○○公平委員会規則第○号）第○条第○項の規定に基づき、主文のとおり裁決する。

## 3　抗告訴訟（処分取消訴訟）

### （1）処分取消訴訟の概要

　処分取消訴訟は、人事院等の裁決があったことを知った日から6か月以内（または裁決の日から1年以内）に提起する必要がある（行訴14条）。

　訴状作成にあたって注意しなければならないのは、国または公共団体を被告として処分取消訴訟を提起する場合、訴状には、民事訴訟の例により記載すべき事項のほか、当該処分をした行政庁を記載するものとされていることである（行訴11条4項。例えば、教育委員会部局の職員であれば、行政庁は教育委員会となる）。なお、かつては、処分の取消しの訴えは、処分をした行政庁を被告として提起することとされていたが（行訴旧11条）、平成16年の行政事件訴訟法改正により、当該処分をした行政庁の所属する国または地方公共団体を被告として提起することとなった（行訴11条1項）。改正前の裁判例を読む際には注意が必要である。

　また、処分取消訴訟における訴訟物の価格は、処分1つにつき160万円である（民事訴訟費用等に関する法律4条2項）。

[書式10：訴状]

訴　　状

令和〇〇年〇〇月〇〇日

〇〇地方裁判所　御中

　　　　　　　　　原告訴訟代理人弁護士　〇　〇　〇　〇　㊞

〒〇〇〇-〇〇〇〇　〇〇県〇〇市〇〇町〇丁目〇番〇号
　　　　　　　　　原　　　　　告　　〇　〇　〇　〇

〒〇〇〇-〇〇〇〇　〇〇県〇〇市〇〇町〇丁目〇番〇号
　　　　　　　　　〇〇法律事務所（送達場所）
　　　　　　　　　　　TEL　〇〇-〇〇〇〇-〇〇〇〇
　　　　　　　　　　　FAX　〇〇-〇〇〇〇-〇〇〇〇
　　　　　　　　　原告訴訟代理人弁護士　〇　〇　〇　〇

〒〇〇〇-〇〇〇〇　〇〇県〇〇市〇〇町〇丁目〇番〇号
　　　　　　　　　被　　　　　告　　〇　〇　市
　　　　　　　　　上 記 代 表 者 市 長　〇　〇　〇　〇
　　　　　　　　　処　分　行　政　庁　〇　〇　市　長

懲戒処分取消請求事件
訴訟物の価格　160万円
貼用印紙額　1万3000円


第1　請求の趣旨
　1　行政処分庁が令和〇〇年〇〇月〇〇日付で原告に対して行った懲戒免職
　　処分を取り消す
　2　訴訟費用は、被告の負担とする
　との判決を求める。

第2　請求の原因
　1　原告は被告の職員であった者、〇〇市長は原告の任命権者である。

2　〇〇市長は、原告に対し、別紙の理由をもって、令和〇〇年〇〇月〇〇日付で懲戒免職の処分（以下、「本件処分」という。）をなした。

3　原告は、令和〇〇年〇〇月〇〇日付で〇〇〇〇公平委員会に本件処分について審査請求をなしたが、同公平委員会は、令和〇〇年〇〇月〇〇日、「〇〇市長が令和〇〇年〇〇月〇〇日付で審査請求人〇〇〇〇に対して行った懲戒免職処分を承認する。」との裁決を行った。同裁決は、〇〇月〇〇日、原告に送付された。

4　しかし、本件処分は、比例原則及び平等原則に反し、地方公務員法第27条第1項に違反する違法なものであり、取消しを免れない。

証　拠　方　法

別添証拠説明書記載のとおり。

附　属　書　類

1　訴状副本　　　　　　　　　　　1通
2　甲号証（写し）　　　　　　　　各2通
3　証拠説明書　　　　　　　　　　2通
4　訴訟委任状　　　　　　　　　　1通

## （2）処分の効力停止の申立て

### ア　仮処分の排除と行政事件訴訟法による効力停止

　民間労働者が解雇等をされた場合で、生活が困窮している場合等には、民事保全法に基づく仮処分（賃金仮払仮処分など）の申立てを行うことが考えられる。しかし、公務員に対する懲戒処分や分限処分などの不利益処分は行政処分と解されているところ、行政事件訴訟法には、「行政庁の処分その他公権力の行使に当たる行為については、民事保全法に規定する仮処分をすることができない」と規定されている（行訴44条）。したがって、公務員の場合には、民間労働者のように、民事保全法に基づく仮処分手続を用いることはできない。

　他方で、行政事件訴訟法は、25条1項で「処分の取消しの訴えの提起は、処分の効力、処分の執行又は手続の続行を妨げない」とした上で、2項で「処分の取消しの訴えの提起があった場合において、処分、処分の執行又は手続の続行により生ずる重大な損害を避けるため緊急の必要があるときは、裁判所は、申立てにより、決定をもって、処分の効力、処分の執行又は手続の続行の全部

又は一部の停止（以下「執行停止」という。）をすることができる」と規定している。

　そこで、生活に窮するような懲戒免職処分・分限免職処分・採用取消処分などを受けた職員は、取消訴訟を提起した上で、同条に基づき、当該処分の「執行停止」を申し立てることが考えられる。なお、懲戒処分などは、その発令によって手続が完結し、処分発令以降の執行の手続は想定されていない。したがって、申し立てる「執行停止」の内容は、「処分の執行」や「手続の続行」の停止ではなく、「処分の効力」の停止となろう（北九州市立病院分限免職効力停止事件：福岡地決昭和43年12月26日行集19巻12号2000頁）。

　イ　職員側の具体的な対処方法

　前述した審査請求を行うことができない職員（すなわち、臨時的職員および条件付採用職員と、地方公務員のうち、企業職員、単純労務職員および特定地方独立行政法人職員）については、直ちに処分取消訴訟を提起した上で、行政事件訴訟法25条2項に基づき、当該処分の「執行停止」（効力の停止）を申し立てることが考えられる。

　これに対して、審査請求を行うことのできる職員については、前述のとおり、審査請求前置主義が採用されているため（国公92条の2、地公51条の2）、人事院等に対し審査請求をしてその裁決を経た後でないと処分取消訴訟を提起できないのが原則である。ただし、前述のとおり、①審査請求があった日から3か月を経過しても裁決がないとき、②処分、処分の執行または手続の続行により生ずる著しい損害を避けるため緊急の必要があるとき、③その他裁決を経ないことにつき正当な理由があるときには、裁決を経ないで提訴することができる（行訴8条2項）。そこで、これらの職員については、「処分、処分の執行又は手続の続行により生ずる著しい損害を避けるため緊急の必要があるとき」（同項2号）があるとして、審査請求を経ずに直ちに処分取消訴訟を提起するとともに、行政事件訴訟法25条2項に基づき、処分の効力の停止を申し立てることが考えられる（串間市採用取消効力停止事件：宮崎地決昭和57年12月24日判タ503号131頁、阿久根市懲戒免職効力停止事件：鹿児島地決平成21年10月21日判例集未登載）。

# 第6章 公務員の勤務条件と措置要求

## I 給　与

### 1 公務員の給与の基本原則

#### （1）給与法定主義・給与条例主義

　公務員の「給与」とは、民間労働者の基本給に該当する「俸給」（地方公務員の場合には「給料」）に、それ以外の「手当」を加えた概念である。

　公務員の給与には、給与法定主義・給与条例主義の原則がある。

　国家公務員の給与は、別に定める法律に基づいてなされるものとされており、国家公務員に対して、法律の定めなく、金銭または有価物を支給することはできない（国公63条）。

　次に、地方公務員の給与は、給与に関する条例に基づいてなされるものとされており、地方公務員に対して、条例の定めなく、金銭または有価物を支給することはできない（地公24条5項・25条1項）。また、地方自治法は、給料（非常勤の場合は報酬）および手当の額および支給方法を条例で定めなければならない旨を規定している（自治203条の2第5項・204条3項）。この趣旨は、地方公務員の給与に対する民主的統制および地方公務員の給与を条例によって保障することにあるとされている（茨木市事件：最二小判平成22年9月10日民集64巻6号1515頁）。

　このように、公務員の給与は法律や条例によって決定されることから、給与を減額する法律や条例が制定された場合にも、就業規則に関する不利益変更法理（労契10条）は適用されない（後述する裁判例を参照）。

#### （2）職務給の原則

　公務員の給与には、職務給の原則があり、職員の給与は、その職務と責任に応じて決められる（国公62条、地公24条1項）。国家公務員については、「一般

職の職員の給与に関する法律」（以下「給与法」という）4条が、「各職員の受ける俸給は、その職務の複雑、困難及び責任の度に基き、且つ、勤労の強度、勤務時間、勤労環境その他の勤務条件を考慮したものでなければならない」と定め、職務給の原則を具体化している。

なお、公務員の給与については、生活費、民間の賃金等を考慮して定められるとされていることから（国公64条2項、地公24条2項）、職務給の理念は貫徹されておらず、生活保障の理念等が混在しているとの指摘がある（宇賀克也『行政法概説Ⅲ〔第5版〕』（有斐閣、2019年）444頁）。

### （3）均衡の原則

国家公務員の俸給表は、生計費、民間における賃金その他人事院の決定する適当な事情を考慮して定められ、かつ、等級ごとに明確な俸給額の幅を定めていなければならないとされている（国公64条2項）。また、地方公務員の給与は、生計費並びに国および他の地方公共団体の職員並びに民間事業の従事者の給与その他の事情を考慮して定められなければならないとされている（地公24条2項）。これらの原則は、均衡の原則といわれている。均衡の原則には、民間事業者に相当する給与を支給することにより人材を確保するという目的と、公務員の給与について住民の理解を得るという目的があるとされている。

### （4）情勢適応の原則

国家公務員および地方公務員の給与、勤務時間その他の勤務条件は、社会一般の情勢に適応するように、随時、適当な措置を講じなければならない（国公28条1項、地公14条1項）。

## 2　国家公務員の給与

### （1）概　説

国家公務員については、給与法に基づき給与が支給される。国家公務員の給与は、俸給と諸手当（俸給の特別調整額、扶養手当、地域手当等）に分類される。なお、行政執行法人職員には、労働協約締結権が認められているため、給与法は適用されず（独行法59条1項4号）、同職員の給与は労使合意によって決定されうる（行執労8条）。

俸給とは、正規の勤務時間（本章Ⅱ参照）による勤務に対する報酬であり、

Ⅰ　給　与

諸手当を除いた金額のことをいう（給与法5条1項）。各職員の具体的な俸給の額は、給与法6条各別表の俸給表に従って決定される。俸給表には、他の俸給表の適用を受けない一般職員に適用される「行政職俸給表」（別表第1）のほか（[図表8]参照）、国税庁の職員等に適用される「税務職俸給表」（別表第3）、教育職員に適用される「教育職俸給表」（別表第6）等の複数の種類が存在する。俸給表の適用については、人事院規則9−2（俸給表の適用範囲）によって定められる。また、俸給表の職務の級の分類および号俸の決定については、人事院規則9−8（初任給、昇格、昇給等の基準）によって定められる。

　俸給表は、横軸の級と縦軸の号俸を組み合わせた表となっている。横軸の級とは、職務の位を示すものであり（[図表9]参照）、縦軸の号俸とは、勤務年数、功績、能力等によって定められる数値である。特定の公務員に対応する横軸の級と縦軸の号俸が重なり合う数字が、当該公務員の俸給となる。

[図表8：国家公務員の行政職俸給表]（給与法別表第一 行政職俸給表（第六条関係））

イ　行政職俸給表（一）　※2024年4月1日時点

| 職員の区分 | 職務の級／号俸 | 1級 俸給月額 | 2級 俸給月額 | 3級 俸給月額 | 4級 俸給月額 | 5級 俸給月額 | 6級 俸給月額 | 7級 俸給月額 | 8級 俸給月額 | 9級 俸給月額 | 10級 俸給月額 |
|---|---|---|---|---|---|---|---|---|---|---|---|
| | | 円 | 円 | 円 | 円 | 円 | 円 | 円 | 円 | 円 | 円 |
| | 1 | 162,100 | 208,000 | 240,900 | 271,600 | 295,400 | 323,100 | 365,500 | 410,300 | 459,900 | 523,100 |
| | 2 | 163,200 | 209,700 | 242,400 | 273,200 | 297,500 | 325,300 | 368,100 | 412,700 | 463,000 | 526,000 |
| | 3 | 164,400 | 211,400 | 243,800 | 274,700 | 299,500 | 327,500 | 370,500 | 415,200 | 466,000 | 529,100 |
| | 4 | 165,500 | 212,900 | 245,200 | 276,300 | 301,400 | 329,500 | 372,900 | 417,600 | 469,000 | 532,200 |
| | 5 | 166,600 | 214,400 | 246,400 | 277,800 | 303,200 | 331,500 | 374,800 | 419,500 | 472,000 | 535,300 |
| | 6 | 167,700 | 216,200 | 248,000 | 279,500 | 305,000 | 333,500 | 377,300 | 421,600 | 475,000 | 537,600 |
| | 7 | 168,800 | 217,900 | 249,500 | 281,300 | 306,600 | 335,400 | 379,600 | 423,700 | 478,000 | 540,100 |
| | 8 | 169,900 | 219,600 | 250,900 | 283,100 | 308,200 | 337,300 | 382,100 | 425,900 | 481,100 | 542,500 |
| | 9 | 170,900 | 221,100 | 252,000 | 284,800 | 309,800 | 339,200 | 384,500 | 427,800 | 483,800 | 544,900 |
| | 10 | 172,300 | 222,600 | 253,400 | 286,700 | 312,000 | 341,200 | 387,100 | 429,900 | 486,900 | 546,700 |
| | 11 | 173,600 | 224,100 | 254,900 | 288,500 | 314,200 | 343,200 | 389,700 | 432,000 | 489,900 | 548,500 |
| | 12 | 174,900 | 225,600 | 256,200 | 290,300 | 316,200 | 345,200 | 392,300 | 433,900 | 493,000 | 550,400 |
| | 13 | 176,100 | 226,800 | 257,500 | 292,100 | 318,200 | 347,000 | 394,600 | 435,600 | 495,700 | 552,100 |
| | 14 | 177,600 | 228,200 | 258,700 | 293,700 | 320,200 | 349,000 | 396,900 | 437,400 | 498,000 | 553,500 |
| | 15 | 179,100 | 229,600 | 259,900 | 295,100 | 322,100 | 350,900 | 399,100 | 439,300 | 500,300 | 554,800 |
| | 16 | 180,700 | 231,000 | 261,100 | 296,500 | 324,000 | 352,800 | 401,400 | 441,200 | 502,600 | 555,900 |
| | 17 | 181,800 | 232,400 | 262,300 | 298,000 | 325,900 | 354,500 | 403,200 | 443,000 | 504,600 | 557,200 |
| | 18 | 183,200 | 234,000 | 263,600 | 300,000 | 327,900 | 356,500 | 405,100 | 444,800 | 506,000 | 558,200 |
| | 19 | 184,600 | 235,500 | 264,900 | 302,000 | 329,800 | 358,300 | 407,000 | 446,600 | 507,500 | 559,100 |
| | 20 | 186,000 | 236,900 | 266,200 | 303,800 | 331,700 | 360,200 | 408,800 | 448,300 | 508,900 | 560,000 |

143

## 第6章 公務員の勤務条件と措置要求

| | | | | | | | | | | |
|---|---|---|---|---|---|---|---|---|---|---|
| | 21 | 187,300 | 238,100 | 267,600 | 305,500 | 333,400 | 362,100 | 410,600 | 450,100 | 510,100 | 560,900 |
| | 22 | 189,600 | 239,700 | 269,100 | 307,400 | 335,400 | 364,000 | 412,400 | 451,600 | 511,500 | |
| | 23 | 191,800 | 241,200 | 270,700 | 309,300 | 337,400 | 365,900 | 414,200 | 453,000 | 513,000 | |
| | 24 | 194,000 | 242,600 | 272,200 | 311,100 | 339,300 | 367,800 | 416,000 | 454,500 | 514,500 | |
| | 25 | 196,200 | 243,600 | 273,800 | 312,800 | 340,700 | 369,700 | 417,600 | 455,900 | 515,600 | |
| | 26 | 197,900 | 245,100 | 275,500 | 314,800 | 342,600 | 371,600 | 419,100 | 457,200 | 516,700 | |
| | 27 | 199,400 | 246,400 | 277,100 | 316,800 | 344,500 | 373,500 | 420,600 | 458,500 | 517,900 | |
| | 28 | 200,900 | 247,600 | 278,700 | 318,700 | 346,400 | 375,400 | 422,100 | 459,700 | 519,100 | |
| | 29 | 202,400 | 248,700 | 280,300 | 320,400 | 348,000 | 376,900 | 423,600 | 460,700 | 520,100 | |
| | 30 | 203,800 | 249,700 | 281,800 | 322,400 | 349,900 | 378,700 | 424,900 | 461,400 | 521,000 | |
| | 31 | 205,200 | 250,600 | 283,300 | 324,400 | 351,700 | 380,500 | 426,200 | 462,200 | 521,900 | |
| | 32 | 206,600 | 251,500 | 284,800 | 326,400 | 353,500 | 382,100 | 427,400 | 462,900 | 522,800 | |
| | 33 | 208,000 | 252,400 | 285,900 | 327,600 | 355,300 | 383,800 | 428,600 | 463,600 | 523,600 | |
| | 34 | 209,300 | 253,300 | 287,500 | 329,600 | 357,100 | 385,200 | 429,900 | 464,400 | 524,500 | |
| | 35 | 210,600 | 254,100 | 289,000 | 331,500 | 358,800 | 386,600 | 431,200 | 465,100 | 525,200 | |
| | 36 | 211,900 | 254,900 | 290,500 | 333,500 | 360,500 | 388,000 | 432,400 | 465,700 | 525,700 | |
| | 37 | 213,200 | 255,600 | 291,900 | 335,400 | 361,900 | 389,400 | 433,600 | 466,200 | 526,400 | |
| | 38 | 214,400 | 256,700 | 293,500 | 337,300 | 363,200 | 390,600 | 434,400 | 466,800 | 527,000 | |
| | 39 | 215,600 | 257,900 | 295,100 | 339,200 | 364,500 | 391,800 | 435,200 | 467,400 | 527,800 | |
| | 40 | 216,700 | 259,000 | 296,700 | 341,100 | 365,900 | 392,800 | 436,000 | 468,000 | 528,400 | |
| | 41 | 217,800 | 260,200 | 298,200 | 342,900 | 367,000 | 393,900 | 436,600 | 468,500 | 528,900 | |
| | 42 | 218,900 | 261,400 | 299,800 | 344,800 | 367,900 | 395,100 | 437,300 | 469,000 | | |
| | 43 | 219,900 | 262,500 | 301,300 | 346,600 | 368,900 | 396,200 | 438,000 | 469,400 | | |
| | 44 | 220,900 | 263,600 | 302,800 | 348,400 | 370,000 | 397,300 | 438,700 | 469,700 | | |
| | 45 | 221,800 | 264,700 | 304,400 | 349,900 | 370,800 | 398,000 | 439,500 | 470,000 | | |
| | 46 | 222,700 | 265,800 | 306,000 | 351,300 | 371,700 | 398,700 | 440,300 | | | |
| | 47 | 223,600 | 266,900 | 307,600 | 352,700 | 372,600 | 399,400 | 440,700 | | | |
| | 48 | 224,500 | 267,900 | 309,100 | 354,200 | 373,400 | 400,100 | 441,400 | | | |
| | 49 | 225,400 | 268,900 | 310,000 | 355,700 | 374,200 | 400,700 | 441,900 | | | |
| | 50 | 226,300 | 269,900 | 311,500 | 356,500 | 375,000 | 401,300 | 442,300 | | | |
| | 51 | 227,200 | 270,900 | 313,000 | 357,500 | 375,800 | 401,800 | 442,700 | | | |
| | 52 | 228,100 | 271,800 | 314,600 | 358,500 | 376,500 | 402,200 | 443,100 | | | |
| | 53 | 228,900 | 272,700 | 316,200 | 359,400 | 377,200 | 402,600 | 443,500 | | | |
| | 54 | 229,800 | 273,600 | 317,800 | 360,500 | 377,900 | 402,900 | 443,900 | | | |
| | 55 | 230,700 | 274,500 | 319,300 | 361,400 | 378,600 | 403,200 | 444,300 | | | |
| | 56 | 231,500 | 275,400 | 320,800 | 362,400 | 379,300 | 403,500 | 444,600 | | | |
| | 57 | 231,800 | 276,300 | 322,200 | 363,300 | 379,800 | 403,800 | 444,900 | | | |
| | 58 | 232,600 | 277,200 | 323,400 | 364,000 | 380,400 | 404,100 | 445,300 | | | |
| | 59 | 233,300 | 278,100 | 324,500 | 364,700 | 381,000 | 404,400 | 445,600 | | | |
| 定年前再任用短時間勤務職員以外の職員 | 60 | 233,900 | 279,000 | 325,600 | 365,300 | 381,700 | 404,700 | 445,900 | | | |
| | 61 | 234,500 | 280,000 | 326,300 | 365,700 | 382,100 | 405,000 | 446,200 | | | |
| | 62 | 235,200 | 281,000 | 327,200 | 366,300 | 382,800 | 405,300 | | | | |
| | 63 | 235,800 | 281,900 | 328,000 | 367,000 | 383,400 | 405,600 | | | | |
| | 64 | 236,300 | 282,800 | 328,800 | 367,700 | 384,000 | 405,900 | | | | |
| | 65 | 236,800 | 283,300 | 329,600 | 368,000 | 384,400 | 406,200 | | | | |
| | 66 | 237,300 | 284,000 | 330,000 | 368,700 | 385,000 | 406,500 | | | | |
| | 67 | 237,800 | 284,700 | 330,600 | 369,400 | 385,600 | 406,800 | | | | |
| | 68 | 238,400 | 285,600 | 331,300 | 370,000 | 386,200 | 407,100 | | | | |
| | 69 | 238,900 | 286,600 | 332,100 | 370,300 | 386,600 | 407,300 | | | | |
| | 70 | 239,400 | 287,400 | 332,800 | 370,900 | 387,100 | 407,600 | | | | |

# I 給 与

| | | | | | | |
|---|---|---|---|---|---|---|
| 71 | 239,900 | 288,200 | 333,500 | 371,600 | 387,600 | 407,900 |
| 72 | 240,400 | 289,000 | 334,100 | 372,200 | 388,200 | 408,100 |
| 73 | 240,900 | 289,700 | 334,600 | 372,500 | 388,500 | 408,300 |
| 74 | 241,400 | 290,200 | 335,200 | 373,100 | 388,900 | 408,600 |
| 75 | 241,800 | 290,600 | 335,700 | 373,800 | 389,300 | 408,900 |
| 76 | 242,300 | 291,000 | 336,300 | 374,400 | 389,700 | 409,100 |
| 77 | 242,800 | 291,200 | 336,600 | 374,800 | 390,000 | 409,300 |
| 78 | 243,300 | 291,500 | 337,100 | 375,300 | 390,300 | 409,600 |
| 79 | 243,800 | 291,700 | 337,500 | 375,900 | 390,600 | 409,900 |
| 80 | 244,300 | 292,000 | 337,900 | 376,400 | 390,800 | 410,100 |
| 81 | 244,700 | 292,200 | 338,300 | 376,900 | 391,000 | 410,300 |
| 82 | 245,200 | 292,400 | 338,800 | 377,500 | 391,300 | 410,600 |
| 83 | 245,600 | 292,700 | 339,300 | 378,000 | 391,600 | 410,900 |
| 84 | 246,000 | 292,900 | 339,800 | 378,300 | 391,800 | 411,100 |
| 85 | 246,400 | 293,200 | 340,100 | 378,700 | 392,000 | 411,300 |
| 86 | 246,800 | 293,500 | 340,500 | 379,200 | 392,300 | |
| 87 | 247,200 | 293,800 | 341,000 | 379,600 | 392,600 | |
| 88 | 247,600 | 294,100 | 341,400 | 380,000 | 392,800 | |
| 89 | 248,000 | 294,400 | 341,700 | 380,400 | 393,000 | |
| 90 | 248,500 | 294,800 | 342,100 | 380,900 | 393,300 | |
| 91 | 248,800 | 295,100 | 342,600 | 381,300 | 393,600 | |
| 92 | 249,100 | 295,500 | 343,000 | 381,700 | 393,800 | |
| 93 | 249,400 | 295,700 | 343,200 | 382,000 | 394,000 | |
| 94 | | 295,900 | 343,600 | | | |
| 95 | | 296,200 | 344,100 | | | |
| 96 | | 296,600 | 344,500 | | | |
| 97 | | 296,800 | 344,700 | | | |
| 98 | | 297,100 | 345,100 | | | |
| 99 | | 297,500 | 345,500 | | | |
| 100 | | 297,900 | 345,800 | | | |
| 101 | | 298,100 | 346,100 | | | |
| 102 | | 298,400 | 346,500 | | | |
| 103 | | 298,800 | 346,900 | | | |
| 104 | | 299,100 | 347,300 | | | |
| 105 | | 299,300 | 347,800 | | | |
| 106 | | 299,600 | 348,200 | | | |
| 107 | | 300,000 | 348,600 | | | |
| 108 | | 300,300 | 349,000 | | | |
| 109 | | 300,500 | 349,500 | | | |
| 110 | | 300,900 | 349,900 | | | |
| 111 | | 301,300 | 350,200 | | | |
| 112 | | 301,600 | 350,500 | | | |
| 113 | | 301,800 | 351,000 | | | |
| 114 | | 302,000 | | | | |
| 115 | | 302,300 | | | | |
| 116 | | 302,700 | | | | |
| 117 | | 302,900 | | | | |
| 118 | | 303,100 | | | | |
| 119 | | 303,400 | | | | |
| 120 | | 303,700 | | | | |

145

第6章 公務員の勤務条件と措置要求

| 定年前再任用短時間勤務職員 | 　 | 基準俸給月額 | 基準俸給月額 | 基準俸給月額 | 基準俸給月額 | 基準俸給月額 | 基準俸給月額 | 基準俸給月額 | 基準俸給月額 | 基準俸給月額 | 基準俸給月額 |
|---|---|---|---|---|---|---|---|---|---|---|---|
| | 121 | | | 304,100 | | | | | | | |
| | 122 | | | 304,300 | | | | | | | |
| | 123 | | | 304,600 | | | | | | | |
| | 124 | | | 304,900 | | | | | | | |
| | 125 | | | 305,200 | | | | | | | |
| | | 円 | 円 | 円 | 円 | 円 | 円 | 円 | 円 | 円 | 円 |
| | | 188,700 | 216,200 | 256,200 | 275,600 | 290,700 | 316,200 | 358,000 | 391,200 | 442,400 | 522,800 |

備考(一) この表は、他の俸給表の適用を受けない全ての職員に適用する。ただし、第二十二条及び附則第三項に規定する職員を除く。
　　(二) 2級の1号俸を受ける職員のうち、新たにこの表の適用を受けることとなった職員で人事院規則で定めるものの俸給月額は、この表の額にかかわらず、200,700円とする。

### [図表9：国家公務員の標準職務表]

人事院規則9-8（初任給、昇格、昇給等の基準）

別表第一　標準職務表（第三条関係）
イ　行政職俸給表（一）級別標準職務表

| 職務の級 | 標準的な職務 |
|---|---|
| 1級 | 定型的な業務を行う職務 |
| 2級 | 1　主任の職務<br>2　特に高度の知識又は経験を必要とする業務を行う職務 |
| 3級 | 1　本省、管区機関又は府県単位機関の係長又は困難な業務を処理する主任の職務<br>2　地方出先機関の相当困難な業務を分掌する係の長又は困難な業務を処理する主任の職務<br>3　特定の分野についての特に高度の専門的な知識又は経験を必要とする業務を独立して行う専門官の職務 |
| 4級 | 1　本省の困難な業務を分掌する係の長の職務<br>2　管区機関の課長補佐又は困難な業務を分掌する係の長の職務<br>3　府県単位機関の特に困難な業務を分掌する係の長の職務<br>4　地方出先機関の課長の職務 |
| 5級 | 1　本省の課長補佐の職務<br>2　管区機関の困難な業務を処理する課長補佐の職務<br>3　府県単位機関の課長の職務<br>4　地方出先機関の長又は地方出先機関の困難な業務を所掌する課の長の職務 |

Ⅰ　給　与

| 6級 | 1 | 本省の困難な業務を処理する課長補佐の職務 |
| --- | --- | --- |
|  | 2 | 管区機関の課長の職務 |
|  | 3 | 府県単位機関の困難な業務を所掌する課の長の職務 |
|  | 4 | 困難な業務を所掌する地方出先機関の長の職務 |
| 7級 | 1 | 本省の室長の職務 |
|  | 2 | 管区機関の特に困難な業務を所掌する課の長の職務 |
|  | 3 | 府県単位機関の長の職務 |
| 8級 | 1 | 本省の困難な業務を所掌する室の長の職務 |
|  | 2 | 管区機関の重要な業務を所掌する部の長の職務 |
|  | 3 | 困難な業務を所掌する府県単位機関の長の職務 |
| 9級 | 1 | 本省の重要な業務を所掌する課の長の職務 |
|  | 2 | 管区機関の長又は管区機関の特に重要な業務を所掌する部の長の職務 |
| 10級 | 1 | 本省の特に重要な業務を所掌する課の長の職務 |
|  | 2 | 重要な業務を所掌する管区機関の長の職務 |

ロ　行政職俸給表（二）級別標準職務表
　（以下、略）

　公務員の級が上がることを昇格といい、公務員の号俸が上がることを昇給という。昇格は、人事評価等によって定まる（人事院規則9-8（初任給、昇格、昇給等の基準）20条）。また、昇給は、通常、1年に4号俸ずつ上がるが、勤務成績によっては2号俸のみの場合や、0号俸（昇給しない）の場合もあるし、逆に、6号俸上がったり、8号俸上がったりする場合もある（人事院規則9-8（初任給、昇格、昇給等の基準）37条、別表第7の4「昇給号俸数表」参照）。

　人事院は、国家公務員の俸給表について、毎年（通常は毎年8月）、国家公務員および民間の給与の実態を調査・比較した上、俸給表が適当であるかどうかについて、国会および内閣に対し、報告および勧告を行う（国公28条2項）。内閣は、人事院勧告を受け、給与関係閣僚会議においてその取扱方針を協議し、その結果を閣議で決定した上、国会で給与法の改正を行う。

（2）　国家公務員の給与減額をめぐる裁判例
　ア　人事院勧告に基づく給与の減額
　平成14年の人事院勧告は、国家公務員の俸給月額を平均2.0％引き下げ、同

年12月に支給される期末手当の額について、同年4月1日から改定日前日までの給与の減額改定相当分を減じた額とするとの内容であり、同勧告に従って給与法が改正された（以下「本件特例措置」という）。

そこで、非現業の国家公務員らが、国に対して、人事院勧告に基づく特例措置により減額された期末手当相当額を損害として、国家賠償請求訴訟を提起した。原審（東京地判平成16年10月21日労判885号9頁）は、職員らの請求を棄却したことから、職員側が控訴したが、控訴審も、「本件人事院勧告が、不利益不遡及の原則を踏まえて、改定を同年4月には遡及させないで年間の官民の給与を均衡させるという目的は、正当であり、かつ、速やかに調整が行われる必要があることおよび弾力的な調整として月例給より特別給を対象とすることとして、勧告後の期末手当を対象として4月からの1年間で均衡を採るように措置をする方法は相当であり、本件全証拠によっても、上記の調整措置として、本件特例措置に代わるもので本件特例措置より適切なものを見出すことは困難であるから、本件特例措置は、許容された裁量の範囲内にあり、合理的である」、「本件人事院勧告において、国家公務員の労働基本権制約の代償措置としての人事院の機能が失われていることをうかがわせる事情は、本件全証拠によっても、これを認めることはでき」ず、むしろ、「本件特例措置を含む本件人事院勧告において、国家公務員の労働基本権制約の代償措置としての人事院としての……責務が果たされているということができる」などと判示して、原審の判断を支持し、控訴を棄却した（平成14年度人事院勧告等損害賠償事件：東京高判平成17年9月29日労判907号35頁）。

　　イ　人事院勧告に基づかない給与の減額

また、東日本大震災後の平成24年2月には「国家公務員の給与の改定及び臨時特例に関する法律」が成立し、人事院勧告に基づかない給与減額（平均7.8％の減額率）が行われたことから、国家公務員らが、国に対し、上記給与減額が違憲・違法であるとして差額給与等を請求する訴訟を提起した。

第一審（東京地判平成26年10月30日判タ1420号207頁）は、職員らの請求を棄却したため、職員らが控訴したところ、控訴審も、「国会が、国家公務員について、人事院勧告や民間準拠原則に基づかず、給与減額支給措置の立法をすることが一義的に許されていないと解することはできない」、「給与減額支給措

置が恒久的あるいは長期間にわたるものや、減額率が著しく高いものであればともかく、今回、前記の必要性の下、東日本大震災という未曾有の災害を踏まえた２年間という限定された期間の臨時的措置として立法された上記のような給与改定・臨時特例法が人事院勧告制度の本来の機能を果たすことができないと評価すべきほど不合理な立法であるということはできない」などと述べて、原審の判断を支持し、控訴を棄却した（国（国家公務員・給与減額）事件：東京高判平成28年12月5日労判1169号74頁。なお、最二小決平成27年10月20日で上告棄却・確定）。

## 3　地方公務員の給与

### （1）概　説

　地方公務員については、上述した給与条例主義の原則から、各地方公共団体の給与条例（「職員の給与に関する条例」等）に基づき給与が支給される（自治204条3項、地公24条5項）。

　ただし、地方公務員のうち企業職員については、給与の種類および基準のみを条例で定めればよく（地公企38条4項）、給料表などは規程等で定められることが想定されている（第2章「コラム①」参照）。例えば、東京都交通局企業職員については、「東京都交通局企業職員の給料等に関する規程」によって、具体的な給与が定められている。また、地方公務員のうち単純労務者の労働条件は、地方公務員法とは別の法律で規律されることとなっているところ（地公57条）、地方公営企業等の労働関係に関する法律附則5項により、同法並びに地方公営企業法38条および39条の規定が準用されるため、給与に関しては企業職員と同様の扱いとなっている。なお、特定地方独立行政法人職員には給与条例主義の適用はなく（地独行法53条）、同職員の給与は労使合意によって決定される（地公等労7条）。

　給料とは、正規の勤務時間による勤務に対する報酬であり、諸手当を除いた金額のことをいう（地公25条）。各職員の給料の額は、国家公務員と同様に、その者に適用される給料表に従って決定される。給料表の適用については給与条例における各給料表によって定められ（同条3項）、給料表の職務の級の分類および号給の決定については、各地方公共団体の「初任給、昇格、昇給等の

基準に関する規則」によって定められる。

　人事委員会が置かれている地方公共団体（都道府県および指定都市など）では、人事委員会は、地方公務員の給料表が適当であるかどうかについて、毎年（慣例として人事院勧告の後に）、議会および首長に対し報告および勧告を行う（地公26条）。首長は、人事委員会の勧告を受け職員団体との交渉を経て、給与条例改正案を議会に上程し、給与条例の改正が行われる。なお、地方公務員の給与は、「生計費並びに国及び他の地方公共団体の職員並びに民間事業の従事者の給与その他の事情を考慮して定められなければならない」（同法24条2項）とされ、これまで国家公務員の給与に準拠されて条例化されてきた。

### （2）　地方公務員の給与をめぐる裁判例

#### ア　人事委員会勧告に基づく給与の減額

　地方公務員については、平成14年度人事委員会勧告を受けて、給与条例の減額改正が行われた。

　そこで、当該給与条例の減額改正によって給与を減額された地方公務員（兵庫県職員）らが、兵庫県に対して、減額給与の支払請求を行ったが、裁判所は、減額改正の合理性を認めた上、地方公務員の不利益の程度等を考慮しても、立法裁量権の範囲内である旨判示して、職員らの請求を棄却した（兵庫県（期末手当減額）事件：大阪高判平成18年2月10日労判910号12頁）。

　なお、兵庫県以外でも同様の裁判が提起されたが、全ての事件において地方公共団体の減額改正が認められたようである。

#### イ　人事委員会勧告に基づかない給与の減額

　地方財政の悪化を背景に、人事委員会勧告とは関係なく地方公共団体が独自に給与を減額する給与条例改正も行われている。

　上記のような条例改正が違法であるとして、国家賠償法1条1項に基づく損害賠償請求等を求めた事案において、裁判所は、「国政の立法行為に関し、……国会議員の立法行為は立法の内容が憲法の一義的な文言に違反しているにもかかわらず国会があえて当該立法を行うというごとき、容易に想定しがたいような例外的な場合でない限り、国家賠償法1条1項の適用上違法の評価を受け」ず、「この法理は、県議会議員が行う条例制定行為にも基本的に妥当するというべきであ」るとした上、「本件においては、本件給与抑制条例につき、

その内容が憲法や法律に違反するかどうかについては、当然に解釈の余地を残す問題というべきであって、その内容がそれらの一義的な文言に違反していると認めることはできない」と判示し、地方公務員らの請求を棄却した（愛知県給与抑制条例事件：名古屋地判平成17年1月26日判時1941号49頁）。

　　ウ　給与の過誤払い

　地方公務員の給与の過誤払いをめぐる裁判例には、職員が地方公共団体を相手方として未払い分の請求をするものと、地方公共団体が職員に対して、その支給に過誤があったとして不当利得返還請求を行うものがある。

　給与の過誤払いをめぐる裁判においては、消滅時効の期間が争われることが多い。地方公共団体の金銭債権に関する規定としては、地方自治法236条1項が「金銭の給付を目的とする普通地方公共団体の権利は、時効に関し他の法律に定めがあるものを除くほか、これを行使することができる時から5年間行使しないときは、時効によって消滅する。普通地方公共団体に対する権利で、金銭の給付を目的とするものについても、また同様とする」と定めている。

　職員の地方公共団体に対する未払給与支払請求権については、公法上の金銭債権であるが、地方自治法236条1項の「他の法律」である労働基準法の消滅時効期間が適用される。最高裁も、「いわゆる公法上の金銭債権ではあるが、右労働基準法115条の規定により、2年間これを行使しなければ時効によって消滅するものといわなければならない」と判示して、労働基準法115条の消滅時効期間が適用される旨解している（宮城県教職員日直手当請求事件：最一小判昭和41年12月8日民集20巻10号2059頁）。なお、現在は、労働基準法の改正により、賃金債権の消滅時効期間は5年（ただし、当分の間は3年）とされている（労基115条、同法附則143条3項）。

　他方で、地方公共団体の不当利得返還請求権については、地方自治法236条1項により5年の消滅時効期間とする解釈と、民法の適用により10年の消滅時効期間とする裁判例（名古屋地判平成23年11月30日裁判所ウェブサイト）および行政実例（昭和39年3月10日自治行第31号、京都府警察本部長宛行政課長回答）が存在した。しかし、令和2年4月1日施行の民法改正により、不当利得返還請求権の消滅時効期間は主観的起算点から5年となったため（民166条1項）、この問題についての争いの実益は減少した。

### エ　給与支給の適法性に関する住民訴訟

　住民が法律や条例に定める要件を満たさない給与支給があったとして住民訴訟を提起する例が少なくなく、給与支出の適法性は住民訴訟における一分野を形成している（碓井光明『要説住民訴訟と自治体財務〔改訂版〕』（学陽書房、2002年）226頁、最高裁判所事務総局行政局監修『主要行政事件裁判例概観3 地方自治関係編〔第3版〕』（法曹会、2007年）19頁・176頁参照）。

　給与支出の適法性が争われるケースとしては、いわゆる「やみ給与」に関するものがある。地方公共団体から公務員に対する「負担金」（職員厚生費等）という名目での支出の違法性が争われた事案において、大阪高裁は、「負担金とは、当該地方公共団体が法令、契約等に基づいて国、他の地方公共団体等に対して負担しなければならない経費をいうものであって、名目の如何を問わず職員個人に対し一定の額又は各人の給与額に対応して一定割合で算定した額を個別的に支給する金員をもって負担金ということはできない」と述べた上、本件支出は「『やみ給与』として明らかに違法」と判示した（京都・八幡市ヤミ給与住民訴訟：大阪高判平成元年1月27日行集40巻1・2号50頁）。

　また、市が共済会に対し臨時従事員に支給する離職せん別金を交付したところ、共済会に対する当該離職せん別金の交付が給与条例主義に反するとして、住民訴訟が提起されたという事案において、原審（高松高判平成25年8月29日判自383号16頁）は、臨時従事員の就労実態は、常勤に準じる継続的なものであるから、退職手当の支給を受けることができる企業職員に準じた取扱いをする余地がある等として、市の共済会に対する当該離職せん別金の交付は給与条例主義に反しないとして適法なものとなるとしたが、最高裁は、当該離職せん別金の交付は給与条例主義に反するものであり、地方自治法232条の2の定める公益上の必要性があるとしてされた本件補助金の交付は、裁量権の範囲を逸脱・濫用したものであり違法であると判示して、原判決を破棄した（鳴門市競艇従事員共済会補助金支出事件：最二小判平成28年7月15日判タ1430号121頁）。

　さらに、単発的になされた弁護士費用の負担が問題となることもある。地方公共団体の長に関するものであるが、村長がその職務執行行為に関して個人として訴えられた損害賠償請求事件（住民訴訟）の弁護士費用を村の予算から支出したことの違法性が争われた事案において、最高裁判所は、弁護士費用の支

出が法律・条例に基づかない給与その他の給付（自治204条の2）に該当し違法であるとした第一審（札幌地判昭和56年8月24日行集32巻8号1457頁）および控訴審（札幌高判昭和57年8月5日行集33巻8号1669頁）の判断を是認した（最三小判昭和59年4月24日集民141号643頁）。

## 4　退職手当

### （1）　公務員の退職手当

　国家公務員については、国家公務員退職手当法（以下「退手法」という）に基づき退職手当が支給される。国家公務員の退職手当の額は、退職日の俸給月額に、退職理由別の支給率を乗じて基本額を計算した上、これに調整額を加えた額とされる（退手法2条の4・3条～5条）。

　地方公務員については、地方自治法204条2項に基づく各地方公共団体の退職手当条例により退職手当が支給される。地方公務員の退職手当の額は、国家公務員と類似の仕組みとなっていることが多く、例えば、東京都においては、退職手当の額は、退職の日におけるその者の給料月額に、勤続期間に応じて決められる割合を乗じて基本額を計算した上、これに調整額を加えた額とされている（職員の退職手当に関する条例5条）。

### （2）　退職手当の法的性質

　公務員の退職手当の法的性質は、給与の後払いの趣旨だけでなく、勤続を報償する趣旨をも有すると解されている（最三小判昭和43年3月12日民集22巻3号562頁）。また、下級審裁判例においては、公務員の退職手当には退職後の生活保障の趣旨もあると説明するものがある（東京地判平成26年6月5日判自395号39頁）。

　この点について、近時の最高裁判決は、「勤続報償的な性格を中心としつつ、給与の後払的な性格や生活保障的な性格も有するものと解される」と判示している（宮城県・県教育委員会（退職手当）事件：最三小判令和5年6月27日民集77巻5号1049頁）。

### （3）　退職手当の支給制限処分

#### ア　退職手当支給制限処分の概要

　国家公務員に対しては、懲戒免職処分等を受けて退職した場合や失職した場

合、退職手当の全部または一部を支給しないこととする処分を行うことができる（退手法12条1項）。当該処分の際には、「当該退職をした者が占めていた職の職務及び責任、当該退職をした者の勤務の状況、当該退職をした者が行った非違の内容及び程度、当該非違に至った経緯、当該非違後における当該退職をした者の言動、当該非違が公務の遂行に及ぼす支障の程度並びに当該非違が公務に対する国民の信頼に及ぼす影響」が考慮される（退手法施行令17条）。

退手法は、「国家公務員退職手当法の運用方針」（昭和60年4月30日総人第261号）に基づいて運用されているところ、同方針においては、「非違の発生を抑止するという制度目的に留意し、一般の退職手当等の全部を支給しないこととすることを原則とするものとする」とされている。そのため、国家公務員が懲戒免職処分を受ける場合には、退職手当についても、全部不支給処分を受ける可能性が高い。

なお、地方公務員についても、退職手当の支給制限処分に関して、国家公務員と同様の仕組みが採用されていることが多い。

イ　救済方法

退職手当支給制限処分についての救済方法としては、審査請求や抗告訴訟（取消訴訟）の提起が考えられる。取消訴訟の場合、実務上は、懲戒免職処分の取消訴訟とともに併合提起されることもある（詳しくは、第4章Ⅲ参照）。

なお、前述のとおり、懲戒免職の場合には退職手当の全部不支給を原則とするとの「国家公務員退職手当法の運用方針」が定められているものの（地方公共団体でも、同様の運用方針が定められていることが多い）、取消訴訟においては、裁判所は、職員側に有利な事情を勘案し、支給制限処分を取り消している例もある。

したがって、退職手当管理機関としては、個別の事情を詳細に検討の上、適切な処分をすべきであるし、職員側としても、処分が適切ではないと考えた場合には、審査請求や取消訴訟の提起を検討すべきである。

## Ⅱ 勤務時間・休暇

### 1 公務員の勤務時間

　労働基準法の適用関係において、国は全面的に適用除外とされる一方（国公附則6条）、地方公務員には労働基準法の適用があることが原則であり（労基112条）、労働時間規制に関する主要な規定（同法32条（最長労働時間）、33条・36条（時間外労働・休日労働が認められる場合）、34条（休憩）、35条（休日）、37条（割増賃金）、39条（次項で取り扱う年次有給休暇）等）は地方公務員にも適用される。

　ただし、フレックスタイム制（労基32条の3）、1年単位の変形労働時間制（同法32条の4）、1週間単位の非定型的変形労働時間制（同法32条の5）、裁量労働制（同法38条の3、38条の4）、高度プロフェッショナル制（同法41条の2）等は地方公務員も適用除外である（地公58条3項）。

　また、労働基準法の適用がある場合でも、個々の労使協定に関する規定（労基32条の2第1項・37条3項）が適用除外となったり、読み替えられたりする場合がある（地公58条3項・4項）。地方公務員では、労働基準法別表第一掲記の事業（後掲の［図表10］（160頁）参照）に従事する職員、地方公営企業職員、特定地方独立行政法人職員、単純労務職員、およびこれら以外の地方公務員の間で労働基準法の適用関係が異なっているため、注意が必要である。

　国家公務員の勤務時間は、「一般職の職員の勤務時間、休暇等に関する法律」（以下「勤務時間法」という）が定めている。これによれば、国家公務員の「正規の勤務時間」は、休憩時間を除き1週間あたり38時間45分であり、各省各庁の長は、月曜日から金曜日までの5日間について、1日あたり7時間45分の勤務時間を割り振ることとなっている（勤務時間法5条1項・6条2項）。さらに、人事院規則15-14（職員の勤務時間、休日及び休暇）が国家公務員の勤務時間・休暇について詳細な定めを設けている。

　上記のように労働基準法の適用がある地方公務員の勤務時間・休暇についても、各地方公共団体の条例が定めている（勤務条件条例主義。地公24条5項）。例えば、東京都では、職員の正規の勤務時間は、休憩時間を除き1週間あたり

38時間45分であり、任命権者は、月曜日から金曜日までの5日間について、1日あたり7時間45分の勤務時間を割り振ることとなっている（東京都「職員の勤務時間、休日、休暇等に関する条例」2条1項・3条1項）。

## 2 公務員の休暇

　国家公務員の休暇については、年次休暇、病気休暇、特別休暇、介護休暇および介護時間が定められている（勤務時間法16条）。休暇の種類が多様であり、充実している（特別休暇の種類について、人事院規則15-14（職員の勤務時間、休日及び休暇）22条）。

　また、国家公務員の年次休暇の日数は、原則として20日とされており（勤務時間法17条1項1号）、労働基準法が保障する年次有給休暇よりも職員に有利である。ただし、年次休暇の取得時期については「承認制」が採られているという特徴がある（勤務時間法17条3項）。ただし、承認の基準は「公務の運営に支障」があるか否かとされており、各省各庁の長に自由裁量があるわけではない。

　地方公務員の休暇については、労働基準法39条の適用を前提としつつ、各地方公共団体の条例により定められている。例えば、東京都では、「職員の勤務時間、休日、休暇等に関する条例」において、年次有給休暇、病気休暇、特別休暇、介護休暇および介護時間が定められている（東京都「職員の勤務時間、休日、休暇等に関する条例」14条〜17条の2）。なお、東京都における年次有給休暇の日数も、原則として20日とされている（同条例14条1項）。

　育児休業については、特別法として「国家公務員の育児休業等に関する法律」「地方公務員の育児休業等に関する法律」が定められている。

　なお、2018（平成30）年の労働基準法改正によって使用者には年休付与義務が課されることとなった（労基39条7項）。しかし、この規定は、国家公務員だけでなく、地方公務員にも適用除外である（地公58条3項。ただし、地方公営企業職員・特定独立行政法人職員・単純労務職員には適用がある）。

## 3 公務員の超過勤務

### (1) 国家公務員

　国家公務員法制において、民間部門における時間外労働・休日労働に対応する概念は「超過勤務」である。

　超過勤務とは、正規の勤務時間（勤務時間法5条～8条、11条・12条の規定によりあらかじめ割り振られた勤務時間）以外の時間における勤務のことである。つまり、「1日の所定勤務時間を超える勤務及び週休日における勤務」であって、勤務時間法12条の船員等の作業従事時間および同法13条1項の宿日直勤務以外のものをいう。正規の勤務時間は週38時間45分、1日7時間45分であるため、公務員法における「超過勤務」とは、民間部門における「法内超勤」（労働基準法の労働時間規制（＝週40時間・1日8時間）を超えない範囲での所定労働時間を超えた残業）も含めた概念となっている。また、公務員法では、労働基準法のように「時間外労働」と「休日労働」が区別されることがない。

　勤務時間法13条2項は、超過勤務を命ずる場合の要件を規定しており、単に仕事があれば超過勤務を命じ得るものではなく、「公務のため臨時又は緊急の必要がある場合に……命ずることができる」と規定している。この「臨時の必要」とは、正規の勤務時間を超えて処理しなければならない一時的な業務が発生した場合をいい、「緊急の必要」とは、業務の処理に時間的急迫を要する場合をいう。

　労働基準法上の割増賃金に対応するのが「超過勤務手当」である（給与法16条1項）。超過勤務手当は、職員が正規の勤務時間を超えて勤務することを命ぜられて勤務した場合に、正規の勤務時間を超えて勤務した時間に対して割増給与として支給されるものである。割増率は25％から50％までの範囲内で人事院規則で定める割合であるが（同条1項）、この考え方は労働基準法と同じといえる。ただし、労働基準法上は割増賃金が発生するのは1日8時間、週40時間を超えた法定時間外労働に対してであるが、公務員法では正規の勤務時間（週38時間45分、1日7時間45分）を超えた勤務時間、および週休日における勤務時間に対して割増給与が発生する（つまり割増給与の対象となる勤務時間の範囲が労働基準法よりも広い）ことに留意が必要である。

人事院規則が改正され、国家公務員についても超過勤務の上限規制が設けられた（2019（平成31）年4月1日施行）。すなわち、人事院規則15-14（職員の勤務時間、休日及び休暇）16条の2の2において、各省各庁の長が職員に超過勤務を命ずるときは、以下のような時間および月数の範囲内で必要最小限の超過勤務を命ずるものとする、とされている。

① 他律的業務（業務量、業務の実施時期その他の業務の遂行に関する事項を自ら決定することが困難な業務）以外の部署に勤務する職員：1か月において45時間、1年において360時間の範囲内（人事院規則15-14・16条の2の2第1項1号イ）。

② ①の例外として、他律的業務の比重が高い部署として各省各庁の長が指定するものに勤務する職員：1か月100時間未満、1年において720時間、直前の2か月から6か月を通じて1か月平均時間80時間の範囲内、1年のうち1か月において45時間を超えて超過勤務を命ずる月数は6か月（人事院規則15-14・16条の2の2第1項2号）。

　なお、この「他律的業務」には、国会関係、国際関係、法令協議、予算折衝等に従事するなど、業務の量や時期が各府省の枠を超えて他律的に決まる比重が高い部署が該当しうるとされている（人事院事務総局職員福祉局長発「超過勤務を命ずるに当たっての留意点について」（平成31年2月1日職職-22）1）。

③ さらなる例外として、特例業務（大規模災害への対処、重要な政策に関する法律の立案、他国または国際機関との重要な交渉その他の重要な業務であって特に緊急に処理することを要するものと各省各庁の長が認めるもの）に従事する職員：①・②の範囲を超えて超過勤務を命ずる必要があるときは上限なし（人事院規則15-14・16条の2の2第2項）。

　ただし、この場合、①・②の範囲を超える部分の超過勤務は必要最小限のものとし、かつ、当該職員の健康の確保に最大限の配慮をするとともに、当該超過勤務の要因の整理、分析および検証を行わなければならない（同条3項）。

**（2）　地方公務員**

地方公務員は労働基準法上の労働時間規制を受ける。しかし、労働基準法別

表第一の事業に従事する職員以外の地方公務員に関する超過勤務規制は、労働基準法33条3項に基づいた扱いがなされるのが通常である。

すなわち、労働基準法33条3項は、「公務のために臨時の必要がある場合においては……官公署の事業（別表第一に掲げる事業を除く。）に従事する……地方公務員については、第32条から前条まで若しくは第40条の労働時間を延長し、又は第35条の休日に労働させることができる」と規定している。そして、行政解釈では、「公務」とは「地方公共団体の事務のすべて」を指し、「臨時の必要」の判断は使用者たる行政官庁に委ねられ、かつ広く公務のための臨時の必要を含むとされている（昭和23年9月20日基収第3352号）。この解釈に基づけば、労働基準法33条3項の適用範囲は広くなり、同項によることで、別表第一を除く事業に従事する地方公務員に対しては、36協定の締結なく超過勤務を命じることが可能となる（実際、労働基準法33条3項に基づく超過勤務命令が常態化している）。しかし、同項の文言や同規定の例外的な位置づけからすれば、同項の適用範囲は限定されるべきであり、この種の地方公務員を超過勤務させる場合も、本来は36協定を締結することを基本に考えることが望ましいといえよう。

超過勤務の上限規制に関して、労働基準法33条3項の適用がある場合には同法36条を通じた規制が及ばないため、先にみた国家公務員における上限規制に準じた条例・規則を制定することが総務省より指導されている（平成31年2月1日総行公第8号「人事院規則15-14（職員の勤務時間、休日及び休暇）の一部改正等について」）。

なお、労働基準法33条3項の規定が適用されない別表第一の事業は、主なものとして、「道路、鉄道、軌道、索道、船舶又は航空機による旅客又は貨物の運送の事業」、「教育、研究又は調査の事業」、「病者又は虚弱者の治療、看護その他保健衛生の事業」、「焼却、清掃又はと畜場の事業」などがある（[図表10]参照）。このような事業に従事する地方公務員に対して超過勤務を命じるには、同条1項の要件を満たさない限り36協定を締結する必要がある（ただし、教育職員は別の取扱いがなされることについては下記（5）⑤を参照）。

### （3）超過勤務手当（割増給与）

割増賃金に関する労働基準法37条の規定は、国家公務員には適用されない

[図表10：労働基準法別表第一]

| 号 | 事業区分 | 事業内容 | 事業所等の例（東京都） |
|---|---|---|---|
| 1 | 製造・加工業 | 物の製造、改造、加工、修理、洗浄、選別、包装、装飾、仕上げ、販売のためにする仕立て、破壊若しくは解体又は材料の変造の事業（電気、ガス又は各種動力の発生、変更若しくは伝導の事業及び水道の事業を含む） | 警視庁・東京消防庁整備工場等 |
| 2 | 鉱業 | 鉱業、石切り業その他土石又は鉱物採取の事業 | |
| 3 | 土木・建設業 | 土木、建築その他工作物の建設、改造、保存、修理、変更、破壊、解体又はその準備の事業 | 建設事務所等 |
| 4 | 交通業 | 道路、鉄道、軌道、索道、船舶又は航空機による旅客又は貨物の運送の事業 | |
| 5 | 貨物取扱業 | ドック、船舶、岸壁、波止場、停車場又は倉庫における貨物の取扱いの事業 | |
| 6 | 農林業 | 土地の耕作若しくは開墾又は植物の栽植、栽培、採取若しくは伐採の事業その他農林の事業 | |
| 7 | 畜産・水産業 | 動物の飼育又は水産動植物の採捕若しくは養殖の事業その他の畜産、養蚕又は水産の事業 | |
| 8 | 商業・理容業 | 物品の販売、配給、保管若しくは賃貸又は理容の事業 | |
| 9 | 金融・広告業 | 金融、保険、媒介、周旋、集金、案内又は広告の事業 | |
| 10 | 映画・演劇行 | 映画の製作又は映写、演劇その他興行の事業 | |

## Ⅱ　勤務時間・休暇

| 事業所の例<br>（京都府） | 事業所の例<br>（沖縄県） | 事業所の例<br>（札幌市） | 監督機関 |
|---|---|---|---|
| 自動車整備工場 |  | 水処理センター | 労働基準監督署等 |
|  |  |  | 労働基準監督署等 |
| 土木事務所・同出張所 | 農林土木事務所、農林水産振興センター（家畜保健衛生所（家畜保健衛生課）を除く）、土木事務所 | 区土木部 | 労働基準監督署等 |
|  |  |  | 労働基準監督署等 |
|  |  |  | 労働基準監督署等 |
| 植物園 | 南部林業事務所 |  | 労働基準監督署等 |
|  | 家畜改良センター、病害虫防除技術センター（予察防除班を除く） |  | 労働基準監督署等 |
|  |  |  | 労働基準監督署等 |
|  |  |  | 労働基準監督署等 |
|  |  |  | 労働基準監督署等 |

| 11 | 郵便・通信業 | 郵便、信書便又は電気通信の事業 | |
|---|---|---|---|
| 12 | 教育・研究業 | 教育、研究又は調査の事業 | 学校、研修所、図書館等 |
| 13 | 保険・衛生業 | 病者又は虚弱者の治療、看護その他保健衛生の事業 | 病院、保健所、医療センター等 |
| 14 | 接客・娯楽業 | 旅館、料理店、飲食店、接客業又は娯楽場の事業 | |
| 15 | 焼却・清掃業 | 焼却、清掃又はと畜場の事業 | |

Ⅱ　勤務時間・休暇

| | | | 人事委員会（これがない場合には地方公共団体の長）<br>ただし、企業職員・特定地方独立行政法人職員・単純労務職員については労働基準監督署等 |
|---|---|---|---|
| 職員研修・研究支援センター、消防学校、京都学・歴彩館、保健環境研究所等 | 消防学校、芸術大学、自治研修所、海洋深層水研究所、平和祈念資料館、衛生環境研究所等 | 消防学校、衛生研究所、認定こども園にじいろ、教育センター、図書館、円山動物園等 | 人事委員会（これがない場合には地方公共団体の長）<br>ただし、企業職員・特定地方独立行政法人職員・単純労務職員については労働基準監督署等 |
| 職員健康指導室、保健所、淇陽学校等 | 若夏学院、児童相談所保護班、保健所、総合精神保健福祉センター、食肉衛生検査所、動物愛護管理センター、特別支援学校寄宿舎 | 精神福祉健康センター、子供発達総合支援センター（はるにえ学園及び発達医療センターを除く）、はるにえ学園、発達医療センター等 | 労働基準監督署等 |
| | 沖縄県立離島児童生徒支援センター | | 労働基準監督署等 |
| | 下水道事務所 | 保健所施設課、清掃事務所、処理場管理事務所等 | 労働基準監督署等 |

163

が、この規定を踏まえて給与法が割増給与の制度を設けている。これに対して、地方公務員については、全ての職種に対して、労働基準法37条が適用され、これを前提に条例が定められるのが通常である（地方公営企業職員・特定地方独立行政法人職員・単純労務職員については、労働協約、就業規則（企業管理規程・事務執行規程等）による）。超過勤務手当に関する条例の内容は国家公務員に準じることが多い。

　超過勤務手当の具体的な内容は、正規の勤務日における時間外勤務手当の支給率は100分の125、週休日における時間外勤務手当の支給率は100分の135、月60時間を超える場合の支給率は100分の150である（給与法16条、人事院規則9-97（超過勤務手当）2条、各地方公共団体の給与条例・規則）。

　なお、地方公務員の場合、超過勤務手当の不払いに対して、裁判所は地方公共団体に対して付加金の支払いを命ずることができる（労基114条）。公立学校の教員が割増賃金とともに付加金請求を行った事件においても、裁判所は付加金請求の可能性を否定していない（埼玉県（小学校教員・時間外割増賃金請求）事件：さいたま地判令和3年10月1日労判1255号5頁（ただし請求は棄却））。

### （4）　超過勤務規制を実現する監督システム

　国家公務員には労働基準法の適用がないため、民間部門において労働基準法所定の労働時間規制の実効性を担保している労働基準監督署による監督システムから国家公務員は除外されることになる。また、勤務時間法には罰則が定められていないため、そのルールが遵守されない事態が生じても罰則により取り締まられることはない。

　これに対して、地方公務員には労働基準法の適用がある。しかし、労働基準法別表第一の事業に従事する職員、地方公営企業職員、特定地方独立行政法人職員および単純労務職員以外の地方公務員の場合には、労働基準監督機関としての権限が労働基準監督署ではなく人事委員会（これがない場合には地方公共団体の長）により行使され（地公58条5項）、かつ司法警察職員としての権限が付与されていないため（同条3項による労働基準法102条の適用除外）、超過勤務に対する規制（例えば、労働基準法37条）の実効性を確保する仕組みが民間部門よりも脆弱となっている（前掲の［図表10］参照）。次項で扱う教育職に対する監督システムも同じである。

ただし、郵便・通信業（11号）および教育・研究業（12号）を除いた労働基準法別表第一の事業に従事する地方公務員については、民間部門と同様に労働基準監督署による監督システムに服している（地公58条5項参照。同条3項ただし書より労働基準法102条の適用もある）。また、地方公営企業職員・単純労務職員・特定地方独立行政法人職員は、そもそも地方公務員法58条が適用除外とされていることから（地公企39条1項、地公等労附則5項、地独行法53条1項）、原則どおり、監督機関は、労働基準監督署となる（労基102条の適用もある）。

### （5）　教育職員の場合

公立学校に勤務する教職員（本項では「教育職員」という）については、既述の地方公務員にかかる超過勤務規制とは異なるルールが存在するため注意が必要である。すなわち、教育職員には、「公立の義務教育諸学校等の教育職員の給与等に関する特別措置法」（以下「給特法」という）の適用がある。給特法の概要は次のとおりである。

① 教育職員には、その特有の給与として、給料月額の4％に相当する「教職調整額」が支給されている（給特法3条1項）。
② 教育職員には時間外勤務手当および休日勤務手当は支給されない（給特法3条2項）。これは、①の教職調整額が支給されることに伴う措置とされる。
③ 労働基準法37条は適用除外とされている（給特法5条によって地方公務員法58条3項の読み替えがなされている）。
④ 教育職員を超過勤務させられるのは政令（「公立の義務教育諸学校等の教育職員を正規の勤務時間を超えて勤務させる場合等の基準を定める政令」）で定められる場合のみであり、それ以外の理由による超過勤務は禁止されている（給特法6条1項、前記政令1号）。前記政令2号は、教育職員に対して超過勤務を命ずる場合は、いわゆる「超勤4項目」に該当する業務に従事する場合であり、かつ、臨時または緊急のやむを得ない必要があるときに限る、と定めている。「超勤4項目」とは、生徒の実習、学校行事、職員会議に関する業務、非常災害等やむを得ない場合に必要な業務を指し、これ以外の事由により正規の勤務時間を超える場合には、超過勤務をさせることはできず、勤務時間の割り振りで対応するものとされている。つまり、

教育職員に対して超過勤務をさせられるのは例外的な場合に限られている。
⑤　労働基準法33条3項との関係では、教育職員は、上で述べたとおり、別表第一掲記の事業（12号）に従事する公務員として同法33条3項の適用がないはずであるが、給特法により、労働基準法33条3項の適用があるものと扱われている（給特法5条が地方公務員法58条3項の読み替えを通じて労働基準法33条3項を読み替えている）。したがって、教育職員については、労働基準法別表第一の第12号の事業に従事するが、超勤4項目にかかる業務について超過勤務をさせるにあたり、労働基準法別表第一第1号から第10号および第13号から第15号の事業に従事する職員、地方公営企業職員、特定地方独立行政法人職員並びに単純労務職員以外の地方公務員と同様に、労働基準法33条3項に基づいて超過勤務を命じることが常態化し、36協定は締結されないことが多い。
⑥　なお、2019（令和元）年の給特法改正により条例を定めれば教育職員に1年単位の変形労働時間制を適用することが可能となり（同法5条）、この制度を導入する場合には「公立学校の教師の勤務時間の上限に関するガイドライン」に従うことが想定されている。しかし、この改正に対しては批判が強い（内田良＝広田照幸ほか『迷走する教員の働き方改革──変形労働時間制を考える』（岩波書店、2020年）掲載の各論考参照）。

## Ⅲ　措置要求

### 1　措置要求の意義

　一般職の非現業公務員には、勤務条件に関する行政措置要求権が認められている。すなわち、一般職の非現業国家公務員は、俸給、給料その他あらゆる勤務条件に関し、人事院に対して、人事院もしくは内閣総理大臣またはその職員の所轄庁の長により、適当な行政上の措置が行われることを要求することができる（国公86条）。また、一般職の非現業地方公務員は、給与、勤務時間その他の勤務条件に関し、人事委員会または公平委員会に対して、地方公共団体の当局により適当な措置が執られるべきことを要求することができる（地公46条）。
　なお、最高裁判所は、措置要求制度を、公務員の労働基本権制約に対する代

償措置と位置づけている（静岡県人事委員会事件：最三小判昭和36年3月28日民集15巻3号595頁）。

## 2 措置要求権者等

### （1） 措置要求を行うことができる者

措置要求を行うことができるのは、「職員」（国公86条、地公46条）、すなわち、一般職の非現業職員に限られる。一般職の非現業職員であれば、常勤・非常勤を問わないし、条件付採用期間中の職員（国公59条、地公22条1項）や臨時的任用職員（国公60条、地公22条の3）であっても、措置要求を行うことができる。

これに対し、特別職は、国家公務員法や地方公務員法が適用除外とされていることから（国公2条5項、地公4条1項）、措置要求権を定めた上記規定も適用されず、その結果、措置要求を行うことはできない。また、一般職国家公務員のうち行政執行法人職員、一般職地方公務員のうち地方公営企業職員、特定地方独立行政法人職員および単純労務職員も、措置要求に関する規定（国公86～88条、地公46～48条）が適用除外とされていることから（地公企39条1項、地公等労附則5項、地独行法53条1項）、措置要求を行うことができない。

なお、すでに退職した職員は、職員たる地位を有しないので、措置要求を行うことはできない。審査の途中で職員が退職した場合には、その段階で審査が打ち切られることとなる。

### （2） 代理人による措置要求

地方公務員の場合、各地の人事委員会規則や公平委員会規則で、代理人による措置要求が可能である旨定められている例が多い。例えば、東京都人事委員会の「勤務条件についての措置の要求に関する規則」では、「要求は、代理人によってすることができる」と規定されている（2条3項本文）。もっとも、そのような特別の規定がない場合であっても、代理人が措置要求を行うことは可能であると解されている（行実昭和32年3月1日自丁公発第32号）。

これに対し、国家公務員の場合は、人事院規則13-2（勤務条件に関する行政措置の要求）に、代理人によって措置要求をすることができる旨の規定が置かれておらず、人事院公平審査局の「勤務条件に関する行政措置の要求の手引」

（最新版は令和6年3月。人事院のウェブサイトで公開されている）にも、「代理人による要求は認められていません」と記載されている。近時の裁判例でも、「人事院規則13-2が代理人による措置要求についての定めを置いていないのは、これを許容しない趣旨と解される」と判示するものがある（国・人事院（名古屋刑務所）事件：東京高判令和4年6月14日労判1276号39頁）。なお、同判決は、あわせて、人事院が代理についての補正を命じなかったことを適法と判断しているが、その前提として、夜間勤務を求める措置請求について、管理運営事項に該当するとの理由で、人事院の却下決定を適法と判断している点に留意が必要である。すなわち、同判決は、その点を踏まえて、「代理についての補正は実体審理を行う前提となるものであるところ、処分行政庁に、実体審理を行うべき職務上の法的義務が生じると解されない以上……、処分行政庁に代理の補正を命ずべき職務上の法的義務があるとは解されない」と判示しているのであり、措置要求事項が適法であれば、代理の補正を命ずべきと判断された可能性もある。ちなみに、人事院規則13-2（勤務条件に関する行政措置の要求）4条の2は、「要求が不適法であって補正することができるものであるときは、人事院は、相当の期間を定めて、その補正を命じなければならない」としている。

なお、代理人による措置要求ができないとしても、職員が必要に応じ、個々の手続等を他の者に委任して処理させることはできるものと解されている。

（3）職員団体による措置要求

国家公務員の場合は、人事院規則13-2（勤務条件に関する行政措置の要求）1条1項で、登録職員団体を通じてその代表者により団体的に勤務条件に関する行政措置要求を行うことができるとされている。

これに対し、地方公務員の場合は、このような規定が設けられていないため、職員団体により措置要求を行うことはできない（行実昭和26年10月9日地自公発第444号）。

## 3　措置要求の内容

（1）勤務条件に関するものであること

職員は、「俸給、給料その他あらゆる勤務条件」（国公86条）ないし「給与、

勤務時間その他の勤務条件」（地公46条）に関して措置要求ができるとされている。すなわち、措置要求の対象は、「勤務条件」に関する事項に限られる。

　そして、措置要求の対象となる勤務条件は、職員団体と当局との交渉事項の範囲（国公108条の5第1項、地公55条1項）と同一であると解されている。ここで、勤務条件とは、職員が勤務を提供することについて存する諸条件で、職員が自己の勤務を提供し、またはその提供を継続するかどうかの決心をするにあたり、一般的に考慮の対象となるべき利害関係事項であると解されており（昭和33年7月3日法制局一発第19号など）、給与や勤務時間、休暇、勤務環境など、種々のものが含まれうる。人事評価の実施に関する事項についても、勤務条件に影響を及ぼすものについては、措置要求の対象となる。職員側としては、ハラスメントを受けた場合の職場環境の改善や、正規職員と非正規職員との間の待遇の改善等について、措置要求制度を活用することが考えられる。

　他方で、管理運営事項については、職員団体と当局との交渉の場合と同様（国公108条の5第3項、地公55条3項参照）、措置要求の対象とすることができないと解されている。しかしながら、管理運営事項の処理によって影響を受ける勤務条件は、措置要求の対象となる。例えば、定員の増加そのものは管理運営事項に該当するとしても、過重な勤務を解消するための措置という面から捉えれば勤務条件として措置要求の対象とすることができると解される。

　裁判例でも、「人事委員会等が関与する地公法46条の措置の要求においては、同法55条3項にいう管理運営事項であるからといって、その一事により一切対象事項とすることができないと解する必然性はなく、管理運営事項に該当する場合であっても、同時に職員の勤務条件に関する事項として措置要求の対象とすることができる場合がある」（愛知県人事委（旭野高校・'89年申立て）事件：名古屋地判平成3年11月18日労判612号89頁）とか、管理運営事項の処理の結果、影響を受けることのある勤務条件について、「管理運営事項に属するという理由だけから、措置要求の対象にならないとすると、……代償措置としての措置要求制度そのものの趣旨を没却してしまう結果となるので、勤務条件の側面からの問題として、措置要求の対象とすることは制約されず、その結果、当局が管理運営事項について何らかの措置を執らざるを得なくなったとしても、それは管理運営事項自体を措置要求の対象としたわけではないから、右の原則

**169**

に反するとはいえない」(名古屋市人事委員会(大高北小)事件：名古屋高判平成4年3月31日労判612号71頁。最三小判平成6年9月13日労判656号13頁で維持)などと判示されている。

職員が措置要求をするにあたっては、後述するとおり、措置要求書に要求事項を記載することになるが、上記の点を踏まえ、勤務条件に関する措置要求であることが伝わるような書き方をすべきである。

### (2) 一定の行政機関の権限に属する事項であること

国家公務員が要求することのできる措置は、「人事院若しくは内閣総理大臣またはその職員の所轄庁の長」が措置を行う権限を有する事項に限られる(国公86条)。そして、人事院は、判定に基づき、「その権限に属する事項については、自らこれを実行し、その他の事項については、内閣総理大臣またはその職員の所轄庁の長に対し、その実行を勧告しなければならない」とされている(同法87条)。法律の制定改廃は、国会の権限であって、行政機関(人事院もしくは内閣総理大臣またはその職員の所轄庁の長)の権限に属する事項ではないので、措置要求の対象とはならない。ただし、人事院は、法律の制定改廃について意見の申出をする権限を有するので(国公23条)、人事院に対し当該意見の申出を行うように要求することは可能である。また、内閣総理大臣は、内閣を代表して議案を国会に提出することができるので(憲法72条、内閣法5条)、内閣総理大臣に対し議案を国会に提出するよう要求することも可能であると考えられる。

次に、地方公務員が要求することのできる措置は、「地方公共団体の当局により適当な措置が執られるべき」事項に限られる(地公46条)。そして、人事委員会または公平委員会は、判定に基づき、「その権限に属する事項については、自らこれを実行し、その他の事項については、当該事項に関し権限を有する地方公共団体の機関に対し、必要な勧告をしなければならない」とされている(同法47条)。条例の制定改廃は、議会の権限であるところ、議会は地方公共団体の「当局」や「機関」に含まれないので、措置要求の対象とはならない。ただし、長は条例の制定改廃の議案を議会に提出する権限を有するので(自治149条1号)、長に対し条例案を議会に提出するよう要求することは可能である(三木市・市公平委員会事件：大阪高判平成30年5月25日労判1196号42頁、川崎

市・市人事委員会（是正措置要求）事件：横浜地判令和3年9月27日労判1266号85頁）。

## 4 措置要求の方法と手続

### （1） はじめに

国家公務員による措置要求があったときは、人事院は、必要と認める調査、口頭審理その他の事実審査を行い、一般国民および関係者に公平なように、かつ、職員の能率を発揮し、および増進する見地において、事案を判定しなければならない（国公86条）。同様に、地方公務員による措置要求があったときは、人事委員会または公平委員会は、事案について口頭審理その他の方法による審査を行い、事案を判定しなければならない（地公47条）。

なお、国家公務員の措置要求に関する審査の手続については、人事院規則13-2（勤務条件に関する行政措置の要求）に規定がある。また、地方公務員の措置要求に関する審査の手続については、各地の人事委員会規則または公平委員会規則に規定がある（地公48条）。

以下では、人事院における審査の流れを概説する（人事委員会や公平委員会も、概ね同様の流れで審査することになる）。

### （2） 措置要求の方法

国家公務員が措置要求を行う場合、行政措置要求書（正副2通）を、書類、記録その他の適切な資料をそえて、人事院に提出しなければならない（人事院規則13-2（勤務条件に関する行政措置の要求）2条）。行政措置要求書には、①申請者の官職、氏名、住所、生年月日および勤務官署（申請者が職員団体の代表者である場合には、その職員団体の名称、職員団体における役職名、氏名およびその職員団体の主な事務所の所在地）、②要求事項、③要求の事由、④要求事項について当局と交渉を行った場合には、その交渉経過の概要、⑤要求の年月日、を記載しなければならない（同規則3条）。

地方公務員の場合も、各地の人事委員会規則または公平委員会規則で、書面で要求することおよびその記載事項等が規定されている（各地の人事委員会または公平委員会のホームページに書式が掲載されていることが多いので、参照されたい）。

[書式11：国家公務員の行政措置要求書（職員個人の場合）]

行　政　措　置　要　求　書

令和__年__月__日

人　事　院　総　裁　殿

申請者
（ふりがな）_____
氏名　　　_____
住所　〒　_____－_____
　　　　　_____

電話番号　　　　　_____
勤務官署・官職　　_____
適用俸給表・級号俸　_____

　国家公務員法第86条により、次のように行政措置を要求します。

1　要求事項

2　要求の事由

3　交渉経過の概要
　　要求事項についての交渉の有無　　□有　□無

4　添付資料の有無　　□有　□無
　（有の場合は、その標題を記入してください。）

[書式12：国家公務員の行政措置要求書（職員団体が代表者の場合）]

行　政　措　置　要　求　書

令和__年__月__日

人　事　院　総　裁　殿

申請者
　職員団体名_____

```
                           （ふりがな）＿＿＿＿＿＿＿＿＿＿
       役職名 ＿＿＿＿＿＿＿＿     氏名 ＿＿＿＿＿＿＿＿＿＿＿

       事務所所在地　〒＿＿＿＿－＿＿＿＿＿＿
                 ＿＿＿＿＿＿＿＿＿＿＿＿＿＿＿＿＿＿＿＿＿＿

       電話番号 ＿＿＿＿＿＿＿＿＿＿＿＿＿＿＿＿＿＿＿＿＿＿＿

       国家公務員法第86条により、次のように行政措置を要求します。
```

1　要求事項

2　要求の事由

3　交渉経過の概要
　　要求事項についての交渉の有無　　□有　□無

4　要求職員（申請者により上記1の要求を行った職員をいう。）の氏名
　（ふりがな）、生年月日、勤務官署・官職及び適用俸給表・級号俸

5　添付資料の有無　　□有　□無

　（有の場合は、その標題を記入してください。）

---

[書式13：地方公務員の行政措置要求書（東京都人事委員会の場合）]

第1号様式（第2条・第3条関係）

措　置　要　求　書<br>兼代理人選任届出書

　　　　　　　　　　　　　　　　　　　　令和　　年　　月　　日
東京都人事委員会　殿
　　　　　　　　　　　　　　　要求者又は
　　　　　　　　　　　　　　　代理人の氏名

地方公務員法第46条の規定により、次のとおり措置の要求をします。

|  | （ふりがな） |
|  | 氏名 |

| 要求者に関する事項 | 生年月日 | 昭和 ・ 平成　　年　　月　　日 |
|---|---|---|
| | 住　所 | 〒<br>（電話） |
| | 職　名 | |
| | 勤務部所 | （電話） |
| 要求の趣旨<br>（個別的に記入すること。） | | |
| 要求をする理由<br>（記入欄が不足する場合は裏面又は別紙に記入すること。） | | |
| 当局と交渉を行った場合には、その交渉経過の概要 | | |

代理人選任届出書（代理人によって措置要求をする場合に記入すること。）

| （ふりがな）<br>代理人の氏名 | | 代理人の職名<br>又は職業 | |
|---|---|---|---|
| 代理人の住所及び連絡先 | （電話） | | |

私は上記の者を代理人に選任し、措置要求に関する一切の権限／措置要求を取り下げる権限　を委任したので届け出ます。

　　　　　　　　　　　　　　　　令和　　年　　月　　日
　　　　　　　　　　　　　　　　　要求者の氏名　　　　　　　　印

注１　措置要求書は、正副各１通を提出すること。
　２　記録、関係書類その他必要な資料があれば添付すること。
　３　代理人に措置要求を取り下げる権限を委任しないときは、「措置要求を取り下げる権限」の文言を抹消すること。
　４　代理人が職員の場合は、職名と併せて勤務部所を記入すること。

　要求をする理由（要求の内容ごとに要点を具体的に記入するものとし、記入する事項が多い場合は、別紙を用いること。）

### （3）事案の受理

人事院は、行政措置要求書が提出された場合には、申請者の資格、要求事項その他の記載事項について審査し、その要求を受理すべきかどうかについて決定を行わなければならない（人事院規則13-2（勤務条件に関する行政措置の要求）4条）。

審査の結果、措置要求が不適法であって補正することができるものであるときは、人事院は、相当の期間を定めて、その補正を命じなければならない（同規則5条本文）。ただし、要求が不適法であっても、それが軽微なものであって要求事項に影響のないものであるときは、人事院は、自らその補正をすることができる（同条ただし書）。要求が不適法で補正ができない場合や、相当の期間が経過しても補正されない場合には、要求を却下することとなる。他方で、審査の結果、措置要求が適法であれば、事案を受理することとなる。

各地の人事委員会規則や公平委員会規則でも、同様の内容が定められていることが多い。

### （4）審　査

人事院は、事案を受理した場合には、申請者、内閣総理大臣、申請者の所轄庁の長等から意見を徴し、またはこれらのものに対し資料の提出を求め、もしくは出頭を求めてその陳述を聞くなど、事案の審査のため必要な事実調査を行うことができる（人事院規則13-2（勤務条件に関する行政措置の要求）7条1項）。当該審査のため、公開または非公開の口頭審理を行うこともできるし（同条2項）、事案の審査のため必要と認めるときは、証人を呼び出すこともできる（同

規則8条1項)。

　各地の人事委員会規則や公平委員会規則でも、同様の内容が定められていることが多い。

### (5) 判　定
#### ア　判定の義務

　人事院は、事案の審査が終了したときは、判定を行わなければならない。判定は、書面で行い、かつ、当該書面には、要求の要旨および判定の理由を記載しなければならない（人事院規則13−2（勤務条件に関する行政措置の要求）14条1項)。

　各地の人事委員会規則や公平委員会規則でも、同様の内容が定められていることが多い。

#### イ　判定の具体例

　人事院が毎年公表する『年次報告書』に、「行政措置要求事案判定一覧」〈https://www.jinji.go.jp/hakusho/〉が掲載されている。

　近時の認容例（一部認容を含む）としては、以下のようなものがある。

○　**超過勤務手当の支給（要求を容認したもの）**

> （事案の概要）
> 　申請者は、平成30年11月22日及び同年12月27日に、勤務官署の庁舎に隣接するA所で行われたB業務のため、両日とも、正規の勤務時間に該当しない正午から午後1時までの休憩時間も勤務していたとして、超過勤務手当を支給するよう要求した。

> （要求の要旨）
> 　B業務については、全ての処理が終了して最後にA所から書類を受理しない限りは勤務官署に戻らないという対応が従前から取られていた。一連の業務を終えて、隣接するA所から勤務官署に戻ったのは、平成30年11月22日は午後2時20分頃、同年12月27日は午後2時頃で、両日とも、休憩時間も勤務していた。
> 　両日について、超過勤務の申告は行っていない。現在の上司は、申請者からの申告がなくとも、上司自身が把握した申請者の超過勤務時間について手当支給の手続を取っている。当時の上司Cは、両日とも、申請者が勤務官署に戻った際に、所属部門の職員の前で、「なんでこんなに遅くまでかかるんだ。」と発

言しており、休憩時間もＡ所で勤務し、超過勤務を行っていたことを把握していたのであるから、申請者からの申告がなくとも、法令に基づき手当支給に必要な手続を取るのは当然である。

(判定の要旨)
・超過勤務命令について
　Ｂ業務については、個別具体的な超過勤務命令はされていないものの、業務の性質上、業務が休憩時間にまで及んだ場合も休憩することなく継続して行うことが通常であることは、当局も認めている。また、その業務の性質に照らせば、休憩時間に入ったことを理由に職員が独自の判断で業務を中断することは許容されておらず、職員をＢ業務に携わらせるに当たっては、仮に休憩時間に入るまでに完了しない場合には休憩時間にも引き続き業務を行うこととする旨の超過勤務命令が、あらかじめ包括的に命じられていると見るのが相当である。

　なお、勤務時間制度上、職員からの申告は超過勤務命令の成立要件ではないが、特に本件のようにあらかじめ包括的に命じられたことを受けて超過勤務が行われる場合、当該命令による超過勤務の時間を確定させる等のために本人からの情報提供を求めることには合理性が認められるところであり、申請者は、今後、当局が求める運用に従うべきである。

・休憩時間に勤務した事実の有無について
　当局による事実確認では、両日のＢ業務の終了時刻を記憶している者がおらず、休憩時間における勤務の事実が確認できなかったことが認められる。

　しかしながら、証人Ｄは、両日とも休憩時間に申請者と業務上のやりとりを行い、業務が完了した時間は休憩時間を過ぎてからである旨証言しており、記憶の根拠として挙げる証言内容も具体的である。また、証人Ｅも、平成30年11月22日については、証人Ｄと同様の証言を行い、同年12月27日についても、同日の処理件数が多ければという条件付きながら、同様の証言をしている。そして、実際の処理件数に照らせば、証人Ｄ及び証人Ｅの証言は、いずれも信ぴょう性が高いものと見るのが相当である。

　したがって、申請者は、両日とも、休憩時間においても勤務していたものと認められる。

・以上のとおり、申請者は、両日において、超過勤務命令に従い、休憩時間においても勤務したと認められることから、それら時間に対し、所要の給与上の措置を講ずべきである。

(令和4年2月3日判定)

第6章　公務員の勤務条件と措置要求

〇　管理職員特別勤務手当の適正な支給（要求を一部容認したもの）

（事案の概要）
　当局は、①A要求職員及びB要求職員が勤務官署で行った勤務については、週休日の振替等を行ったとして、②A要求職員が自宅で行った勤務及び③C要求職員が自宅で行った勤務については、いずれも自宅等において部下職員に指示を行えば足りるものであるとして、管理職員特別勤務手当を支給しなかった。

（要求の事由）
　①の勤務については、週休日の振替等の手続に問題があり実際には週休日の振替等は行われていないこと、②及び③の勤務については、いずれも自宅等において部下職員に指示を行えば足りるようなものではなく、また、管理職員特別勤務手当は、自宅で行った場合は支給しないというものではないことから、同手当を適正に支給すべきである。

（判定の要旨）
・管理職員特別勤務手当は、週休日等に処理することを要することが明白な臨時の又は緊急性を有する業務のための勤務について支給するとされ、自宅等において部下職員に指示を行えば足りるようなものまで含むものではないとされている。また、週休日の振替等の手続は事前に行わなければならないものとされている。
・①の勤務については、災害の注意体制が発令され、実際に緊急に対応する必要が生じたための勤務であったことが認められる。また、当局は、前日に行われた打合せにおいて、当該勤務については週休日の振替等で対応する旨を口頭で説明するにとどまり、事前に新たに週休日とする日等を決定していないことが認められる。
　当局は、新たに週休日とする日等を事後に決定しようとし、事前には決定していないことから、当該勤務については、週休日の振替等が行われていたとは認められない。
・②の勤務については、災害応援及び警戒体制が発令され、その対応のための勤務であったことが認められるものの、その内容は、災害対策本部からの一斉メールを受信し、当該情報等をメール一斉転送機能により通知したものであり、これらのメールによるやり取りの状況からすれば、自宅等において部下職員に指示を行えば足りるようなものと同等の勤務であったと見るのが相当であり、災害対応のための勤務であるが、その内容を見ると、管理職員特

別勤務手当の支給対象に該当すると認めることはできない。
・③の勤務については、災害応援の注意体制が発令され、その対応のための勤務であったことが認められる。関係業者から連絡を受けた直後から、災害拡大防止のため迅速に対処する必要があったことから、一区切りつくまでの間、自宅にとどまって対応することは合理的であったと認められる。約1時間50分の間に、関係業者等に指示等を行ったり、災害対策本部等に報告等を行ったりしたほか、県からの報告に関しその対応について判断するなどのことを行っており、この間の災害対策本部や関係業者等との電話又はメールによるやり取りの状況からすれば、ほぼ連続的にこれらの業務に従事しなければならない状況であったことが認められ、勤務官署における通常の勤務と同等の勤務を行ったものと見るのが相当である。

当局は、同日に勤務官署で行った1時間10分の勤務についてのみ管理職員特別勤務手当を支給しているが、同手当は、連続する勤務の始まりから終わりまでを1回として取り扱い、連続する勤務には休憩等に要した時間を挟んで引き続く勤務が含まれるとされていることから、自宅で勤務を開始した時間から勤務官署での勤務を終了した時間までを連続する1回の勤務と見ることができる。一方、同日に勤務官署から帰宅した後及び翌日に自宅で行った勤務については、自宅等において部下職員に指示を行えば足りるようなものと同等の勤務であったと見るのが相当である。

・以上のとおり、当局は、管理職員特別勤務手当の支給対象に該当すると判断された勤務に相当するようなものについては、給与法及び規則9−93（管理職員特別勤務手当）等の規定に従い、所要の給与上の措置を講ずべきである。

(令和元年6月14日判定)

○ 管理職員特別勤務手当の適正な支給（申立てを容認したもの）

**（事案の概要）**

A出張所長であったB要求職員及びC事務所のD官であったE要求職員は、それぞれ週休日に行った事故対応について、自宅において行われたものであること及び勤務官署における通常の勤務と同等の勤務を行ったものとは認められないことを理由に管理職員特別勤務手当が支給されなかったとして、同手当の適正な支給を要求した。

**（要求の事由）**

B要求職員は自宅から勤務官署まで赴くのに1時間以上掛かる状況であったこと、E要求職員は上司から自宅にとどまって対応するよう命じられていたこと、

第6章　公務員の勤務条件と措置要求

両要求職員ともに、電話及びメールによる警察との協議や関係業者への指示など分刻みの対応を休憩も取らずに行っていたことから、いずれの事故対応も管理職員特別勤務手当の支給対象に該当する。

（判定の要旨）
・管理職員特別勤務手当は、週休日等に処理することを要することが明白な臨時の又は緊急性を有する業務のための勤務について支給するとされている。
　両要求職員の行った事故対応は、それぞれ週休日に発生した事故についてあらかじめ与えられた役割又は上司の指示に従い、直ちに復旧対応を行う必要があったことが認められ、いずれも週休日等に処理することを要することが明白な臨時の又は緊急性を有する業務のための勤務であったと認められる。
・自宅において行われたものであることについては、B要求職員は、速やかに情報を収集し上部機関へ連絡したり、関係業者等との間で緊急連絡のやり取りや指示等を行ったりするなど迅速に対処する必要があったことから、1時間以上掛かる勤務官署には行かずに自宅において対応することが適切であると考えていたこと、また、E要求職員は、上司であるC事務所長から自宅にとどまって対応するよう命じられていたことが認められる。
　これらのことからすれば、いずれも発生した事故に迅速、適切に対処するために、自宅にとどまって勤務することが合理的であったと認められ、そのような場合にまで自宅において勤務したことをもって同手当を不支給とすることは適当ではない。
・勤務官署における通常の勤務と同等の勤務を行ったものとは認められないことについては、両要求職員ともに、事故の復旧対応として、関係業者に事故現場の状況を適宜確認し、復旧作業の指示を行ったり、関係業者等からの情報を整理し、上部機関に交通事故や復旧作業の状況報告を逐次行ったりしたほか、通行規制やその解除に係る警察との協議に関し、関係業者に指示を出し、関係業者等からの情報を基にその要否について判断するなどの対応を行っており、B要求職員は約6時間にわたり合計43回（午前3時台に5回、同4時台に7回、同5時台に3回、同6時台に7回、同7時台に15回、同8時台に4回、同9時台に2回）、E要求職員は約5時間半にわたり合計37回（午後7時台に2回、同8時台に9回、同9時台に12回、同10時台に5回、同11時台に4回、午前0時台に5回）電話やメールによる対応を行っていたことからすれば、両要求職員ともに、ほぼ連続的にこれらの作業に従事しなければならない状況であったことが認められる。

これらのことからすれば、いずれの事故対応も勤務官署における通常の勤務と同等の勤務を行ったものと見るのが相当である。
- 以上のことから、両事故対応ともに、自宅において行われた勤務であるが、勤務を行った事情や勤務の具体的内容を見れば、管理職員特別勤務手当の支給対象に該当すると認められる。

（平成30年11月22日判定）

## ○ 職場環境の改善による職場復帰支援（申立てを一部容認したもの）

**（事案の概要）**
　精神疾患のため病気休暇病気休職を繰り返していた申請者が、病気休職からの復職後、仕事を与えない等の過小な要求を受けていたため鬱状態となり病気休職になったとして、過小な要求の解消による職場の環境改善を図ることによって職場復帰を支援することを要求した。

**（要求の事由）**
　担当していた業務の業務量が少なく、また、当直勤務はやらせてもらえず、官用車の運転は許可されず、宿泊を伴う出張には行かせてもらえないなど業務遂行に当たって様々な制限が設けられていた。

**（判定の要旨）**
- 申請者は、病気休職からの復職後、指導区分Ｃの決定を受けて時間外勤務等及び出張をさせないとする事後措置を受けていたことが認められ、業務内容については、申請者に過度な負担を掛けないよう当局により配慮されていたと見るのが相当であるが、申請者の事後措置が終了した日以降も、時間外勤務等及び出張の免除は解除されたにもかかわらず、当局の配慮により、引き続き当直勤務や宿泊を伴う業務は免除され、官用車の運転も許可されなかったこと、業務内容も基本的に変わっていないことが認められる。
- 上記のとおり、当局が、申請者の体調や健康状態を踏まえ、過度な負担を掛けないように配慮した事情は理解できる。一方、事後措置の終了時やその後申請者から業務量を増やしてほしいとの申出があった際に、主治医や健康管理医等に当該業務内容に関し意見を聴取することなど特段の対応をとらなかったことは、「職員の心の健康づくりのための指針について」（平成16年3月30日付け職－75）（以下「心の健康づくり指針」という。）に照らして、職務遂行能力の計画的な回復を図るという観点も踏まえた適切な対応であったとはいえない。

・以上のとおり、事後措置が終了した日以降の申請者の業務内容に係る当局の対応は適切であったとはいえないこともあったことから、当局は、心の健康づくり指針等に基づき、現在病気休職中である申請者に対して、業務内容等に関し適切な受入方針を作成することなどにより、今後の職場復帰を支援するとともに、申請者が職場復帰した後においても、職務遂行能力の計画的な回復を図るために主治医や健康管理医等の意見、本人の意向を聴取し理解を得るよう努めるなどして一定期間計画的に業務内容等を決定するなど、必要な職場の環境改善を行うべきである。

(平成30年12月21日判定)

○ 専門スタッフ職の処遇改善要求事案（要求を一部容認したもの）

(事案の概要)
　要求職員は専門スタッフ職俸給表適用職員（以下「専スタ職員」という。）であるところ、同人の給与、勤務環境等の改善及び専スタ職員に係る各種制度の改善を要求している。

(要求の理由（主なもの）)
1　要求職員の給与について、専スタ職員に異動する直前に受けていた給与と比較して不利益が生じない給与水準とすること。
2　人事評価の面談を適切に実施すること。
3　外勤や出張をする場合に必要とされている許可の手続を緩和し、専スタ職員として必要な外勤等ができるようにすること。
4　専スタ職員への異動に際して十分な説明と意向打診を行うこととする事前手続等を整備すること
5　専スタ職員の勤務時間について、裁量勤務制を導入すること。
6　専スタ職員の兼業について、営利企業一般を対象とするなど兼業先の範囲の拡大を図ること。

(判定の要旨)
1　専スタ職員への異動に伴う給与の減少は、要求職員の職務と責任の内容に変更がなされたことに伴うものであることから、国公法第62条に定める職務給の原則に照らして相応なものである。
2　要求職員と当局が裁判で係争中であることを理由に期末面談の実施時期を遅らせることや、期首面談を実施しないことは認められず、要求職員に対する人事評価の面談は適切に実施されてきたとはいえない。当局は、今後の人事評価において、要求職員に対する面談を適切な時期に実施すべきである。

3　専スタ職員は、行政の特定の分野における高度の専門的な知識経験に基づき調査、研究等を行う職員であるものの、外勤等を自由に行うことまで当然に認められるものではなく、当局が外勤等の趣旨、目的について事前確認を行うことには合理性がある。

　しかしながら、当局が、要求職員からの全ての外勤等の申出について、その趣旨、目的が外勤命令簿等の記載内容から詳細に確認できなかったとして不許可としたことから、それ以降は、要求職員が外勤等の必要性を感じながら、もはや外勤等は許可されないとしてその申出自体を行っていない状況は、専門スタッフ職制度の趣旨に照らして望ましい状態とはいえない。

　今後、要求職員からの外勤等の申出があった場合には、当局は、それに対して一律に厳しく対応するのではなく、要求職員に対して必要な職務上の命令又は指導を行った上で、それぞれの申出内容に応じた必要な範囲内での確認を行い、業務上必要と認められる外勤等については、それができるよう配慮すべきである。

4　人事異動は、任命権者がその裁量において行うべき事項であり、派遣など身分関係の基礎に大きな変動がある場合を除き、職員の同意を前提として当局の裁量を法的に制約することは適当ではない。また、任命権者が円滑な人事管理に資すると認める場合に意向打診等を行うことは望ましい運用であるが、各行政機関の人事管理の実情は大きく異なることから、それを任命権者に一律の手続として課すことは適当とは認められない。専スタ職員への異動に限らず、給与の減少を伴う場合も含めて、国家公務員の異動には様々なものがある中で、専スタ職員について特別に一律の手続を整備する必要性は認められない。

5　専スタ職員は政策の企画及び立案等を支援する業務に従事する者である以上、行政機関の業務体制や、政策の企画及び立案等を行う職員の勤務時間との関係についても考慮する必要がある。専スタ職員については、制度においても各府省の判断でフレックスタイム制による弾力的な運用やテレワークを活用した在宅勤務も可能となっている。これらのことからすると、専スタ職員については、まずは各府省において、それぞれの実情を踏まえ、現行制度の枠内で必要な対応を検討することが適当であり、専スタ職員について直ちに裁量勤務制を適用する必要性は認められない。

6　国公法第103条及び第104条の兼業規制が設けられた趣旨は、職務専念義務、職務の公正な執行及び公務の信用の確保にあり、減収の補填のために兼業規制を緩和することは認められない。

第6章　公務員の勤務条件と措置要求

(平成27年11月4日判定)

○　超過勤務手当の未払分の支給等（要求を一部容認したもの）

（事案の概要）
　A局B部（以下「B部」という。）C課に所属していた要求職員D・E（以下「両要求職員」という。）は、平成21・22年度（以下「要求対象年度」という。）の超過勤務手当（以下「手当」という。）について未払があり、また、B部の職場環境の改善の取組は、超過勤務の縮減の抜本的な対策に至っていないなどとして、要求対象年度における手当の未払分の支給及び実効ある超過勤務の縮減対策等を要求した。

（要求の理由）
1　要求職員に係る要求対象年度の手当の未払分を支給すること
2　超過勤務等命令簿（以下「命令簿」という。）の日々の管理を徹底し、手当予算額を超えた超過勤務命令を行わないこと
3　職員の健康を考え、恒常的な長時間勤務に対する実効ある縮減対策を講じること

（判定の要旨）
1　要求対象年度当時の両要求職員の業務は、F県内の事業に係る予算要求を取りまとめてG機関に説明し、G機関の求めに応じて資料作成等を行うとともに、H省に提出後は、H省からの求めにも応じて資料を作成・提出するなどの他律的な業務が主体であったことから、超過勤務の命令権者であるC課長から明示的な超過勤務命令はなく、C課長と部下職員との間には、本府省等からの依頼に応じて業務を処理する場合に正規の勤務時間を超えるときには超過勤務を行うこととする旨の包括的な命令が成立していたものとみるのが相当である。
　また、両要求職員の当時の業務内容や上司等の供述の内容、タクシー乗車券の使用状況、要求職員Dのメールの送信時刻、施錠の記録等から見て、両要求職員は、命令簿記載の時間よりも多くの超過勤務を行っていたものと認められる。
　したがって、当局は、両要求職員の超過勤務報告書の内容等を精査し、手当としてこれまで支給された分を除いた上で、所要の給与上の措置を講ずべきである。
2　要求対象年度当時のC課の命令簿の取扱いは、規則9-7（俸給等の支給）の運用について（給実甲第65号）に定めるとおりには行われておらず、職場

全体で超過勤務の管理があいまいであったと認められる。しかしながら、手当予算額を超えた超過勤務命令を行わない旨の要求については、公務の臨時又は緊急の必要性は予算の有無にかかわらず生じるものであり、予算がないために必要な公務を行わないことは公務の本旨にもとるものであることから、認めることはできない。
3　これまでA局及びB部は、平成12年及び同17年に通知を発出するなどして、超過勤務の縮減に向けて取り組む姿勢を示したことが認められる。ただし、それらの通知における、月50時間以上の超過勤務を行った職員を対象とする対策については、具体的な検討が行われた形跡は見当たらない。また、B部では、当院が同21年2月に発出した超過勤務の縮減に関する指針とそこに示された超過勤務時間の上限目安時間を特段意識せずに業務を行っていたものと認められる。
　超過勤務の縮減を図ることは、職員の健康保持のみならず、人材の確保等に影響を及ぼす重要な課題であることから、当局としては、本件措置要求の有無にかかわらず超過勤務の縮減に努める必要があり、具体的には、これまでに当局や当院が発出しました各通知内容を改めて認識した上で、これらに基づいた各種の超過勤務縮減対策に積極的に取り組むとともに、当局が本件措置要求の提出後に設けた超過勤務命令の手続の実施状況の確認指導に努めるべきである。

(平成26年12月24日判定)

　また、各地の人事委員会の判定例は、毎年刊行されている全国人事委員会連合会編『地方公務員人事判定集』(ぎょうせい刊)に掲載されている。
　職員による措置要求が認容された近時の例として、時間外勤務の実態調査を行うことの要求(名古屋市人事委員会令和4年3月18日)、休憩時間の自由利用を求める要求(栃木県人事委員会令和4年3月24日)、実際の業務内容に見合う給与を再計算の上、不足分の支払いを求める要求(宮崎県人事委員会令和4年5月10日)、会計年度任用職員の勤務条件の格差の是正を求める要求(横浜市人事委員会令和3年2月16日)、上司らが執務環境を悪化させている行為を停止するよう求める要求(東京都人事委員会令和3年3月30日)、中学校教諭による今後の宿泊学習に係る勤務時間を適法なものとするよう求める要求(香川県人事委員会令和3年8月11日)、診断書のとおり病気休暇を承認するよう求める要求(岩手県人事委員会令和2年3月26日)、非常勤講師の雇用のない期間を年次休

暇付与の継続勤務と認めることの要求（神奈川県人事委員会令和2年6月17日）、パワーハラスメントの防止を求める要求（神奈川県人事委員会令和2年10月20日）、配偶者の母親から借り受けた住居に係る住居手当の支給を求める要求（高知県人事委員会令和2年12月2日）などがある。

## 5　判定の争い方

### （1）　判定の行政処分性

職員の措置要求に対する人事院（地方公務員の場合は、人事委員会または公平委員会）の判定は、行政処分であり、措置要求をした者は、人事院などの却下判定や棄却判定に対し、取消訴訟を提起することができる。

この点について、最高裁判所は、措置要求権が労働基本権制約の代償措置であることを指摘しつつ、「申立を違法に却下した場合が右権利の侵害となることはもとより、右申立に対し実体的審査をし棄却の裁決を与えた場合においても、審査の手続が違法である場合には、適法な手続により判定を受くべきことを要求し得る権利を侵害することとなることは明らかである。さらに、また、審査の手続が適法である場合でも、委員会が採るべき措置のいかんについては──この点について委員会に広い裁量権が認められ、場合によっては申立を棄却することも裁量の範囲内の措置として適法になし得るとはいえ──裁量権の限界があり、この限界を越えて違法に申立を棄却することは、裁量権の限界内の適法な措置を要求する権利を害した意味で、なお、違法に職員の権利乃至法的利益を害することとなるものと解すべき」と判示した上で、「以上を要するに、地方公務員法46条は、職員の措置要求に対し、適法な手続で、かつ、内容的にも、裁量権の範囲内における適法な判定を与うべきことを職員の権利乃至法的利益として保障する趣旨の規定と解すべきものであり、違法な手続でなされた棄却決定また裁量権の限界を越えてなされた棄却の決定は、同条により認められた職員の権利を否定するものとして、職員の具体的権利に影響を及ぼすわけであるから、右棄却決定が取消訴訟の対象とする行政処分に当るものと解すべき」としている（静岡県人事委員会事件：前掲最三小判昭和36年3月28日）。

### （2）　近時の判例

措置要求に対する人事院の判定の違法性が争われた近時の例として、性同一

性障害であるとの医師の診断を受けている経済産業省の職員（原告、控訴人兼被控訴人、上告人）が、人事院に対し、職場における女性トイレの使用等に係る行政措置要求をしたところ、いずれの要求も認められない旨の判定を受けたことから、国（被告、被控訴人兼控訴人、被上告人）を相手に、人事院の判定の取消し等を求めた事案がある。

第一審（東京地判令和元年12月12日判時2528号32頁）は、人事院の判定の一部（トイレの使用に係る要求に関する部分）を取り消したが、原審（東京高判令和3年5月27日判時2528号16頁）は、第一審判決を変更し、判定の取消請求をいずれも棄却したことから、職員が上告した。

最高裁判所は、「遅くとも本件判定時においては、上告人が本件庁舎内の女性トイレを自由に使用することについて、トラブルが生ずることは想定し難く、特段の配慮をすべき他の職員の存在が確認されてもいなかったのであり、上告人に対し、本件処遇による上記のような不利益を甘受させるだけの具体的な事情は見当たらなかったというべきである。そうすると、本件判定部分に係る人事院の判断は、本件における具体的な事情を踏まえることなく他の職員に対する配慮を過度に重視し、上告人の不利益を不当に軽視するものであって、関係者の公平並びに上告人を含む職員の能率の発揮および増進の見地から判断しなかったものとして、著しく妥当性を欠いたものといわざるを得ない」として、本件判定部分（トイレの使用に係る要求に関する部分）について、人事院の裁量権の逸脱・濫用を認めた（国・人事院（経産省職員）事件：最三小判令和5年7月11日民集77巻5号1171頁）。

# 第7章 公務員の義務と責任

## I 公務員の義務

### 1 服務の根本基準

　公務員がその勤務に服するについての在り方を服務というが、公務員は、全体の奉仕者（憲法15条）として公共の利益のために勤務するという特性を持っている。そのため、国家公務員・地方公務員は、服務の根本基準として、全て職員は、国民全体の奉仕者として、公共の利益のために勤務し、かつ、職務の遂行にあたっては、全力を挙げてこれに専念しなければならない（国公96条1項、地公30条）。

　これを受けて、国家公務員、地方公務員ほぼ共通の、以下のような各種服務上の義務が存在している。
① 服務の宣誓義務（国公97条、地公31条）
② 法令・上司の命令に従う義務（国公98条1項、地公32条）
③ 信用失墜行為の禁止（国公99条、地公33条）
④ 秘密保持義務（国公100条、地公34条）
⑤ 職務専念義務（国公101条、地公35条）
⑥ 政治的行為の制限（国公102条、地公36条）
⑦ 兼職等の規制（国公103条、地公38条）

　服務の根本基準の実施に関し必要な事項は、国家公務員の場合、国家公務員法または国家公務員倫理法に定めるものを除いては、人事院規則で定められている（国公96条2項）。

### 2 宣誓義務

　職員は、服務の宣誓をしなければならず、その方式は、国家公務員について

は政令、地方公務員については条例で定められている（国公97条、地公31条）。戦後の公務員法制で導入された義務である。新たに職員となった者（非常勤職員および臨時的職員を除く）は、任命権者またはその指定する職員の面前において宣誓書に署名して、任命権者に提出することが義務付けられている（職員の服務の宣誓に関する政令1条1項、同別記様式）。もっとも、宣誓しなかったことが任命行為に直ちに影響を及ぼすものではない。

**［書式14：宣誓書（国家公務員）］**

```
　　別記様式

　　　　　　　　　　　宣　誓　書

　　私は、国民全体の奉仕者として公共の利益のために勤務すべき責務を深く自
　覚し、日本国憲法を遵守し、並びに法令及び上司の職務上の命令に従い、不偏
　不党かつ公正に職務の遂行に当たることをかたく誓います。
　　　　　年　　月　　日
　　　　　　　　　　　　　　　　　氏　名　　○　○　○　○
```

## 3　法令・上司の命令に従う義務

### （1）意義・根拠

職員は、その職務を遂行するにあたって、法令（地方公務員の場合は、これに加えて条例、地方公共団体の規則および地方公共団体の機関の定める規程）に従い、かつ、上司の職務上の命令に忠実に従わなければならない（国公98条1項、地公32条）。

行政機関が法令・条例等を遵守することは法治主義の要請であるが、そのためには、行政機関の職員が法令・条例等を遵守する必要があるため、法令・条例等に従う義務が明記されたのである。

また、法治主義と直接の関連性はないが、組織体の統一的効率的運営を確保するために、上司の職務上の命令に従う義務が明記された。

職務命令は、①権限ある上司から発せられたこと、②職務に関するものであること、③事実上不能なことや法規に違反することを命ずるものでないこと、が適法要件である。

## （2） 違法な職務命令への違反

職員は違法な職務命令に従わないことができるか。この点については、職務命令が当然無効である場合（すなわち、職務命令に重大かつ明白な瑕疵がある場合）には、当該命令に従う義務はないが、それ以外の瑕疵にとどまる場合には、当該命令に従う義務があると解されている。無効な職務命令に従った場合、当該職員が責任を負う可能性があるが、それ以外の違法な職務命令に従ったとしても、当該職員はその行為および責任について免責されるものと解される（最二小判平成15年1月17日民集57巻1号1頁）。

なお、この問題は、職務命令に反したとして不利益処分を受けるとき、その不服審査の過程で当該職務命令は違法であった、という違法の抗弁が出せるかどうか、また、違法な職務命令に対して訴訟で争うことができるか、という形で現れることが多いので、項を改めて解説する。

## （3） 職務命令に対する争訟手段

### ア　行政処分性が認められる場合

まず、職務命令自体に対する取消訴訟（行訴3条2項）を提起する方法が考えられる。しかし、職務命令が職員個人の地位や勤務条件に係る権利関係に変動をもたらすもの（行政処分性があるもの）である場合（例えば、長期の研修命令）であればともかく、職務命令に処分性はないのが通常であろうから、その場合には、以下のような争訟方法によって争うことになる。

### イ　行政処分性が認められない場合

#### （A）　職務命令違反を理由として懲戒処分がされた場合

懲戒処分の取消訴訟（行訴3条2項）を提起し、その中で職務命令の違法を争うことが考えられる。なお、原則として人事院等の裁決を経る必要がある（詳細は第5章Ⅱ）。

#### （B）　職務命令違反であるがまだ懲戒処分はされていない場合

以下の2つの方法が考えられる。

① 懲戒処分の差止訴訟（行訴3条7項）を提起し、その中で職務命令の違法の抗弁を出して争うことが考えられる。その場合、行政事件訴訟法37条の4に定める差止めの訴えの要件を満たすことが必要である。

② 処分を差し止めるのと同様の機能を有するものとして、将来の不利益処

分の予防を目的として処分の前提となる公的義務（職務命令により課された義務）の不存在の確認を求める訴えを提起することが考えられる。具体的には、以下の2つの方法があり得る。

第1に、当該訴えが処分による不利益の予防を目的とするものである場合には、「行政庁の公権力の行使に関する不服の訴訟」（行訴3条1項）に当たり、無名抗告訴訟（予防的無名抗告訴訟）として提起する。もっとも、予防的無名抗告訴訟については、

ⓐ 職務命令の違反を理由としてされる蓋然性のある懲戒処分の差止めの訴えを法定の類型の抗告訴訟として適法に提起することができ、その本案において職務命令に基づく公的義務の存否が判断の対象となるという事情の下では、懲戒処分の予防を目的とするいわゆる無名抗告訴訟としては他に適当な争訟方法がある（補充性を欠く）ものとして不適法となる旨判示した最高裁判例（国歌斉唱義務不存在確認等請求事件：最一小判平成24年2月9日民集66巻2号183頁）

ⓑ 差止めの訴えの訴訟要件である「行政庁によって一定の処分がされる蓋然性があること」（蓋然性の要件）が必要である旨判示した最高裁判例（自衛官命令服従義務不存在確認請求事件：最一小判令和元年7月22日民集73巻3号245頁）

から、補充性の要件、蓋然性の要件が訴訟要件として必要であると解される。

第2に、当該訴えが処分以外の処遇上の不利益の予防を目的とするものである場合には、「公法上の法律関係に関する確認の訴えその他公法上の法律関係に関する訴訟」（行訴4条後段、実質的当事者訴訟）を提起する（前掲国歌斉唱義務不存在確認等請求事件：最一小判平成24年2月9日参照）。

## 4 信用失墜行為の禁止（附：公務員の倫理原則）

職員は、その（官）職の信用を傷つけ、または官職（職員）全体の不名誉となるような行為をしてはならない（国公99条、地公33条）。

公務への信頼の確保を目的とするものであるが、職員の行動は、公私問わず国民の信頼に影響を及ぼすことから、ここでいう官職の信用を傷つけない行為

とは、職務とは直接関係のない個人的行為も含まれる（吹田千里郵便局（成田闘争）事件：最一小判昭和59年5月31日労判435号48頁）。飲酒運転なども信用失墜行為に該当しうる。

ところで、信用失墜行為がどのような行為かは必ずしも明確でない。そこで、公務員の不祥事と相まって、議員立法として、1999（平成11）年に国家公務員倫理法が制定され、同法3条に掲げる倫理原則を踏まえ、政令が定められた（国家公務員倫理規程）。同法は、国家公務員法にいう信用失墜行為に該当するとまではいえない場合でも、国民の疑惑や不信を招くような行為を禁止しており、懲戒処分の対象が拡大したことになる。もっとも、これらは職務と無関係な私生活にまで及ぶものでなく、あくまでも職務との関連において、公務員が守るべき行動基準を示したものである（国家公務員倫理法1条・3条）。

国家公務員倫理法の制定に伴い、国家公務員法は、服務の根本基準の実施を定めるものとして、国家公務員法自体とともに、国家公務員倫理法を掲げ（国公96条2項）、さらに懲戒事由として、国家公務員法違反のほか、国家公務員倫理法違反も挙げることとした（国公82条1項1号）。したがって、ある行為について、国家公務員法と国家公務員倫理法とが重畳的に適用される場合もありうる。この重畳的な適用が考えられる場合に、任命権者が国家公務員法に定める手続だけで懲戒処分ができるかという問題があるが、国家公務員倫理法で、同法違反の行為に対する任命権者の懲戒処分権限との調整規程を定めているところから（国家公務員倫理法22条以下）、このような場合には国家公務員倫理法の手続によるべきとも考えられよう（塩野宏『行政法Ⅲ〔第五版〕』（有斐閣、2021年）365頁参照）。

なお、国家公務員倫理法は地方公共団体に対しても、同法に準じた施策を採ることを要請している（同法43条）。そこで、地方公共団体が自主的に職員倫理条例などを制定している。

## 5　秘密保持義務

### （1）趣旨・内容

現代行政は、膨大な個人情報や企業活動情報の収集と蓄積がなければ、その目的を達成することができない。行政が必要とする情報を円滑に収集すること

ができるためには、これら情報がみだりに外部に漏洩されないことが必要である。また、行政機関自身の秘密にかかるものも、秘密として保護しなければ、行政事務の円滑な執行に支障が生じる。そこで、在職中のみならず退職後についても、秘密保持義務が定められた（国公100条1項、地公34条1項）。

また、法令による証人、鑑定人等となり、職務上の秘密に属する事項を発表するには、所轄庁の長、任命権者等の許可を受けなければならないとした（国公100条2項、地公34条2項）。これは、行政上の利益と証人や鑑定人などとして真実を発見するための利益とを調整したものである。

秘密保持義務違反に対しては、懲戒処分および刑事罰が加えられる（国公82条・109条12号、地公29条・60条2号。ただし退職者は刑事罰のみ）。

### （2） 特別職公務員

特別職公務員は、国家公務員法や地方公務員法の適用がなく（国公2条5項、地公4条2項）、秘密保持義務法制については以下のとおりである。

#### ア　特別職国家公務員

特別職国家公務員の秘密保持義務については、以下のとおり、いくつかの類型がある。

① 国会議員のように秘密保持義務規定がないもの
② 官吏服務紀律4条1項の規定の適用があるとされるもの（内閣総理大臣、国務大臣、副大臣、大臣政務官、内閣官房副長官、内閣法制局長官、宮内庁長官、侍従長、裁判官）。ただし、罰則規定はない。
③ 閣議決定、内規で守秘義務を定めているもの（「国務大臣、副大臣及び大臣政務官規範」（平成13年1月6日閣議決定）1（8）、「宮内庁における特別職の職員の服務、勤務時間等に関する内規」（昭和61年宮内庁長官決裁）第5の1）。ただし、罰則規定はない。
④ 個別の法律で秘密保持義務が定められているもの（例として、独行法53条1項、外務公務員法4条1項、裁判所職員臨時措置法1号、国会職員法19条、自衛隊法59条など）。罰則規定のあるものとないものとがある。

#### イ　特別職地方公務員

特別職地方公務員には、地方公務員法の一般職を対象とした秘密保持義務規定もその違反に対する罰則規定も適用されないが（地公4条2項）、法律による

特別の定めにより、秘密保持義務や違反した場合の罰則規定が課されている（自治施規程10条・14条本文、警察法42条、地独行法50条1項・128条など）。もっとも、そもそも秘密保持義務が課されない場合があること、秘密保持義務が課されていても罰則がない場合があることは、特別職国家公務員と同様である。

　　ウ　問題点

　上記ア・イのとおり、特別職公務員の秘密保持義務法制は、一般職公務員と比較して、規制が緩和されている場合が多いが、その合理的理由が見出しがたく、法制の整備が必要との見解もある（宇賀克也『行政法概説Ⅲ〔第5版〕』（有斐閣、2019年）513頁参照）。

### （3）　秘密の意義

　　ア　2つの概念

　法律上は、「職務上知ることのできた秘密」（国公100条1項）、「職務上知り得た秘密」（地公34条1項）と、「職務上の秘密」（国公100条2項、地公34条2項）とを書き分けており、2つは異なる概念である。

　「職務上の秘密」は、当該職員に割り当てられた職務と直接関係する秘密を意味するのに対し、「職務上知ることができた秘密」、「職務上知り得た秘密」は、職務の執行に当たり知り得た全ての秘密を包含する。したがって、「職務上の秘密」は、「職務上知ることのできた秘密」「職務上知り得た秘密」に包摂されることになる。

　　イ　「秘密」の要件

　「秘密」とは、形式的に「マル秘」扱いされているものではなく、実質的にも秘密として保護するに値すると認められることを要するとするのが判例である（実質秘説。徴税虎の巻事件：最二小決昭和52年12月19日刑集31巻7号1053頁、外務省秘密漏洩事件：最一小決昭和53年5月31日刑集32巻3号457頁）。

　なお、実質秘に当たらないが形式秘とされているものについて洩らした場合、秘密保持義務違反そのものには当たらないが、秘密保持に係る職務命令違反となりうる。

　　ウ　実質秘該当性の判断方法

　秘密保持義務違反として刑事罰や懲戒処分が加えられ、実質秘該当性を裁判で争う場合、憲法82条の裁判公開原則との関係で、他方当事者には見せず、

裁判官のみが当該文書を見て実質秘該当性を判断するインカメラ審理の方法は採用せず、推認の方法で判断している。その際、行政庁側が秘密として指定していることについて、裁判所を納得させるほどに合理性があるかどうかが一つのポイントになると思われる（塩野・前掲書359頁参照）。

（4） 情報公開法制との関係

情報公開法制と守秘義務との関係の問題について、特段の調整規定は置かれていないが、情報公開法に基づき誠実になされた開示は、たとえ不開示情報に該当しないという判断が誤っていても、他者に秘密を洩らすという秘密保持義務違反罪の構成要件に該当しないと考えるべきであろう。

情報公開訴訟においては、実質秘該当性という観点でなく、不開示情報該当性という観点から司法審査が行われるが、インカメラ審理は行われず、証拠からの推認という方法によっている。この点について、最高裁判所は、情報公開訴訟において裁判所が不開示事由該当性を判断するため証拠調べとしてのインカメラ審理を行うことは、民事訴訟の基本原則に反するから、明文の規定がない限り、許されないと判示している（最一小決平成21年1月15日民集63巻1号46頁）。

（5） 公益通報者保護法との関係

公務員には労働基準法の適用が除外されている場合があるが（国公附則6条）、そうであっても、就労の実態において労働基準法9条の「労働者」といえれば公益通報者保護法の「労働者」に該当する（同法2条1項1号）。

したがって、公務員にも原則として公益通報者保護法は適用される。

もっとも、「一般職の国家公務員等」（一般職の国家公務員、裁判所職員臨時措置法の適用を受ける裁判所職員、国会職員法の適用を受ける国会職員、自衛隊法2条5項に規定する隊員、一般職の地方公務員）については、国家公務員法等において身分保障や分限・懲戒事由が法定されていること等を踏まえて、公益通報をしたことを理由とする公務員に対する免職その他不利益な取扱いの禁止については、公益通報者保護法3条（解雇の無効）、4条（労働者派遣契約の解除の無効）および5条（不利益取扱いの禁止）の規定にかかわらず、国家公務員法等の定めるところによることとし、確認的に、この場合において、公務員の任命権者等は、公益通報をしたことを理由として公務員に対して免職その他不利益な

取扱いがされることのないよう、国家公務員法等の規定を適用しなければならないとしている（公益通報者保護法9条。福島県事件：高松高判平成28年7月21日 D1-Law.com 判例体系も参照）。

### （6）　特定秘密の保護に係る義務

2013（平成25）年に、「特定秘密の保護に関する法律」（以下「特定秘密保護法」という）が制定された。目的は、「我が国の安全保障（国の存立に関わる外部からの侵略等に対して国家及び国民の安全を保障することをいう。）に関する情報のうち、特に秘匿することが必要であるものについて、これを適確に保護する体制を確立した上で収集し、整理し、及び活用することが重要であることに鑑み、当該情報の保護に関し、特定秘密の指定及び取扱者の制限その他の必要な事項を定めることにより、その漏えいの防止を図り、もって我が国及び国民の安全の確保に資すること」（特定秘密保護法1条）である。

特定秘密は、有効期間を定めて行政機関の長が指定するところ（特定秘密保護法3条・4条1項）、国家公務員法等上の秘密は実質秘であり、非公知性、要保護性を要件とするが、特定秘密は非公知性を前提として、要保護性が特段に高いものであるから、特定秘密は国家公務員法上の秘密に含まれ、その一部をなす。

特定秘密の取扱いの業務は、当該業務を行わせる行政機関の長もしくは当該業務を行わせる適合事業者に当該特定秘密を保有させ、もしくは提供する行政機関の長または当該業務を行わせる警視総監または都道府県警察本部長が直近に実施した適正評価において特定秘密の取扱いの業務を行った場合にこれを漏らすおそれがないと認められた者に限り行うことができる（特定秘密保護法11条）。

一般職の国家公務員が、特定秘密保護法の特定秘密の取扱いの業務に従事する者でその業務により知得した特定秘密を故意に漏らしたときは10年以下の懲役、または情状により10年以下の懲役および1000万円以下の罰金に処せられる（なお、2025（令和7）年6月1日以降、懲役は拘禁刑となる）。特定秘密の取扱いの業務に従事しなくなった後においても同様である（特定秘密保護法23条1項）。故意犯のみならず、過失犯も処罰されることがあるので注意を要する（同条4項・5項）。

## 6　職務専念義務

### （1）趣　旨

「職務の遂行に当っては、全力を挙げてこれに専念しなければならない」との服務の根本基準（国公96条1項、地公30条）を具体化したものである。与えられた職務に専念すべきことは民間企業の労働者の場合も同じであるが、職務専念義務は全体の奉仕者（憲法15条2項）としての地位に基づく公法上の責務であり、強い倫理的要請によるという点で、信義誠実の原則に従って双務契約を履行するという民間労働者の職務専念義務とは異なっている。

### （2）義務の内容

#### ア　職務専念義務の意義

職員は、勤務時間および職務上の注意力の全てをその職責遂行のために用い、政府（地方公務員の場合は地方公共団体）がなすべき責を有する職務にのみ従事しなければならない（国公101条1項、地公35条）。「職務上の注意力のすべて」とは、「職員が有する体力、知力のすべて」の意味であり、その者の有する能力を最大限に発揮せよということとされるが、勤務時間および注意力の全てを物理的に職場や職務に拘束するという意味ではないと解されている。

#### イ　職務専念義務違反の有無が争われた裁判例

職務専念義務の内容が問題となる場合として、同義務違反に対する懲戒処分等の効力、違法性を争う場合が挙げられる。

判例・裁判例において職務専念義務に違反するとされた行為は、①無断欠勤・遅刻のような職務怠慢（札幌市・市教委（市立中学校教諭）事件：札幌高判平成28年9月29日労判1148号17頁、東京都・都教委（市立小学校教諭）事件：東京地判平成26年9月10日公務員関係最新判決と実務問答1号23頁、国・気象衛星センター事件：大阪地判平成21年5月25日労判991号101頁）、②政治的意見を示す物品の着用（東京都・都教委（都立養護学校教諭）事件：東京高判平成31年3月14日労働判例ジャーナル88号30頁、目黒電報電話局事件：最三小判昭和52年12月13日民集31巻7号974頁）などがある。

前掲目黒電報電話局事件最高裁判決は、国家公務員法96条1項・地方公務員法30条と同趣旨の日本電信電話公社法34条2項（1984年廃止）について、

「職員がその勤務時間及び職務上の注意力のすべてをその職務遂行のために用い職務にのみ従事しなければならないことを意味するものであり、右規定の違反が成立するためには現実に職務の遂行が阻害されるなど実害の発生を必ずしも要件とするものではない」として、勤務時間中におけるプレート着用行為につき、「身体活動の面だけからみれば作業の遂行に特段の支障が生じなかったとしても、精神的活動の面からみれば注意力のすべてが職務の遂行に向けられなかったものと解されるから、職務上の注意力のすべてを職務遂行のために用い職務にのみ従事すべき義務に違反し」たと判示した。ただし、上記判示については、「本来何人にも判断できない人の内心の問題に立ち入るもの」とする批判もあり（塩野・前掲書344頁。プレートの着用行為が職務専念義務違反に当たらないとする環昌一裁判官の意見も参照）、無批判に受け入れるべきではない。仮にこの判示を前提としても、懲戒処分は義務違反の程度と均衡している必要があるから、職員が取消訴訟などにおいて当該処分を争う場合には、職務の遂行が具体的に阻害されていないことや、阻害された程度が軽微であることを具体的に主張立証すべきであろう。

（3） 義務の免除

ア 職務専念義務を負わない場合

職員が例外的に職務専念義務を負わない場合としては、週休日・休日代休日・休暇・休憩等（勤務時間法、地方公務員の場合は地方公務員法24条5項に基づく勤務時間条例）のほか、分限処分による休職（国公80条、地公28条）、懲戒処分による停職（国公83条、地公29条）、登録職員団体の役員としての在籍専従（国公108条の6、地公55条の2）、適法な交渉への参加（国公108条の5第8項、地公55条8項）、育児休業（国家公務員の育児休業等に関する法律、地方公務員の育児休業等に関する法律）・自己啓発等休業（国家公務員の自己啓発等休業に関する法律、地公26条の5）などの休業等がある。

なお、地方公務員については、地方公務員法35条に基づく条例（「職員の職務に専念する義務の特例に関する条例」など）において、研修を受ける場合、職員の厚生に関する計画の実施に参加する場合等に職務専念義務を免除する旨の規定が設けられている例がある。

### イ　職務専念義務が免除された場合の給与

　職務専念義務の免除により職務に従事しなかった場合、国家公務員であれば、「休暇による場合その他その勤務しないことにつき特に承認のあった場合を除き」勤務しない時間に対応する給与を支給しないものとされているが（給与法15条、ノーワーク・ノーペイの原則）、実際には、運用により、ほとんど全ての場合に給与が支給されているようである。なお、「一般職の職員の給与に関する法律の運用方針」（昭和26年1月11日給実甲第28号）では、「その他その勤務しないことにつき特に承認のあった場合」とは、「法令の規定により勤務しないことが認められている場合をいう」とされている。

　地方公務員の場合も同様とされているが、職務専念義務を免除した職員への給与の支給の違法性が住民訴訟で争われることがある。この給与の支給が適法であるためには、職務専念義務の免除が地方公務員法30条・35条の趣旨に反せず、かつ、給与条例に基づく勤務しないことについての承認が地方公務員法24条1項の趣旨に反しないことが必要である旨を述べた最高裁判決がある（茅ヶ崎市（違法支出金）事件：最二小判平成10年4月24日労判737号7頁）。

## 7　政治的行為の制限

### （1）趣　旨

　公務員の政治的中立性を保障し、行政の中立的運営とこれに対する国民の信頼を確保するため、職員の政治的行為を禁止・制限するものである（猿払事件：最大判昭和49年11月6日刑集28巻9号393頁）。職員が本来有している表現の自由、政治活動の自由（憲法21条1項）に対する公共の福祉の観点からの制約である。

### （2）制限の内容

#### ア　国家公務員

##### （A）国家公務員法の内容

　職員は、政党または政治目的のために、①寄付金その他の利益を求めもしくは受領し、またはこれらの行為に関与すること、②選挙権の行使を除くほか、人事院規則で定める政治的行為を行うこと、③公選による公職の候補者となること、④政党その他の政治団体の役員、政治的顧問等となることが禁止されて

いる（国公102条1項～3項）。勤務時間の内外を問わず、職務専念義務を免除されていても、職員としての身分を有する限り、この制限に服する。

なお、国家公務員法102条1項の「政治的行為」の内容の定めは人事院規則14-7（政治的行為）に委任されており、その解釈に関する通達（人事院事務総長発「人事院規則14-7（政治的行為）の運用方針について」（昭和24年10月21日法審発第2078））がある。

### (B) 人事院規則14-7（政治的行為）の内容

人事院規則14-7（政治的行為）は、「政治的目的」として、「公選による公職の選挙において、特定の候補者を支持し又はこれに反対すること」（5項1号）、「特定の政党その他の政治的団体を支持し又はこれに反対すること」（同項3号）等の目的を定めている。また、「政治的行為」として、「政治的目的のために職名、職権又はその他の公私の影響力を利用すること」（6項1号）、「政治的目的をもって、……選挙……の投票において、投票するように又はしないように勧誘運動をすること」（同項8号）、「政治的目的を有する……文書……を発行し、回覧に供し、掲示し若しくは配布……すること」（同項13号）、「政治的目的をもって、政治上の主義主張又は政党その他の政治的団体の表示に用いられる旗、腕章、記章、えり章、服飾その他これらに類するものを製作し又は配布すること」（同項15号）など、17の類型の行為を定めている。政治的目的をもってなされる行為であっても、これらの政治的行為に含まれない限り、国家公務員法102条1項の規定に違反するものではない（同規則5項柱書）。

政治的行為は、旗・腕章等の着用・表示（同規則6項16号）を除き、勤務時間外であっても禁じられる（同規則4項）。

なお、「公選による公職の選挙において、特定の候補者を支持し又はこれに反対すること」（同規則5項1号）の「候補者」とは、立候補の届出等により候補者としての地位を有するに至った者を指し、これに至らない者を支持する等の目的は同号の政治的目的には当たらない。

### (C) 違反した場合の罰則等

政治的行為の制限（国公102条1項）に違反した場合には罰則がある（同法110条1項20号（2025（令和7）年6月1日以降は同項19号）。法定刑は、3年以下の懲役（2025（令和7）年6月1日以降は拘禁刑）または100万円以下

の罰金である。

また、公職への立候補への制限（国公102条2項、公職選挙法89条）に違反した場合、届出の日に辞職したものとみなされる（公職選挙法90条）。

**（D） 近時の最高裁判例**

近時の最高裁判例（堀越事件：最二小判平成24年12月7日刑集66巻12号1337頁）は、国家公務員法102条1項の「政治的行為」の意義について、「公務員の職務の遂行の政治的中立性を損なうおそれが実質的に認められるもの」に限られるとした上で、そのようなおそれが実質的に認められるかどうかは、以下のような要素を考慮して判断すべき旨を述べた。

| 要素 | 具体例 |
| --- | --- |
| 公務員の地位 | 指揮命令や指導監督等を通じて他の職員の職務の遂行に一定の影響を及ぼし得る地位（管理職的地位）の有無 |
| 公務員の職務の内容・権限 | 職務の内容や権限における裁量の有無 |
| 行為の性質 | 公務員により組織される団体の活動としての性格の有無 |
| 行為の態様 | 勤務時間の内外、国ないし職場の施設の利用の有無、公務員の地位の利用の有無、公務員による行為と直接認識され得る態様の有無 |
| 行為の目的・内容 | 行政の中立的運営と直接相反する目的や内容の有無 |

**イ　地方公務員**

**（A）　地方公務員法の内容**

職員は、政党その他の政治団体の結成に関与し、役員となり、政治団体の構成員となるようにまたはならないように勧誘運動をしてはならない（地公36条1項）。

また、職員は、㋐特定の政党その他の政治的団体または特定の内閣もしくは地方公共団体の執行機関を支持し、またはこれに反対する目的、㋑公の選挙または投票において特定の人または事件を支持し、またはこれに反対する目的をもって、以下の5つ（①～⑤）の政治的行為をしてはならない。ただし、職員の属する地方公共団体の区域外では、④以外の政治的行為をすることができる

201

(地公36条2項)。

① 公の選挙・投票の際の投票勧誘運動
② 署名運動への積極的関与
③ 寄附金等の金品の募集への関与
④ 文書・図画の庁舎等への掲示その他庁舎等の利用
⑤ その他条例で定める政治的行為

勤務時間の内外を問わず、職務専念義務を免除されていても、職員としての身分を有する限り、この制限に服する。

なお、「公の選挙又は投票において特定の人又は事件を支持し、又はこれに反対する目的」(地公36条2項本文)の「特定の人」が、立候補の届出等により候補者としての地位を有するに至った者に限ることは、国家公務員の場合と同様である(「地方公務員法第36条の運用について」昭和26年3月19日地自乙発第95号)。

(B) 「政治的行為」の解釈

「政治的行為」の内容等を定める地方公務員法36条の解釈については、上記通達があり、例えば、以下のような例が挙げられている。

| 関係規定 | 政治的行為に当たる例 | 政治的行為に当たらない例 |
| --- | --- | --- |
| 投票に関する勧誘運動<br>(地公36Ⅱ①) | ・投票を棄権するように勧誘運動をすること | |
| 署名運動の企画・主催等、積極的関与<br>(地公36Ⅱ②) | ・署名運動を企画・主催する者を助け、またはその指示を受けて推進的役割を演ずること | ・単に数人の友人に限定してその署名を求める行為<br>・署名運動への単なる援助<br>・単に署名を行うこと |
| 寄附金等の金品の募集への関与<br>(地公36Ⅱ③) | ・募集計画の企画<br>・その実施の主催・指導<br>・寄附金等の供与・交付の具体的な勧誘<br>・寄附金等の受領・募集計画の立案への助言により、募集を援助する行為 | ・寄附金等を与えること |
| 文書・図画の庁舎・施 | ・黒板に白墨で記載するこ | |

| | | |
|---|---|---|
| 設等への掲示その他庁舎・施設・資材・資金の利用（地公36Ⅱ④） | と<br>・他の者が掲示・利用することを、庁舎、施設等の管理責任者が許容する行為 | |

**(C) 違反した場合の罰則等**

地方公務員については、政治的行為の制限への違反に罰則はなく、懲戒処分（地公29条）の対象となるにとどまる。

**(D) 教育公務員の特例**

教育公務員（教育公務員特例法2条1項）については、国家公務員の例によるが（同法18条1項）、政治的行為を行った場合にも罰則がないことはその他の地方公務員と同様である（同条2項）。

### ウ 公職選挙法による選挙運動の制限

公職選挙法は、特定公務員（選挙管理委員会の委員・職員等、裁判官、検察官、警察官、収税官吏・徴税吏員等）の選挙運動（同法136条）、公務員等の地位を利用した選挙運動（同法136条の2）を禁じている。

「選挙運動」の定義については、「特定の選挙の施行が予測せられ或は確定的となった場合、特定の人がその選挙に立候補することが確定して居るときは固より、その立候補が予測せられるときにおいても、その選挙につきその人に当選を得しめるため投票を得若しくは得しめる目的を以って、直接または間接に必要かつ有利な周旋、勧誘若しくは誘導その他諸般の行為をなすこと」（最三小判昭和38年10月22日刑集17巻9号1755頁）などと定義されている。

### エ 公務員に対する政治的行為の制限を争う方法

公務員が、政治的行為を行ったとして懲戒処分等を受けた場合、当該行為は「政治的行為」（国公102条1項、地公36条2項）に当たらないなどとして、取消訴訟や国家賠償請求訴訟を提起することが考えられる。その際には、上述した最高裁判例や通達などに照らし、実際に行った行為が「政治的行為」に該当しないことや、当該行為の内容等に照らして処分が不当に重いことなどを主張立証することとなろう。

## 8　兼職等の規制

### (1) 趣　旨
兼業等の制限の趣旨としては、①職務専念義務の履行の担保、②職務の公正中立の確保、③職・職員の品位・信用の維持などが挙げられる。

### (2) 私企業からの隔離（役員兼業等の制限）
#### ア　概　要
職員は、原則として、①営利企業を営むことを目的とする会社等の役員等に就任することや、②自ら営利企業を営むことをしてはならない（国公103条1項、地公38条1項）。ただし、国家公務員の場合には人事院の承認、地方公務員の場合には任命権者の許可を受けた場合には、①・②を行うことができる（詳細は後述する）。

#### イ　「営利企業」・「自ら営利企業を営むこと」の意義
「営利企業」とは、商業、工業、金融業等、利潤を得てこれを構成員に配分することを主目的とする企業体をいう（人事院事務総長発「人事院規則14-8（営利企業の役員等との兼業）の運用について」昭和31年8月23日職職-599）。営利を目的とする限り農業も含まれるが、自家用の飯米や野菜を生産する程度の兼業農家などは、営利企業というより生業であると考えられるので該当しないと解されている。

また、「自ら営利企業を営むこと」（自営）とは、職員が自己の名義で商業、工業、金融業等を経営する場合をいう。なお、名義が他人であっても本人が営利企業を営むものと客観的に判断される場合もこれに該当する（人事院事務総長発「人事院規則14-8（営利企業の役員等との兼業）の運用について」昭和31年8月23日職職-599）。職員の家族が営利企業を営むことは制限されないが、家族の名義を利用して実質的に職員が私企業を営むことは脱法行為として許されない。

国家公務員については、通達（人事院事務総長発「人事院規則14-8（営利企業の役員等との兼業）の運用について」昭和31年8月23日職職-599）において、事業が「自ら営利企業を営むこと（自営）」に当たるものとして取り扱う場合の例が示されており、一部を挙げると以下のとおりである。

| 業種 | 自営に当たるとされる場合 |
| --- | --- |
| 農業、牧畜、酪農、果樹栽培、養鶏等 | 大規模に経営され客観的に営利を主目的とすると判断される場合 |
| 不動産・駐車場の賃貸 | (1) 不動産の賃貸が次のいずれかに該当する場合<br>・独立家屋の賃貸については、独立家屋の数が5棟以上であること<br>・独立家屋以外の建物の賃貸については、貸与することができる独立的に区画された一の部分の数が10室以上であること<br>・土地の賃貸については、賃貸契約の数が10件以上であること　等<br>(2) 駐車場の賃貸が次のいずれかに該当する場合<br>・建築物である駐車場または機械設備を設けた駐車場であること<br>・駐車台数が10台以上であること<br>(3) その他の基準<br>・賃貸料収入の額が年額500万円以上である場合 |
| 太陽光電気の販売 | 販売に係る太陽光発電設備の定格出力が10キロワット以上である場合 |

　ウ　国家公務員の兼業等の承認

　国家公務員は、人事院の承認を得た場合には、兼業等を行うことができる（国公103条2項）。

　人事院の承認に関しては、国家公務員法103条2項に基づき、人事院規則14-8（営利企業の役員等との兼業）が定められており、人事院は、その職員の占めている官職と当該営利企業との間に特別な利害関係またはその発生のおそれがなく、かつ、営利企業に従事しても職務の遂行に支障がないと認められる場合であって法の精神に反しないと認められる場合として人事院が定める場合にのみ、役員兼業等の承認を行うことができるとしている（人事院規則14-8（営利企業の役員等との兼業）1項）。

「人事院が定める場合」については、人事院規則14-8（営利企業の役員等との兼業）の解釈通達において、①不動産または駐車場の賃貸に係る自営を行う場合、②太陽光電気の販売に係る自営を行う場合、③それら以外の事業に係る自営を行う場合であって、それぞれ一定の要件を満たした場合のみとされている（人事院事務総長発「人事院規則14-8（営利企業の役員等との兼業）の運用について」昭和31年8月23日職職-599）。

なお、人事院は、職員の役員兼業等に承認を与える権限を、所轄庁の長または行政執行法人の長に委任している（人事院規則14-8（営利企業の役員等との兼業）2項）。

また、研究職員による研究成果を民間へ還元するため、研究職員が技術移転事業者等の役員等となる場合に関し、承認の特例が定められている（人事院規則14-17（研究職員の技術移転事業者の役員等との兼業）、人事院規則14-18（研究職員の研究成果活用企業の役員等との兼業）、人事院規則14-19（研究職員の株式会社の監査役との兼業））。

エ　地方公務員の兼業等の許可

地方公務員は、任命権者の許可を受けた場合、兼業等を行うことができる（地公38条1項）。

なお、各地の人事委員会規則において、任命権者の許可の基準を定めることができるとされている（地公38条2項）。例えば、東京都では、「営利企業等の従事制限に関する規則」（昭和27年東京都人事委員会規則第2号）が定められており、許可の基準については、「職員の占めている職と当該営利企業との間に特別の利害関係またはその発生のおそれがなく、且つ職務の公正円滑な執行に支障がない場合その他法の精神に反しないと認められる場合に限り許可することができる」とされている（同規則3条1項）。

また、教育公務員による教育に関する兼職等については、一般的な営利企業等への従事とは異なった承認の制度が設けられている（教育公務員特例法17条）。

(3) 他の事業または事務の関与制限

ア　概　要

職員は、原則として、報酬を得て営利企業以外の事業または事務に関与することをしてはならない（国公104条、地公38条1項）。報酬を得て事業または事

務に関与することは、それが非営利目的のものであっても禁止されている。

ただし、許可を受けた場合には、報酬を得て営利企業以外の事業または事務に関与することができる（詳細は後述する）。

イ　「報酬」の意義

「報酬」とは、給料、手当などの名称のいかんを問わず、労務、労働の対価として支給または給付されるものをいう。ただし、収入が全て報酬とされるのではなく、労務、労働の対価でない講演料や原稿料などの謝金、実費弁償としての車代は、「報酬」には該当しないと解されている。

ウ　関与の許可

国家公務員は、内閣総理大臣およびその職員の所轄庁の長の許可を得た場合には、報酬を得て事業または事務に関与することができる（国公104条、職員の兼業の許可に関する政令）。

また、地方公務員は、任命権者の許可を受けた場合には、報酬を得て事業または事務に関与することができる（地公38条1項）。なお、人事委員会規則において、任命権者の許可の基準を定めることができるとされている（同条2項）。例えば、東京都の「営利企業等の従事制限に関する規則」（昭和27年東京都人事委員会規則第2号）では、前述した営利企業への従事の許可基準が、そのまま準用されている（同規則3条2項）。

(4)　公務員に対する営利企業等への従事等の制限を争う方法

ア　懲戒処分等を受けた場合

公務員が、営利企業等への従事等を行ったとして懲戒処分等を受けた場合、当該行為は前述した基準等に照らし自営等（国公103条1項、地公38条1項）に当たらないなどとして、懲戒処分の取消訴訟や国家賠償請求訴訟を提起することが考えられる。

イ　承認や許可を拒絶された場合

公務員が、営利企業等への従事等の承認や許可の申請を拒否された場合には、不許可処分の取消訴訟や国家賠償請求訴訟を提起することが考えられる。

兼業の許可に関する基準が定められている場合、当該基準によれば兼業が許可されるべきことを主張立証することとなる。例えば、東京都では、前述した「営利企業等の従事制限に関する規則」や、同規則に基づく「職員の兼業許可

207

等に関する事務取扱規程」がこれに当たると解される。同規程5条は、兼業の許可をしないものとする場合として、①兼業に時間を割くことにより職務の遂行に支障を来すおそれがあると認めるとき、②兼業による心身の疲労のために職務の遂行上その能率に悪影響を与えるとき、③兼業しようとする団体等と職員との間に関係があるとき、④兼業により職の信用を傷つけ、職全体の不名誉となる場合を挙げている。

兼業の許可に関する基準が定められていない地方公共団体においては、上記のような場合に当たらないことを理由として、兼業の許可をしないことが裁量権の逸脱・濫用に当たるとの主張立証をすることになるであろう。

## II　公務員の責任

### 1　はじめに

Iで述べたとおり、公務員は、各種の服務上の義務を負っているところ、これらの義務に違反した場合には、懲戒処分の対象となるほか、弁償・賠償責任や刑事責任を負うことがある。また、刑法上も公務員のみに適用される特別な条項が定められている。

本項では、これらの弁償・賠償責任や刑事責任について説明する。

### 2　弁償・賠償責任

(1)　国家公務員の弁償責任

　ア　国家公務員の弁償責任の内容

　　(A)　一般職員

国家公務員は、職務遂行上、国に対して損害を与えた場合には、弁償責任を負う。一般職員については、特段の法律の規定はないが、国に損害を与えた場合には、不法行為責任（民709条）を負うものと解されている。当該不法行為責任については、国家賠償法1条2項の求償規定との均衡上、故意・重過失を要件とすべきと考えられている（宇賀・前掲書535～536頁）。

出納官吏、物品管理職員、予算執行職員については、一般職員と異なり、以下のとおり、特別の規定が設けられている。

### (B) 出納官吏

出納官吏については、会計法41条1項が、「出納官吏が、その保管に係る現金を亡失した場合において、善良な管理者の注意を怠ったときは、弁償の責を免れることができない」と定めている。

また、出納官吏でなくとも、出納官吏や出納官吏代理以外の職員で現金の出納保管の事務を取り扱う出納員は、出納官吏と同様の弁償責任を負う（会計法44条・45条）。

### (C) 物品管理職員

物品管理職員については、物品管理法31条1項が、「故意又は重大な過失により、この法律の規定に違反して物品の取得、所属分類の決定、分類換、管理換、出納命令、出納、保管、供用、不用の決定若しくは処分……をしたこと又はこの法律の規定に従った物品の管理行為をしなかったことにより、物品を亡失し、又は損傷し、その他国に損害を与えたときは、弁償の責に任じなければならない」と定めている。物品管理職員とは、物品管理官、物品出納官、物品供用官、これらの者の事務を代理する職員等をいう。

また、物品管理職員ではなくとも、物品を使用する職員については、「故意又は重大な過失によりその使用に係る物品を亡失し、又は損傷したときは、その損害を弁償する責めに任じなければならない」とされている（物品管理法31条2項）。

### (D) 予算執行職員

予算執行職員については、予算執行職員等の責任に関する法律3条2項が、「予算執行職員は、故意又は重大な過失に因り前項の規定に違反して支出等の行為をしたことにより国に損害を与えたときは、弁償の責に任じなければならない」と定めている。

### イ 国からの国家公務員に対する責任追及

国が、一般職員に対して賠償請求を行う場合には、民事訴訟等の民事上の請求を行うこととなる。

出納職員および物品管理職員については、会計検査院による弁償責任の有無に関する検定制度があり、会計検査院が弁償責任があると検定したときは、本属長官その他出納職員または物品管理職員を監督する責任のある者は、弁償を

命じなければならない（会計検査院法32条）。また、予算執行職員についても、同様の検定制度が存在する（予算執行職員等の責任に関する法律4条）。

弁償責任の有無について職員側が争う場合、検定や弁償命令の取消訴訟を提起するか、債務不存在確認訴訟等の民事訴訟（ないし当事者訴訟）を提起することになる。もっとも、検定や弁償命令の処分性については見解の対立があり、いずれについても処分性を否定する見解もある（塩野・前掲書338頁）。

　ウ　国民からの国家公務員に対する責任追及

第三者である国民が公務員の故意または過失により損害を被った場合には、当該公務員に対して国家賠償請求を行うことが考えられるが、公務員個人に対する国家賠償請求は認められていない（最三小判昭和30年4月19日民集9巻5号534頁）。

（2）　地方公務員の賠償責任

　ア　地方公務員の賠償責任の内容

　　（A）　地方公共団体の長および一般職員

地方公共団体の長や一般の職員は、当該地方公共団体に対して、損害を与えた場合には、民法上の不法行為責任を負う。裁判例においては、当該不法行為責任は故意・過失があれば足りるとしているものもあるが（広島地判平成7年3月16日判自142号18頁）、国家賠償法1条2項の規定に基づく求償が公務員に故意・重過失がある場合とされていることとの均衡から、故意・重過失を要件とすべきとする見解も有力である。

なお、地方自治法243条の2の7第1項は、地方公共団体の長や一般の職員に対する損害賠償責任について、条例で「普通地方公共団体の長等が職務を行うにつき善意でかつ重大な過失がないときは、普通地方公共団体の長等が賠償の責任を負う額から、普通地方公共団体の長等の職責その他の事情を考慮して政令で定める基準を参酌して、政令で定める額以上で当該条例で定める額を控除して得た額について免れさせる旨を定めることができる」としている（自治243条の2の7第1項、自治令173条の4）。

　　（B）　会計管理者等

会計管理者、会計管理者の事務を補助する職員、資金前渡しを受けた職員、占有動産を保管している職員または物品を使用している職員（以下「会計管理

者等」という）については、「故意又は重大な過失（現金については、故意又は過失）により、その保管に係る現金、有価証券、物品（基金に属する動産を含む。）若しくは占有動産又はその使用に係る物品を亡失し、又は損傷したときは、これによって生じた損害を賠償しなければならない」とされている（自治243条の2の8第1項第1文）。また、支出負担行為等をする「権限を有する職員又はその権限に属する事務を直接補助する職員で普通地方公共団体の規則で指定したものが故意又は重大な過失により法令の規定に違反して当該行為をしたこと又は怠ったことにより普通地方公共団体に損害を与えたとき」も同様である（同項第2文）。

なお、地方公共団体の長が、地方公共団体に損害を与えた場合には、上述した地方自治法243条の2の8第1項の規定の適用は受けず、民法の規定による損害賠償責任を負うとするのが判例の立場である（最一小判昭和61年2月27日民集40巻1号88頁）。

　イ　地方公共団体からの地方公務員に対する責任追及

地方公共団体が、地方公共団体の長や一般職員に対して賠償請求を行う場合には、民事訴訟等の民事上の請求を行うこととなる。

次に、地方公共団体が、会計管理者等に対して賠償請求を行う場合には、賠償命令の手続が整備されている。地方公共団体の長は、地方公務員が地方自治法243条の2の8第1項の規定する行為によって当該地方公共団体に損害を与えたと認めるときは、「監査委員に対し、その事実があるかどうかを監査し、賠償責任の有無及び賠償額を決定することを求め、その決定に基づき、期限を定めて賠償を命じなければならない」（自治243条の2の8第3項）。なお、地方公共団体の長の賠償命令は行政処分と解されており、当該賠償の命令を受けた地方公務員は、住民訴訟の判決に従い賠償命令がされた場合を除き、当該賠償命令に対し、審査請求をすることができる（自治243条の2の8第10項反対解釈）。また、取消訴訟を提起することも可能である（同条7項参照）。

　ウ　住民等からの地方公務員に対する責任追及

住民が、地方公共団体の長や一般職員に対して賠償請求を求める場合には、住民監査請求および住民訴訟の提起によることとなる（自治242条、242条の2）。また、上記イの賠償命令の対象となる職員の損害賠償責任についても、住民訴

訟によって責任を追及することができる（同法242条の2第1項4号）。

　第三者が地方公務員の故意または過失により損害を被った場合には、当該地方公務員に対して国家賠償請求を行うことが考えられるが、公務員個人に対する国家賠償請求が判例上認められていないことは上述のとおりである。

### （3）　地方公共団体における損害賠償請求権等の放棄に関する問題

　地方公共団体における債権の放棄については、議会の議決事項とされているが（自治96条1項10号）、議会が住民訴訟の対象となる損害賠償請求権等を放棄する議決を行うことの適法性については、裁判例上、従来から争われてきた。

　最高裁判所は、神戸市長等に対する損害賠償請求や第三者に対する不当利得返還請求の義務付けを求める住民訴訟の提起後に、当該請求権を放棄する旨の議会の議決がなされた事案において、「個々の事案ごとに、当該請求権の発生原因である財務会計行為等の性質、内容、原因、経緯及び影響、当該議決の趣旨及び経緯、当該請求権の放棄または行使の影響、住民訴訟の係属の有無及び経緯、事後の状況その他の諸般の事情を総合考慮して、これを放棄することが普通地方公共団体の民主的かつ実効的な行政運営の確保を旨とする同法の趣旨等に照らして不合理であって上記の裁量権の範囲の逸脱又はその濫用に当たると認められるときは、その議決は違法となり、当該放棄は無効となるものと解するのが相当である」と判示し、債権を放棄する議決の適法性に関する基準を示した（最二小判平成24年4月20日判時2168号45頁）。なお、本判決の千葉勝美補足意見では、公務員に「個人責任を負わせることが、柔軟な職務遂行を萎縮させる」ことを指摘しつつも、債権の放棄に関して、「議会としては、基本的にはその裁量事項であっても、単なる政治的・党派的判断ないし温情的判断のみで処理することなく、その逸脱・濫用とならないように、本件の法廷意見が指摘した司法判断の枠組みにおいて考慮されるべき諸事情を十分に踏まえ、事案に即した慎重な対応が求められることを肝に銘じておくべきである」として、政治的・温情的な債権の放棄がなされないよう注意を促している。

　なお、上記最高裁判決の後、2017（平成29）年に地方自治法が改正され、上述のとおり、条例において、地方公共団体の長等の地方公共団体に対する損害賠償責任を、職務を行うにつき善意でかつ重大な過失がないときは、賠償額を限定してそれ以上の責任を免除する旨を定めることが可能となった（自治243

条の2の7（令和5年改正前243条の2））。

### （4） 賠償責任の範囲

公務員が国や地方公共団体に損害を与えた場合、その賠償責任の範囲をどのように考えるかという問題がある。

裁判例では、被告である都立高校の教職員らがプールの水を流失させた事案に関する住民訴訟において、被告の一人である施設管理者に対して、信義則を根拠として損害全額ではなく損害額の8割の限度で損害賠償請求を認容したものや（東京地判平成9年3月13日判自168号46頁）や、同じく都立高校の教職員らがプールの水を流失させた事案に関する住民訴訟において、校長等に対して、信義則を根拠として損害額の5割の限度で責任を認め、教職員らは損害額の5割に相当する金額を東京都に賠償しているとして、原告である住民の請求を棄却したもの（東京地判平成29年6月29日D1-Law.com判例体系）などがある。

近時においては、兵庫県庁の貯水槽で排水弁の閉め忘れによる流失事故について、兵庫県は、職員に対し、裁判例等をもとに損害額の半額を請求したとの報道がなされている。

このように、公務員が国や地方公共団体に損害を与えた場合の損害賠償の範囲は、民間企業からの従業員に対する損害賠償請求の場合と同様に、信義側上の制約を受けるものであるが、その制約の程度は、当該公務員の職務の内容等によって個別に判断されている。

なお、公務員の損害賠償義務が認められるケースにおいては、公務員賠償責任保険等で対応ができないか確認する必要がある。公務員賠償責任保険とは、公務員が公務に起因して損害賠償請求等を受けた場合に、当該公務員が負担する損害賠償金や弁護士費用等を補償するものである。主に地方公務員向けの保険が多いが、国家公務員向けの保険も存在している。

## 3 刑事責任

### （1） 刑事罰

刑法においては、公務員に関して、以下のとおり、刑罰を定めている。いずれの罰則も身分犯であり、公務員のみに適用されるものであるが、公務員でない者であっても共犯として処罰される可能性はある（刑65条）。

① 公務員職権濫用（刑193条）
② 特別公務員職権濫用（刑194条）
③ 特別公務員暴行陵虐（刑195条）
④ 特別公務員職権濫用等致死傷（刑196条）
⑤ 収賄、受託収賄および事前収賄（刑197条）
⑥ 第三者供賄（刑197条の2）
⑦ 加重収賄罪および事後収賄（刑197条の3）
⑧ あっせん収賄（刑197条の4）

（2） 行政罰

　国家公務員法や地方公務員法は、以下のとおり、公務員に関し、一部の規定に違反した場合の罰則を定めている。また、公職選挙法等においても、以下のとおり、公務員に対する罰則規定が存在しており、公務員の刑事責任は拡大方向にあると評価されている。

① 国家公務員法上の刑罰（109条～112条）
② 地方公務員法上の刑罰（60条～63条）
③ 公職選挙法上の罰則（226条、227条）
④ 地方税法上の罰則（22条）
⑤ 住民基本台帳法上の罰則（42条）

（3） 業務上過失致死傷罪をめぐる議論

　薬害エイズ・厚生省ルート事件：最二小決平成20年3月3日刑集62巻4号567頁（第一審：東京地判平成13年9月28日刑集62巻4号791頁、控訴審：東京高判平成17年3月25日刑集62巻4号1187頁）において、行政指導の不作為を理由として、元厚生省生物製剤課課長に業務上過失致傷罪が適用された。業務上過失致傷罪は、当然公務員にも適用されうるものではあるが、医療事故や学校事故以外で適用された事例は見当たらなかったことから、上記事件を契機に公務員と業務上過失致死傷罪をめぐる議論が積極的になされるようになった。

　抗告訴訟においては、行政庁の処分等の法令適合性が問題となり、公務員個人の主観的要素が着目されることは基本的にはないが、業務上過失致死傷罪においては、公務員個人の業務上の注意義務違反の有無が判断される。しかしながら、行政処分等をすべき義務を負っているのは、上記事件でいえば組織とし

ての厚生省（当時）もしくは厚生大臣（当時）であり、公務員個人ではない。そのため、公務員個人に関する業務上過失致死傷罪の成否については、組織としての所掌事務に関する判断から公務員個人の刑法上の注意義務違反を基礎づけることができるのかという点を、当該公務員個人の実質的な責任の内容・性質に鑑みて、慎重に検討する必要があろう。

# 第8章　公務職場のハラスメント

## I　問題の所在

　近年、地方公共団体の水道局員のパワハラ自死事件の判決（新潟市（市水道局）事件：新潟地判令和4年11月24日労判1290号18頁）や、女性自衛官に対するセクハラ事件などが報道され、公務職場におけるハラスメントが耳目を集めている。

　令和4年度には、国家公務員から人事院に寄せられた苦情相談の件数が1739件（令和3年度：1601件）と過去最多の結果となった。また、相談事案数（同一人からの同一内容の相談を1つとカウント）は、1294件（令和3年度：1269件）と平成25年から9年連続で増加し、過去最多件数となっている。苦情相談の内容としては、32.6％がパワハラ、いじめ・嫌がらせ、1.6％がセクハラ、0.6％が妊娠、出産、育児または介護に関するハラスメントであり、苦情相談の内容区分の中でハラスメントが占める割合（34.8％）が最も大きい（人事院「令和4年度における苦情相談の状況」）。

　また、地方公共団体の苦情相談（令和3年度）においても、パワハラの相談が全体の23.7％、いじめ・嫌がらせが8.8％、セクハラが1.4％、妊娠、出産、育児または介護に関するハラスメントが0.9％と、ハラスメントが占める割合が大きい（令和4年12月23日総行公第146号「『令和3年度措置要求及び審査請求の状況等に関する調査』の結果を踏まえた地方公共団体における措置要求、審査請求及び苦情相談の適正な運用等について」）。

　上述した報道や相談件数の増加・内容に鑑みても、公務職場におけるハラスメント問題は深刻であり、公務職場におけるハラスメント規定の正しい理解および対策がより一層求められている。

　そこで、本章では、公務職場における各種のハラスメントについて概説した上で（II）、職員がハラスメントを受けた場合の対処方法（III）、ハラスメント

が起こった場合の国や地方公共団体の対応（Ⅳ）について解説する。

## Ⅱ　各種のハラスメント

### 1　パワー・ハラスメント

#### （1）　国家公務員
##### ア　法律の適用

　労働施策の総合的な推進並びに労働者の雇用の安定及び職業生活の充実等に関する法律（以下「労働施策総合推進法」という）は、パワー・ハラスメントについて、「職場において行われる優越的な関係を背景とした言動であって、業務上必要かつ相当な範囲を超えたものによりその雇用する労働者の就業環境が害されること」と定義した上で、事業主のパワハラ防止措置義務等を規定している（同法30条の2・30条の3）。しかし、行政執行法人職員を除く国家公務員に対しては、上記の規定の適用はなく（同法38条の2）、これらの職員には、人事院規則10-16（パワー・ハラスメントの防止等）が適用される。

##### イ　定　義

　人事院規則10-16（パワー・ハラスメントの防止等）2条は、パワー・ハラスメントについて、「職務に関する優越的な関係を背景として行われる、業務上必要かつ相当な範囲を超える言動であって、職員に精神的若しくは身体的な苦痛を与え、職員の人格若しくは尊厳を害し、又は職員の勤務環境を害することとなるようなものをいう」と定義している。

　労働施策総合推進法の定義と比べると、場所が「職場」に限定されておらず、必ずしも職員の勤務環境を害しなくとも、パワハラに該当し得るとされている点に特徴がある。

##### ウ　雇用管理上の措置等

　国家公務員については、人事院規則10-16（パワー・ハラスメントの防止等）において、各省各庁の長の措置義務（パワハラの相談に応じ、適切に対応するために必要な体制の整備その他の雇用管理上必要な措置を講じる義務。4条）、職員の義務（5条）、研修等の実施義務（7条）等が定められている。

　また、上記の義務の具体的内容等については、「人事院規則10-16（パワー・

ハラスメントの防止等）の運用について」（令和2年4月1日職職-141）において定められている。

　上記通知においては、労働施策総合推進法に比してより具体的な責務の内容が定められているところに特徴がある。例えば、苦情相談を受ける体制につき、「相談員のうち少なくとも1人は苦情相談を行う職員の属する課の長に対する指導及び人事当局との連携をとることのできる地位にある者をもって充てる」（第8条関係2項3号）、「苦情相談を行う職員の希望する性の相談員が同席できるような体制を整備するよう努める」（同4号）等の定めがある。

　なお、同通知では、別紙1として、「パワー・ハラスメントを防止しパワー・ハラスメントに関する問題を解決するために職員が認識すべき事項についての指針」、別紙2として、「パワー・ハラスメントに関する苦情相談に対応するに当たり留意すべき事項についての指針」を定め、職員以外の者に対するパワー・ハラスメントの禁止（別紙1・第1の1六）、苦情相談における具体的な聞き取りの手順（別紙2）等についても定めている。

### （2）　地方公務員
#### ア　法律の適用

　地方公務員については、民間企業と同様に、労働施策総合推進法のうち、事業主のパワハラ防止措置義務を定めた30条の2や、国、事業主および労働者の責務を定めた30条の3が適用される（同法38条の2参照）。したがって、同法30条の2第3項に基づく厚生労働大臣の指針（「事業主が職場における優越的な関係を背景とした言動に起因する問題に関して雇用管理上講ずべき措置等についての指針」（令和2年厚生労働省告示第5号）。以下「パワハラ指針」という）の適用も受ける。

#### イ　定　　義

　労働施策総合推進法において、パワー・ハラスメントとは、「①職場において行われる優越的な関係を背景とした言動であって、②業務上必要かつ相当な範囲を超えたものにより③その雇用する労働者の就業環境が害されるもの」と定義されており、①から③の全てを満たすものとされている（同法30条の2第1項、パワハラ指針第2項（1））。

　ここで、「職場」とは、労働者が業務を遂行する場所を指し、通常就業して

いる場所以外も含むとされている（パワハラ指針第2項（2））。また、「労働者」については、正規・非正規にかかわらず、事業主が雇用する労働者の全てが対象とされている（パワハラ指針第2項（3））。前述のとおり、地方公務員もこれに含まれる。

「優越的な関係を背景とした言動」については、職務上の地位が上位の者からの言動に限らず、同僚または部下からの言動であっても、言動を受けた側が抵抗または拒絶することができない蓋然性が高い関係を背景とするものを指す（パワハラ指針第2項（4））。「業務上必要かつ相当な範囲を超えた」言動か否かの判断にあたっては、当該言動の目的、当該言動を受けた労働者の問題行動の有無や内容・程度を含む当該言動が行われた経緯や状況、業種・業態、業務の内容・性質、当該言動の態様・頻度・継続性、労働者の属性や心身の状況、行為者との関係等の様々な要素を総合的に考慮することが適当とされている（パワハラ指針第2項（5））。

典型的なパワハラの該当例・非該当例については、パワハラ指針第2（7）において紹介されている。

　　ウ　事業主の責務等

労働施策総合推進法では、国、事業主および労働者それぞれの責務を定めている（同法30条の3各項）。

パワハラ指針では、事業主は、職場においてパワハラを行ってはならないことおよびパワハラに起因して起こる労働者の意欲・生産性低下、健康状態の悪化等に対する労働者の関心と理解を深め、労働者が他の労働者に対する言動に必要な注意を払うよう努めなければならないことが定められており（パワハラ指針第3項（1））、地方公共団体や特定地方独立行政法人も、事業主として当該責務を負っている。

また、労働者自身もパラハラ問題に関する関心と理解を深め、他の労働者に対する言動に注意を払うとともに、事業主の講ずる措置に協力する義務があるとされており（パワハラ指針第3項（2））、地方公共団体や特定地方独立行政法人で勤務する地方公務員も当該責務を負っている。

　　エ　措置義務の内容等

地方公共団体や特定地方独立行政法人は、事業主として、職員からのパワハ

ラの相談に応じ、適切に対応するために必要な体制の整備その他の雇用管理上必要な措置を講じる義務を負う（労働施策総合推進法30条の2第1項・3項）。

　そして、パワハラ指針第4項では、事業主のパワハラ防止措置義務の内容として、①事業主の方針等の明確化およびその周知・啓発、②相談に応じ、適切に対応するために必要な体制の整備、③職場におけるパワハラに係る事後の迅速かつ適切な対応、④①～③までの措置と併せて講ずべき措置を定めている。

　なお、パワハラ指針においては、顧客等からの著しい迷惑行為（いわゆるカスタマー・ハラスメント）に関し、事業主が行うことが望ましい取組みについても定められている（パワハラ指針第7項）。

　これらを受け、地方公共団体や特定地方独立行政法人においては、例えば、指針や運用要綱を作成し、パワハラに対する事業主の方針および注意喚起を記載した上でこれを職員に周知させる、また、パワハラに関する相談窓口を職場内に設ける、さらに、パワハラの事実を認定した場合には、被害者の心身面のケアを図ることと同時に行為者に対して適切な懲戒処分を行う等の措置を講じることが求められる。

　また、事業主は、労働者が相談や相談対応に協力した際に事実を述べたことを理由として、不利益取扱いをすることが禁止されている（労働施策総合推進法30条の2第2項）。具体的な措置内容としては、指針や要綱等に、パワハラに関する相談等を理由として労働者が不利益な取扱いをされない旨を規定し、労働者に周知啓発すること等が考えられる（パワハラ指針第4項（4）ロ）。

　　オ　適用除外

　労働施策総合推進法のうち、都道府県労働局長等による紛争解決（同法30条の4～30条の8）や、助言・指導・勧告等に関する規定（同法33条・36条1項）は、地方公務員には適用されない（同法38条の2）。

　ただし、地方公営企業職員、特定地方独立行政法人職員、単純労務職員のいじめ・嫌がらせなどの職場環境に関する紛争については、都道府県労働局長による助言・指導、紛争調整委員会によるあっせんの利用が可能である（個別労働紛争解決促進法22条ただし書）。

## 2　セクシュアル・ハラスメント

### (1)　国家公務員

#### ア　法律の適用

「雇用の分野における男女の均等な機会及び待遇の確保等に関する法律」（以下「均等法」という）は、セクシュアル・ハラスメントについて、「職場において行われる性的な言動に対するその雇用する労働者の対応により当該労働者がその労働条件につき不利益を受け、又は当該性的な言動により当該労働者の就業環境が害されること」と定義した上で、事業主のセクハラ防止措置義務等を定めている（同法11条・11条の2）。しかし、行政執行法人職員を除く国家公務員に対しては、均等法の上記規定は適用されず（同法32条）、人事院規則10-10（セクシュアル・ハラスメントの防止等）が適用される。

#### イ　定　義

人事院規則10-10（セクシュアル・ハラスメントの防止等）2条1項は、セクシュアル・ハラスメントについて、「他の者を不快にさせる職場における性的な言動及び職員が他の職員を不快にさせる職場外における性的な言動」と定義している。

均等法の定義と比べると、職員同士の場合には、「職場外」の性的言動を含むことが明記され、国家公務員が職場外で行った行為についても対象となることが明らかにされている。

また、信用失墜行為の禁止という観点から、職員以外の者に対するセクハラ行為についても、防止の対象となっている。

#### ウ　雇用管理上の措置

国家公務員については、人事院規則10-10（セクシュアル・ハラスメントの防止等）において、各省各庁の長の措置義務（セクハラの相談に応じ、適切に対応するために必要な体制の整備その他の雇用管理上必要な措置を講じる義務。4条）、職員の義務（5条）、研修等の実施義務（7条）が定められている。

また、上記の義務の具体的内容等については、「人事院規則10-10（セクシュアル・ハラスメントの防止等）の運用について」（平成10年11月13日職福-442）において定められている。その内容は、前述した「人事院規則10-16（パワ

ー・ハラスメントの防止等）の運用について」（令和2年4月1日職職-141）と類似している。

**（2） 地方公務員**

　ア　法律の適用

　地方公務員については、民間企業と同様に、均等法のうち、事業主のセクハラ防止措置義務を定めた11条や、国、事業主および労働者の責務を定めた11条の2が適用される（同法32条参照）。したがって、同法11条4項に基づく厚生労働大臣の指針（「事業主が職場における性的な言動に起因する問題に関して雇用管理上講ずべき措置等についての指針」（平成18年厚生労働省告示第615号）。以下「セクハラ指針」という）の適用も受ける。

　イ　定　義

　均等法において、セクシュアル・ハラスメントとは、「職場において行われる性的な言動に対するその雇用する労働者の対応により当該労働者がその労働条件につき不利益を受け、又は当該性的な言動により当該労働者の就業環境が害されること」と定義されている（同法11条1項）。

　ここで、「職場」とは、労働者が業務を遂行する場所を指し、通常就業している場所以外も含むとされ、「取引先の事務所」、「取引先と打合せをするための飲食店」、「顧客の自宅等」が例として挙げられる（セクハラ指針第2項(2)）。「労働者」については、正規・非正規にかかわらず、事業主が雇用する労働者の全てが対象とされている（セクハラ指針第2項(3)）。前述のとおり、地方公務員もこれに含まれる。

　「性的な言動」とは、性的な事実関係の質問や性的な内容の情報の意図的な流布などの「性的な内容の発言」、性的な関係の強要や不必要な身体接触等の「性的な行動」を指す（セクハラ指針第2項(4)）。当該言動を行う者には、雇用する事業主、上司、同僚に限らず、取引先等の他の事業主またはその雇用する労働者、顧客、患者またはその家族、学校における生徒等もなり得る（セクハラ指針第2項(4)）。

　職場における性的な言動への対応により労働条件について不利益を受けていることを「対価型セクハラ」と呼び、職場における性的な言動により職場環境が不快なものになり、就業に支障が生じていることは、「環境型セクハラ」と

呼ばれる（セクハラ指針第2項（5）（6））。

具体的な各セクハラの事例は、セクハラ指針第2項（5）（6）において紹介されている。

### ウ　事業主の責務等

均等法は、国、事業主および労働者それぞれの責務を定めている（同法11条の2各項）。

セクハラ指針では、事業主は、職場においてセクハラを行ってはならないことおよびセクハラに起因して起こる労働者の意欲・生産性低下、健康状態の悪化等に対する労働者の関心と理解を深め、労働者が他の労働者に対する言動に必要な注意を払うよう努めなければならないことが定められており（セクハラ指針第3項（1））、地方公共団体や特定地方独立行政法人も、事業主として当該責務を負っている。

また、労働者自身もセクハラ問題に関する関心と理解を深め、他の労働者に対する言動に注意を払うとともに、事業主の講ずる措置に協力する義務があるとされており（セクハラ指針第3項（2））、地方公共団体や特定地方独立行政法人で勤務する地方公務員も当該責務を負っている。

### エ　措置義務の内容等

地方公共団体や特定地方独立行政法人は、事業主として、職員からのセクハラの相談に応じ、適切に対応するために必要な体制の整備その他の雇用管理上必要な措置を講じる義務を負う（均等法11条1項・4項）。

そして、セクハラ指針第4項では、事業主の措置義務の内容として、①事業主の方針等の明確化およびその周知・啓発、②相談に応じ、適切に対応するために必要な体制の整備、③職場におけるセクハラに係る事後の迅速かつ適切な対応、④①～③までの措置と併せて講ずべき措置を定めている。

なお、セクハラ指針においては、事業主が自らの雇用する労働者以外の者に対する言動に関し、行うことが望ましい取組みとして、他の事業主が雇用する労働者や求職者、個人事業主、インターンシップを行っている者等に対しても、言動について注意を払うべきと定めている（セクハラ指針第7項）。

また、事業主は、労働者が相談や相談対応に協力した際に事実を述べたことを理由として、不利益取扱いをすることが禁止されている（均等法11条2項）。

具体的な措置内容としては、指針や要綱等に、セクハラに関する相談等を理由として労働者が不利益な取扱いをされない旨を規定し、労働者に周知啓発すること等が考えられる（セクハラ指針第4項（4）ロ）。

### オ　適用除外
都道府県労働局長等による紛争解決制度（均等法第3章）は、地方公務員（特定地方独立行政法人職員を含む）には適用されない（同法32条）。

## 3 マタニティ・ハラスメント／育児介護ハラスメント

### (1) 国家公務員

#### ア　法律の適用
均等法や育児休業、介護休業等育児又は家族介護を行う労働者の福祉に関する法律（以下「育介法」という）は、妊娠、出産、育児休業・介護休業等の取得を理由とする上司・同僚等による就業環境阻害行為（マタハラ、イクハラ、ケアハラ）についての事業主の防止措置義務等を定めている（均等法11条の3・11条の4、育介法25条・25条の2）。

しかし、行政執行法人職員を除く国家公務員に対しては、均等法の上記規定は適用されない（均等法32条）。また、育介法の上記規定は、国家公務員には適用されない（育介法61条1項）。これらの職員には、人事院規則10-15（妊娠、出産、育児又は介護に関するハラスメントの防止等）が適用される。

#### イ　定義
人事院規則10-15（妊娠、出産、育児又は介護に関するハラスメントの防止等）2条は、「妊娠、出産、育児又は介護に関するハラスメント」を、妊娠や出産、それにより能率が低下したこと、不妊治療を受けること等（同条1号イ～ニ）、妊娠または出産に関する制度または措置の利用（同条2号イ～ワ）、育児に関する制度または措置の利用（同条3号イ～ヌ）および介護に関する制度または措置の利用（同条4号イ～チ）に関する言動により、当該職員の勤務環境が害されることと定義している。

#### ウ　雇用管理上の措置
国家公務員については、人事院規則10-15（妊娠、出産、育児又は介護に関するハラスメントの防止等）において、各省各庁の長の措置義務（マタハラ・イク

ハラ・ケアハラの相談に応じ、適切に対応するために必要な体制の整備その他の雇用管理上必要な措置を講じる義務。4条)、職員の義務(5条)、研修等の実施義務(7条)等が定められている。

また、上記の義務の具体的内容等については、「人事院規則10-15(妊娠、出産、育児又は介護に関するハラスメント防止等)の運用について」(平成28年12月1日職職-273)において定められている。その内容は、前述した「人事院規則10-16(パワー・ハラスメントの防止等)の運用について」(令和2年4月1日職職-141)や、「人事院規則10-10(セクシュアル・ハラスメント防止等)の運用について」(平成10年11月13日職福-442)と類似している。

### (2) 地方公務員
#### ア 法律の適用

地方公務員については、民間企業と同様に、均等法のうち、マタハラ防止措置義務を定めた11条の3や、国、事業主および労働者の責務を定めた11条の4の適用がある(同法32条参照)。したがって、同法11条の3第3項に基づく厚生労働大臣の指針(「事業主が職場における妊娠、出産等に関する言動に起因する問題に関して雇用管理上講ずべき措置等についての指針」(平成28年厚生労働省告示第312号)。以下「マタハラ指針」という)の適用も受ける。

他方、育介法のうち、イクハラ・ケアハラ防止措置義務を定めた25条や、国、事業主および労働者の責務を定めた25条の2、指針の根拠条文である28条等は、地方公務員には適用されない(育介法61条1項参照)。したがって、同法28条に基づく厚生労働大臣の指針(「子の養育又は家族の介護を行い、又は行うこととなる労働者の職業生活と家庭生活との両立が図られるようにするための事業主が講ずべき措置等に関する指針」(平成21年厚生労働省告示第509号)。以下「イクハラ・ケアハラ指針」という)も適用されない。その代わり、育介法は、別途、任命権者やその委任を受けた者の措置義務について定めている。すなわち、任命権者やその委任を受けた者は、「地方公務員の育児休業等に関する法律」(以下「地公育休法」という)2条1項の規定による育児休業等の利用や、介護休業の利用等に関する言動により、当該職員の勤務環境が害されることのないよう、当該職員からの相談に応じ、適切に対応するために必要な体制の整備その他の雇用管理上必要な措置を講じなければならないとされている(育介法61条

36項。なお、同条37項も参照）。そして、総務省は、育介法61条36項を踏まえ、各地方公共団体に対し、民間企業に適用されるイクハラ・ケアハラ指針や、国家公務員に適用される人事院規則10-15（妊娠、出産、育児又は介護に関するハラスメントの防止等）を踏まえた対応を求めている。すなわち、事実上、地方公共団体に対しても、イクハラ・ケアハラ指針の適用があるのと同様の運用がなされている。

なお、地方公務員の育児休業制度については、育介法ではなく、前述した地公育休法が適用されるが、他方で、イクハラの防止に係る措置義務については、地公育休法ではなく、育介法61条36項で規定されているという条文関係になっている。

また、地方公務員は、介護休業、子の看護休暇、介護休暇、所定外労働の制限、深夜労働の制限等に関しては、育介法の適用を受けるが、「業務の運営に支障があると認められる場合を除き、これを承認しなければならない」という形で、民間労働者よりも要件が加重されている（育介法61条6項・11項・16項・19項・20項・23項・24項・27項・28項・32項）。

　イ　定　義

「職場における妊娠出産等に関するハラスメント」（マタハラ）とは、「職場において行われるその雇用する女性労働者に対する当該女性労働者が妊娠したこと、出産したこと、産前休業を請求し、又は産前産後休業をしたことその他の妊娠又は出産に関する事由であって厚生労働省令で定めるものに関する言動により当該女性労働者の就業環境が害されること」である（均等法11条の3、マタハラ指針第1項）。なお、「職場における妊娠出産等に関するハラスメント」には、「制度等の利用への嫌がらせ型」と「状態への嫌がらせ型」がある（マタハラ指針第2項（1））。

また、「職場における育児休業等に関するハラスメント」（イクハラ・ケアハラ）とは、「職場において行われる育児休業、介護休業その他の子の養育又は家族の介護に関する厚生労働省令で定める制度の利用に関する言動により当該職員の勤務環境が害されること」である（育介法61条36項）。

　ウ　事業主の責務等

均等法11条の4は、国、事業主および労働者それぞれの責務を定めている

(同法11条の4各項)。

マタハラ指針では、事業主は、職場においてマタハラを行ってはならないことおよびマタハラに起因して起こる労働者の意欲・生産性低下、健康状態の悪化等に対する労働者の関心と理解を深め、労働者が他の労働者に対する言動に必要な注意を払うよう努めなければならないことが定められており(マタハラ指針第3項(1))、地方公共団体や特定地方独立行政法人も、事業主として当該責務を負っている。

また、労働者自身もマタハラ問題に関する関心と理解を深め、他の労働者に対する言動に注意を払うとともに、事業主の講ずる措置に協力する義務が定められており(マタハラ指針第3項(2))、地方公共団体や特定地方独立行政法人で勤務する地方公務員も当該責務を負っている。

### エ 措置義務の内容等

地方公共団体や特定地方独立行政法人は、事業主として、職員からのマタハラの相談に応じ、適切に対応するために必要な体制の整備その他の雇用管理上必要な措置を講じる義務を負う(均等法11条の3)。イクハラ・ケアハラについても、育介法61条36項において、同様の措置義務が定められている。

そして、均等法11条3項に基づくマタハラ指針では、事業主のマタハラ防止措置義務の内容として、①マタハラに対する事業主の方針の明確化および周知・啓発、②マタハラが生じた場合に相談に応じ、適切に対応するために必要な体制の整備、③事後の迅速かつ適切な対応、④職場における妊娠・出産等に関するハラスメントの原因や背景となる要因を解消するための措置等が挙げられている(マタハラ指針第4項)。

また、イクハラ・ケアハラ防止措置義務の内容については、育介法28条に基づくイクハラ・ケアハラ指針において、同様の内容が定められている(イクハラ・ケアハラ指針第2の第14項(三))。前述のとおり、総務省は、各地方公共団体に対し、同指針を踏まえた対応を求めている。

### オ 適用除外

都道府県労働局長等による紛争解決制度(均等法第3章、育介法第11章)は、地方公務員(特定地方独立行政法人職員を含む)には適用されない(均等法32条、育介法61条1項)。

## 4　SOGIハラスメント

**（1）　国家公務員**

　ア　法律の適用

　SOGIハラスメントとは、性的指向（Sexual Orientation）や性自認（Gender Identity）に関するハラスメントのことである。

　「SOGIハラスメント」という言葉は使われていないが、性的指向・性自認に関するハラスメントの禁止も、人事院規則10-10（セクシュアル・ハラスメントの防止等）で規定されている。

　イ　定　義

　「人事院規則10-10（セクシュアル・ハラスメントの防止等）の運用について」（平成10年11月13日職福-442）では、同規則2条1号の「性的な言動」には、「性的指向若しくは性自認に関する偏見に基づくものも含む」とされている。また、同規則7条2項の「研修」の内容には、「性的指向及び性自認に関するものを含める」とされている。さらに、別紙第1「セクシュアル・ハラスメントをなくすために職員が認識すべき事項についての指針」では、「セクシュアル・ハラスメントになり得る言動」として、「性的指向や性自認をからかいやいじめの対象としたり、性的指向や性自認を本人の承諾なしに第三者に漏らしたりすること」が挙げられている（別紙1第1の3の一（1）イ③）。

　ウ　雇用管理上の措置

　国家公務員のセクシュアル・ハラスメントにおける措置と同様であるので、同部分を参照のこと。

**（2）　地方公務員**

　ア　法律の適用

　前述したとおり、労働施策総合推進法のパワハラ防止措置義務等は、地方公務員にも適用されるところ、同法30条の2第3項に基づくパワハラ指針では、後述するとおり、性的指向や性自認に関する侮蔑的言動等がパワハラの例として規定されている。したがって、当該ハラスメントの禁止は、地方公務員にも適用される。

　なお、地方公務員についても、SOGIハラスメントという言葉は使われてい

ない。

　イ　定　義

　パワハラ指針には、職場におけるパワー・ハラスメントに該当する例が挙げられている。その中で、「精神的な攻撃（脅迫・名誉毀損・侮辱・ひどい暴言）」の一例として、「人格を否定するような言動を行うこと。相手の性的指向・性自認に関する侮辱的な言動を行うことを含む」（同指針第2項（7）ロ（イ）①）が挙げられ、「個の侵害（私的なことに過度に立ち入ること）」の一例として、「労働者の性的指向・性自認……について、当該労働者の了解を得ずに他の労働者に暴露すること」（同指針第2項（7）ヘ（イ）②）が挙げられている。

　ウ　事業主の責務等

　地方公務員のパワー・ハラスメントに関する事業主の責務等の項目を参照のこと。

　なお、パワハラ指針第4項（4）の「（1）～（3）までの措置と併せて講ずべき措置」の中にも、相談者・行為者のプライバシーに性的指向および性自認が含まれていることが明記されている（同イ）。

# Ⅲ　ハラスメントを受けた場合の対処方法

## 1　苦情相談・措置要求

（1）　はじめに

　労働施策総合推進法や、均等法・育介法においては、それぞれ、都道府県労働局長による助言・指導および勧告、紛争調整委員会による調停といった救済措置が定められているが（労働施策総合推進法30条の5～30条の7、均等法第3章、育介法第11章）、国家公務員や地方公務員については、適用除外とされている（労働施策総合推進法38条の2、均等法32条、育介法61条1項）。その代わり、これらの職員は、後述する苦情相談制度や措置要求制度を利用することができる。

　ただし、国家公務員のうち行政執行法人職員、地方公務員のうち公営企業職員、特定地方独立行政法人職員および単純労務職員については、個別労働関係紛争解決法が適用されることから（同法22条ただし書）、同法に基づく総合労

働相談や、都道府県労働局長による助言・指導、紛争調整委員会によるあっせんを利用することができる。その代わり、後述する苦情相談制度や措置要求制度を利用することはできない。

### （2）苦情相談
#### ア　国家公務員

一般職の非現業国家公務員は、人事院に対し、苦情相談を行うことができる（国公3条2項、人事院規則13-5（職員からの苦情相談）2条）。

相談員は、苦情相談を行った職員に対し、助言等を行うほか、関係当事者に対し、人事院の指揮監督の下に、指導、あっせんその他の必要な措置を行うものとされ、必要に応じ、事情聴取や照会等を行うことができる（人事院規則13-5（職員からの苦情相談）5条）。

ただし、人事院は、当該事案に係る問題の解決の見込みがないと認めるときその他事案の処理を継続することが適当でないと認めるときは、当該事案の処理を打ち切るものとされており（同規則4条2項）、強制力を有するものではない。

#### イ　地方公務員

一般職の非現業地方公務員は、人事委員会または公平委員会に対し、苦情相談を行うことができる（地公8条1項11号・2項3号、各地の人事委員会規則・公平委員会規則（「職員からの苦情相談に関する規則」など））。

人事委員会規則・公平委員会規則では、上述した人事院規則13-5（職員からの苦情相談）と同様の内容が定められていることが多い。

### （3）措置要求
#### ア　国家公務員

ハラスメントを受けた一般職の非現業国家公務員は、人事院に対し、措置要求を行うことができる（国公86条、人事院規則13-2（勤務条件に関する行政措置の要求））。なお、措置要求については、第6章Ⅲも参照されたい。

措置要求があった場合、人事院は、必要と認める調査、口頭審理その他の事実審査を行い、一般国民および関係者に公平なように、かつ、職員の能率を発揮し、および増進する見地において、事案を判定しなければならないとされている（国公87条）。

イ　地方公務員

　ハラスメントを受けた一般職の非現業地方公務員は、人事委員会または公平委員会に対し、措置要求を行うことができる（地公46条、各地の人事委員会規則・公平委員会規則（「勤務条件に関する措置の要求に関する規則」など））。

　人事委員会または公平委員会が措置要求を受けた場合には、事案について口頭審理等を行い、事案を判定し、その結果に基づき、その権限に属する事項については、自らこれを実行し、その他の事項については、当該事項に関し権限を有する地方公共団体の機関に対し、必要な勧告をしなければならないとされている（地公47条）。

　近時の判定例としては、上司が行っているパワハラ行為および退職勧奨行為の停止を求める措置要求が行われた事案で、退職勧奨は人事上のひとつの行為として一般的に行われているもので、強制・強迫や長時間執拗にされたなど、それが相当性を欠くような事情を認められないことから、パワハラに当たらないとして棄却された例（東京都平成31年（措）第11号）や、当局が職員一般に対して服務規律の遵守を通知するにあたり、服務違反事案として要求者の職・氏名を明示して通知を発出したことについて、その中止を求める措置要求が行われた事案で、通知が職員の勤務環境を害することにつながり、また、同通知の発出前に要求者に対して事実確認等の聴取を行っていないことから手続の公平性が確保されていないとして認容された例（岡山県令和2年（措）第1号）などがある。

## 2　損害賠償請求

### (1)　概　説

　公務員によるハラスメントの被害者は、国または地方公共団体に対し、損害賠償請求を行うことができる。

　上述した措置義務は、いずれも、あくまで行政上の規定であるため、措置義務に違反したからといって直ちに国または地方公共団体の責任追及が認められるものではない。国または地方公共団体に対する責任追及にあたっては、別途、国家賠償法上または民法上の要件を満たす必要がある。

　なお、ハラスメントによる損害賠償請求については、公法関係上の紛争では

ないため、労働審判の利用も可能であると解される（労審1条参照）。
### （2） 国家賠償責任（国賠1条1項）
　国家賠償法1条1項は、「国又は公共団体の公権力の行使に当る公務員が、その職務を行うについて、故意又は過失によって違法に他人に損害を加えたときは、国又は公共団体が、これを賠償する責に任ずる」と定めている。
　公務員個人に対する責任追及がなされる場合があるが、国家賠償法上、公権力の行使にあたる公務員が職務を行うについて、故意または過失によって違法に他人に損害を与えた場合には、公務員個人はその責を負わないものと解されており、公務員個人に対する損害賠償は認められていない（最三小判昭和30年4月19日民集9巻5号534頁、最二小判昭和46年9月3日判時645号72頁、最二小判昭和53年10月20日民集32巻7号1367頁など）。
　一方、職務の執行に付随して行われた暴行について、国に対する国家賠償法に基づく損害賠償請求が認められ、その範囲で加害者個人の責任が免除されたが、職務の執行とは無関係に行われた暴行についても認定され、その範囲で、加害者個人の不法行為責任が認められた事案も存在する（国（護衛艦たちかぜ〔海上自衛隊員暴行・恐喝〕）事件：東京高判平成26年4月23日労判1096号19頁）。
### （3） 安全配慮義務違反に基づく債務不履行責任
　国または地方公共団体は、信義則上、職員に対する安全配慮義務や職場環境配慮義務を負っていると解されている。したがって、ハラスメントを受けた職員は、国や地方公共団体が安全配慮義務・職場環境配慮義務に違反した等と主張して、債務不履行責任を追及することも考えられる。
　最高裁判所は、自衛隊員が車両整備に従事していた際に、後進してきた他の自衛隊員運転の車両に頭部を轢かれ、死亡したという事案について、「国は、公務員に対し、国が公務遂行のために設置すべき場所、施設もしくは器具等の設置管理又は公務員が国もしくは上司の指示のもとに遂行する公務の管理にあたって、公務員の生命及び健康等を危険から保護するよう配慮すべき義務（以下「安全配慮義務」という。）を負っている」、「安全配慮義務は、ある法律関係に基づいて特別な社会的接触の関係に入った当事者間において、当該法律関係の付随義務として当事者の一方又は双方が相手方に対して信義則上負う義務として一般的に認められるべきものであって、国と公務員との間においても別異

に解すべき論拠はなく、公務員が前記の義務を安んじて誠実に履行するためには、国が、公務員に対し安全配慮義務を負い、これを尽くすことが必要不可欠」として、国の安全配慮義務違反による債務不履行責任を認めた（陸上自衛隊八戸駐屯地事件：最三小判昭和50年2月25日民集29巻2号143頁）。

当該事案は、事故事案であるが、国または地方公共団体に対し、ハラスメントに関する安全配慮義務違反・職場環境配慮義務違反に基づく債務不履行責任を追及する上でも参考になる。

### 3　公務災害

ハラスメントによって心身の健康を害した場合には、公務災害の認定および補償を請求することが考えられる（国公災1条、地公災1条。詳細は、第9章参照）。

認定基準に関しては、国家公務員については、「災害補償制度の運用について」（昭和48年11月1日職厚-905）、「心・血管疾患及び脳血管疾患の公務上災害の認定について」（令和3年9月15日職補-266）、「精神疾患等の公務上災害の認定について」（平成20年4月1日職補-114）などがある。また、地方公務員については、「公務上の災害の認定基準について」（平成15年9月24日地基補第153号）、「心・血管疾患及び脳血管疾患の公務上の災害の認定について」（令和3年9月15日地基補第260号）、「精神疾患等の公務上災害の認定について」（平成24年3月16日地基補第61号）などがある。

例えば、地方公務員の業務負荷の分析表の「6　対人関係等の職場環境」においては、「（1）　パワーハラスメント」、「（2）　職場でのトラブル」、「（3）セクシュアルハラスメント」が項目として定められている。そして、パワーハラスメントについては、上司等により、人格や人間性を否定するような、業務上明らかに必要性がないまたは業務の目的を大きく逸脱した精神的攻撃が執拗に行われた場合が例として挙げられている。

### 4　刑事告訴

ハラスメント行為が、刑法上の犯罪に触れる場合（暴行罪〔同法208条〕、傷害罪〔同法204条〕、強制わいせつ罪〔同法176条〕、強制性交等罪〔同法177条〕、

名誉毀損罪〔同法230条〕等）には、刑事告訴をすることも考えられる。

## Ⅳ 国および地方公共団体の対応

### 1 加害者に対する処分

　職員がその職に必要な適格性を欠く場合等においては、その意に反して、これを降格し、または免職することができる旨規定されている（国公78条、地公28条1項）。また、職員が法令に違反した場合、職務上の義務に違反した場合、全体の奉仕者たるにふさわしくない非行のあった場合等においては、懲戒処分として戒告、減給、停職または免職の処分をすることができる旨規定されている（国公82条1項、地公29条1項）。

　したがって、国や地方公共団体は、ハラスメントの加害者に対して、分限処分や懲戒処分を行うことも検討すべきである（詳細は、第4章参照）。

### 2 近時の判例

　近時の判例としては、パワハラの加害者に対する分限免職処分（地公28条1項1号・3号）が争われた長門市・市消防長事件がある。

　この事件は、消防職員であるXが部下等の立場にあった約30名に対し、長期間にわたって、身体や顔面の殴打などの暴行や、「クズが遺伝子を残すな」などの暴言、卑わいな言動やプライバシー侵害行為等（以下「本件各行為」という）を繰り返してきたことについて、任命権者である長門市消防長がXに対し、「消防職員としての資質を欠き改善の余地がなく、本件各行為によるXの消防組織全体への影響が大きい」などとして、分限免職処分を行ったことに対し、Xが不服として取消しを求めた事案である。

　これについて、原審（広島高判令和3年9月30日労判1277号15頁）は、Xの消防職員としての素質、性格等には問題があるとしながらも、消防組織における公私にわたる職員間の濃密な人間関係、上司が部下に対して厳しく接する傾向などを踏まえ、本件各行為も、こうした独特な職場環境を背景として行われたものというべきであるとして、Xには本件処分に至るまで、自身の行為を改める機会がなかったことや、本件各行為は、単にX個人の素質・性格等にの

み基因して行われたものとはいいがたいため、Xを分限免職とするのは重きに失するというべきとして、本件処分を違法と判断した。

　しかし、最高裁判所は、「こうした長期間にわたる悪質で社会常識を欠く一連の行為に表れたXの粗野な性格につき、公務員である消防職員として要求される一般的な適格性を欠くとみることが不合理であるとはいえない。また、本件各行為の頻度等も考慮すると、上記性格を簡単に矯正することはできず、指導の機会を設けるなどしても改善の余地がないとみることにも不合理な点は見当たらない。さらに、本件各行為により上告人の消防組織の職場環境が悪化するといった影響は、公務の能率の維持の観点から看過し難いものであり、特に消防組織においては、職員間で緊密な意思疎通を図ることが、消防職員や住民の生命や身体の安全を確保するために重要であることにも鑑みれば、上記のような影響を重視することも合理的であるといえる。そして、本件各行為の中には、Xの行為を上司等に報告する者への報復を示唆する発言等も含まれており、現に報復を懸念する消防職員が相当数に上ること等からしても、Xを消防組織内に配置しつつ、その組織としての適正な運営を確保することは困難であるといえる」などとして、分限免職処分をした消防長の判断が合理性をもつものとして許容される限度を超えたものであるとはいえず、本件処分が裁量権の行使を誤った違法なものであるということはできないと判断した（長門市・市消防長事件：最三小判令和4年9月13日労判1277号5頁）。

　このように、最高裁判所も、公務員のパワハラ行為を厳しくみたといえる点が注目に値する。

# 第9章 公務員の災害補償

## I　はじめに

　公務員が公務に従事する間に負傷したり、病気になったりしたとき、民間労働者であれば労災保険給付が得られる場合があるのと同様に、災害補償を受けられる可能性がある。ただし、民間労働者では労働者災害補償保険法（以下「労災保険法」という）が適用されるのに対して、国家公務員には国家公務員災害補償法（以下「国公災法」という）、地方公務員には地方公務員災害補償法（以下「地公災法」という）が主に適用される。したがって、被災した公務員から相談を受ける弁護士は、これらの法制度の概要を理解しておく必要がある。以下では、国家公務員・地方公務員の順で制度の概要を説明する。

　なお、公務員が被災した場合、災害補償制度とは別に、国や地方公共団体に対して安全配慮義務違反等を理由に損害賠償請求できる場合があり、このことは民間労働者と同じである。ただし、公務員の場合、損害賠償請求の法的根拠としては、国家賠償法1条（「公権力の行使」の要件が否定されれば民法709条または715条）に基づく責任と、信義則上の安全配慮義務（陸上自衛隊八戸駐屯地事件：最三小判昭和50年2月25日民集29巻2号143頁）違反に基づく責任との請求権競合が考えられる（公立八鹿病院組合ほか事件：広島高松江支判平成27年3月18日労判1118号25頁等）。本章では損害賠償責任の詳細については割愛する。

## II　国家公務員の災害補償

### 1　概　要

#### （1）制度の目的・性格

　国家公務員災害補償制度は、一般職の国家公務員（国家公務員法2条に規定す

る一般職に属する職員）が公務上の災害または通勤による災害を受けた場合に、国または行政執行法人が使用者として、その職員またはその遺族に対し、その災害によって生じた災害を補償し、併せて被災職員の社会復帰の促進並びに被災職員およびその遺族の援護を図るために必要な福祉事業を行うことを目的としている（国公災1条1項）。

　国家公務員災害補償制度は、国が職員の使用者としての無過失責任に基づいて、職員等の被った損害を補填するものであり、損害賠償的性格を有している。民事上の損害賠償責任と比較すると、使用者（国）の無過失責任主義を採っていること、職員に生じた身体的損害のみを補填の対象とし、物的損害や慰謝料等の精神的損害は対象としないこと、補償の迅速な実施のためにあらかじめ定められた基準に従い療養補償および介護補償を除き定型的な内容で給付が行われること、そのため療養補償を除き原則として損害の全額でなくその一定割合分を補償するものという点で異なっている。

### （2）　法体系の構造

　国家公務員に適用される災害補償制度の根拠法令は、次のとおりである。

　国家公務員法93条～95条を受けて国公災法が制定され、さらに人事院規則や人事院通達が整備されている。

　人事院規則には、16-0（職員の災害補償）、16-2（在外公館に勤務する職員、船員である職員等に係る災害補償の特例）、16-3（災害を受けた職員の福祉事業）、16-4（補償及び福祉事業の実施）、13-3（災害補償の実施に関する審査の申立て等）などがある。

## 2　適用対象者

　一般職に属する国の職員については、常勤たると非常勤たるとを問わず、全て国公災法に基づいて補償が行われる。したがって、適用対象者には、常勤職員、非常勤職員、非現業職員、現業職員のいずれもが含まれる。さらに独立行政法人通則法51条が規定する行政執行法人（統計センター、造幣局、国立印刷局等）の職員も対象となる。

　以上に対し、特別職の国家公務員は国家公務員災害補償制度の対象となっていない。もっとも、［図表11］で掲げるとおり、個別法によって国公災法の規

定を準用、あるいは国の一般職の例によることとされており、概ね国公災法が適用される職員と同一水準の補償が行われている。

[図表11：特別職国家公務員の災害補償制度の根拠法令等]

| 特別職の類型 | 適用法令等 | 結論 |
|---|---|---|
| 国会職員 | 国会職員法26条の2、両院議長協議決定 | 政府職員の例による |
| 国会議員の秘書 | 国会議員の秘書の給与に関する法律18条、両院議長協議決定 | 政府職員の例による |
| 裁判官 | 裁判官の災害補償に関する法律 | 一般職の国家公務員の例による |
| 裁判所職員 | 裁判所職員臨時措置法 | 国公災法の規定を準用 |
| 内閣総理大臣等その他の特別職 | 特別職の職員の給与に関する法律15条 | 一般職の職員の例による |
| 防衛省職員 | 防衛省の給与等に関する法律27条 | 国公災法の規定を準用 |

このほか、国家公務員ではない国会議員については、国会議員の歳費、旅費及び手当等に関する法律12条の3の規定により両議員の議長が協議して定めるところによることとされ、これを受けた「国会議員の公務上の災害に対する補償等に関する規程」に基づき、国公災法によることとされている。

## 3 「公務災害（公務上の災害）」とは

### (1) 意　義

被災職員が補償を得るには「公務上の災害」と認められる必要がある。

公務上の災害とは、職員がそれぞれの職務遂行に際して被った負傷、疾病、障害または死亡をいう（国公災1条、人事院規則16−0（職員の災害補償）2条）。

職員の負傷等が「公務上の災害」と認められるためには、これらの災害が官の支配（管理）下で発生したものであること（「公務遂行性」）が必要であり、かつ、公務と事故、事故と災害との間に相当因果関係があること（「公務起因性」）が必要とされている。

## （2） 公務遂行性

公務遂行性が認められる具体的な場合として次のものがある。

① 官の支配下にあり、かつ管理下にあって、公務に従事している場合
② 官の支配下にあり、かつ、管理下にあるが、公務に従事していない場合（休憩時間等）
③ 官の支配下にあるが、管理下を離れて公務に従事している場合（出張、公用外出等のように勤務場所を離れて公務に従事しているとき等）
④ 官の支配管理下で実施されるレクリエーション行事に参加している場合
⑤ 公務の性質を有して通勤している場合（人事管理上の必要性、業務の緊急性、通常の通勤時間帯ではない出退勤等、官等の支配拘束性が強く及んでいる通勤の状態。いわゆる「公務通勤」という）

ただし、後述（5）の「特殊な疾病」に分類される「非事故性の疾病」において「公務遂行性」とは官の支配管理下にある状態において有害因子を受けることを意味すると解される。また、このような「特殊な疾病」について「職業病リスト」が採用されており（人事院規則16-0（職員の災害補償）別表第一第2号～第9号）、このリストに列挙される疾病に該当すれば次にみる公務起因性が推定されるため、この場合には公務遂行性は問題とならない（徐婉寧『ストレス性疾患と労災救済』（信山社、2014年）286頁参照）。

## （3） 公務起因性

### ア 公務起因性の判断

公務起因性については、上述のとおり、公務と事故、事故と災害との間に相当因果関係があることが必要であるが、その相当因果関係の有無は、経験則に照らして、当該災害が、公務に通常伴う危険（公務従事に伴う危険および公務に内在する危険をいう）が具体化したものといえるかどうかで判断される。さらに、認定実務上は、この相当因果関係が認められるのに、公務が災害の発生にとって相対的に有力な原因であることが必要であり、かつ、それで足りると考えられている。

### イ 公務遂行性の具体的内容に応じた公務起因性の判断

公務起因性の判断を上記の公務遂行性の具体的内容に応じて示すと、次のとおりである。

① 官の支配下にあり、かつ管理下にあって、公務に従事している場合

この場合の災害発生原因は、他に特別な原因のない限り、職務遂行行為または官等の施設のいずれかである。したがって、公務起因性が証明され、公務起因性に対する反証事由が存在しない場合には、公務起因性が認められる。

② 官の支配下にあり、かつ、管理下にあるが、公務に従事していない場合

この場合の災害発生原因は、他に特別な原因のない限り、私的行為または官等の施設のいずれかである。したがって、施設等の設備の不完全または管理上の不注意その他所属官署の責めに帰すべき事由が認められない限り、公務起因性は認められない。

③ 官の支配下にあるが、管理下を離れて公務に従事している場合

この場合の災害発生原因は、他に特別な原因のない限り、職務遂行行為またはそれに係る第三者の施設の欠陥等のいずれかである。したがって、公務遂行性が証明され、公務起因性に対する反証事由が存在しない場合には、公務起因性が認められる。

④ 官の支配管理下で実施されるレクリエーション行事に参加している場合

この場合の災害発生原因は、他に特別な原因のない限り、レクリエーション行事への参加である。したがって、公務起因性の反証事由が存在しない場合には、公務起因性が認められる。

⑤ 公務の性質を有して通勤している場合

この場合の災害発生原因は、他に特別な原因のない限り、官等の支配拘束性が強く及んでいる通勤（いわゆる公務通勤）である。したがって、公務起因性に対する反証事由が存在しない場合には、公務起因性が認められる。

（4） **公務災害の範囲**

以上は「公務上外」を判断するための一般的な考え方であるが、これに基づいて人事院規則16-0（職員の災害補償）2条および「災害補償制度の運用について」（昭和48年職厚-905）の「第2」が公務災害の範囲をより具体的に定めている。その内容の一部は次のとおりである。

① 公務上の負傷

- 職務の遂行等に起因する負傷
- 施設の不完全または管理上の不注意等によって発生した負傷
- 職務の遂行に伴う怨恨によって発生した負傷
- 公務上の負傷または疾病と相当因果関係をもって発生した負傷
- その他公務と相当因果関係をもって発生した負傷

② 公務上の疾病
- 公務上の負傷に起因する疾病（規則16－０別表第一第１号）
- 規則16－０別表第一第２号から第９号までに掲げる疾病（職業性疾病）
- その他公務に起因することの明らかな疾病（規則16－０別表第一第10号）

③ 公務上の障害または死亡

　公務上の障害または死亡とは、公務上の負傷または疾病と相当因果関係をもって生じたものをいう。

### （５）　特殊な疾病の公務上の判断基準

（４）②のうち「職業性疾病」等の特殊な疾病については、その認定基準についてさらに次のような解釈通達等が用意されているため、被災職員の疾病に応じて通達を確認する必要がある。

- 腰痛に関する公務上の災害の認定について（昭和52年職補-34）
- 放射線障害に関する公務上の災害の認定について（昭和57年職補-609）
- 上肢作業に従事する職員に係る公務上の疾病の認定について（平成９年職補-125）
- 上肢作業に従事する職員に係る公務上の疾病の認定に際しての留意点（平成９年職補-126）
- 頸肩腕症候群長期療養者に関する取扱い方針（昭和55年３月職員局補償課）
- 心・血管疾患及び脳血管疾患の公務上災害の認定について（令和３年職補-266）
- 精神疾患等の公務上災害の認定について（平成20年職補-114）
- 「精神疾患等の公務上災害の認定について」の改正の留意点について（令和６年職補-31）

## 4 通勤災害

### (1) 意 義

通勤災害とは、職員が勤務を提供するために住居と勤務官署との間を合理的な経路および方法で移動途中に負傷、疾病、障害および死亡するに至った災害をいう（国公災1条・1条の2、人事院規則16-0（職員の災害補償）3条・3条の2）。

通勤災害保護制度とは、「通勤なければ勤務なし」といわれるように、官等の支配管理外で行われる通勤行為（出退勤行為）の中で発生した災害について、「通勤」と「勤務の提供」との間の密接な関連性に基づき、一定の範囲内において特別な保護を与え、公務災害とほぼ同様の補償をしようとするものである。

### (2) 通勤災害の範囲

#### ア 「通勤」とは

「通勤」とは、職員が、勤務のため、次に掲げる移動を、合理的な経路または方法により行うことをいう（公務の性質を有するもの（いわゆる公務通勤）は除かれる）。

① 住居と勤務場所との間の往復
② 一の勤務場所から他の勤務場所への移動、その他の人事院規則で定める就業の場所から勤務場所への移動（国家公務員法103条1項の規定に違反して同項に規定する営利企業を営むことを目的とする団体の役員、顧問または評議員の職を兼ねている場合その他の人事院規則で定める職員に関する法令の規定に違反して就業している場合における当該就業の場所から勤務場所への移動を除く）
③ 前記①に掲げる往復に先行し、または後続する住居間の移動（人事院規則16-0第3条の2第3項で定める要件に該当するものに限る）

#### イ 逸脱・中断

職員が、上記アの①～③に掲げる移動の経路を逸脱し、または上記に掲げる移動を中断した場合には、当該逸脱または中断の間およびその後の上記に掲げる移動は、通勤災害保護制度の対象となる「通勤」としないこととされている。ただし、当該逸脱または中断が、日常生活上必要な行為であって人事院規則

16-0（職員の災害補償）3条の2第4項で定めるものを、やむを得ない事由により行うための必要最小限である場合は、当該逸脱および中断の間を除き、この限りでない。

## 5　補償内容

### （1）補償とは

被災職員またはその遺族の受けた損害の填補を目的として行われる基本的給付である。これに対して、後述の福祉事業は補償を補完する付加的給付である。

補償は被災職員の権利であり、国はその実施義務を負っている。

補償の実施については、これに相当する労働基準法、労災保険法、船員法および船員保険法による業務災害・通勤災害に対する保険給付の実施との間で均衡を失わないように十分配慮しなければならないと定められている（国公災23条）。

### （2）補償の種類

補償の種類には、以下のものがある。

① 療養補償

　　公務上または通勤により負傷し、または疾病にかかった場合、治癒するまでの間、必要な療養を行い、または必要な療養の費用を支給する。

② 休業補償

　　公務上または通勤により負傷し、または疾病にかかり、療養のため（治癒するまでの間）勤務することができない場合において、給与を受けないとき、平均給与額（W）またはWとその日支払われた給与との差額の100分の60を支給する。ただし、傷病補償年金が支給される場合には、支給されない。

　　なお、労災保険においては「賃金を受けない日の第四日目から支給するもの」とされているが（労災保険法14条1項）、国公災法ではそのような限定はなく、「給与を受けないときは」1日目から休業補償の支給対象となる（国公災12条）。

③ 傷病補償年金

　　療養の開始後1年6か月を経過した日において、傷病が治癒せず、当該

傷病による障害の程度が傷病等級（第1級〜第3級）に該当する場合、傷病等級に応じ、Wの313日分〜245日分の年金を支給する。
④　障害補償年金

　　傷病の治癒後、障害等級第1級〜第7級に該当する障害が存する場合、障害等級に応じ、Wの313日分〜131日分の年金を支給する。
⑤　障害補償一時金

　　傷病の治癒後、障害等級第8級〜第14級に該当する障害が存する場合、障害等級に応じ、Wの503日分〜56日分の一時金を支給する。
⑥　介護補償

　　障害補償年金または障害補償年金の受給権者が、年金の支給事由となった障害により、常時または随時介護を要する状態にあり、かつ、介護を受けている場合に、要介護の程度や介護を行う者に応じ、17万7950円〜4万600円／月の額を支給する。
⑦　遺族補償年金

　　職員が公務上または通勤により死亡した場合において、一定の要件を備えた遺族があるとき、遺族の人数に応じ、Wの245日分〜153日分の年金を支給する。
⑧　遺族補償一時金

　　ⓐ　職員が公務上または通勤により死亡した場合において、他に年金受給資格者（⑦の要件を備えた遺族）がないとき、遺族の区分に応じ、Wの1000日分、700日分または400日分の一時金を支給する。

　　ⓑ　遺族補償年金の受給権者が失権した場合において、他に年金受給資格者がなく、すでに支給された年金等の合計額がⓐの額に満たないとき、その差額を支給する。
⑨　葬祭補償

　　職員が公務上または通勤により死亡した場合において、葬祭を行う者に対し、31万5000円にWの30日分を加えた額（この合計額がWの60日分を下回る時はWの60日分の額）を支給する。
⑩　障害補償年金差額一時金

　　障害補償年金の受給権者が死亡した場合において、その者にすでに支給

された障害補償年金および障害補償年金前払一時金の合計額が障害等級に応じた一定額（第1級でWの1340日分、第7級でWの560日分）に満たないとき、遺族にその額を支給する。

⑪ 障害補償年金前払一時金

障害補償年金の受給権者から申出があった場合、年金の前払いとして、障害等級に応じWの1340日分〜560日分の範囲内で受給権者が選択した額を支給する。

⑫ 遺族補償年金前払一時金

遺族補償年金の受給権者から申出があった場合、年金の前払いとして、Wの1000日分の範囲内で受給権者が選択した額を支給する。

(3) 船員である職員についての特例

船員については、(2)の補償に加えてさらに次の特別の補償が認められている。

○ 予後補償

船員が治癒後勤務できない場合において、給与を受けないとき、1か月を限度に、Wの100分の60を支給する。

○ 行方不明補償

船員が公務上行方不明になった場合は、その被扶養者に対し、行方不明の間（3か月を限度）、Wに相当する額を支給する。

(4) 警察官や在外公館職員等についての特例

警察官や在外公館職員等の生命や身体に対する高度の危険が予測される状況下において業務に従事する可能性のある職員が、そのような業務に従事したために公務上の災害を受けた場合には、傷病補償年金、障害補償および遺族補償について100分の50の範囲内で加算することができる（国公災20条の2、人事院規則16-0（職員の災害補償）32条、人事院規則16-2（在外公館に勤務する職員、船員である職員等に係る災害補償の特例）6条の2）。

(5) 平均給与額とは

平均給与額（W）とは、補償額の算定にあたって基準となる金額のことであるが、原則として、事故発生日の属する月の前月の末日から起算して過去3か月間（特別給を除く）の総額をその期間の総日数で除して得た額である（国公

災4条1項)。

平均給与額の算定にあたって基礎となる給与の範囲は、職員の種類ごとに決められている（国公災4条2項、人事院規則16-0（職員の災害補償）9条～11条）。

## 6 福祉事業

### （1） 意義・性質

福祉事業は、補償を追完する付加的給付として、被災職員の社会復帰の促進や被災職員およびその遺族の援護のために行われるものである。

補償は国が被災職員の損害填補のために実施義務を負うのに対して、福祉事業は人事院および実施機関がその道義的責任に基づいて裁量によって行うものとされており、性格を異にする。第三者による加害事故の場合、補償については第三者による損害賠償との給付間調整を行うことがあるが、福祉事業は性質を異にするがゆえに調整は行われない。

### （2） 福祉事業の種類

福祉事業の種類には以下のものがある（国公災22条、人事院規則16-3（災害を受けた職員の福祉事業）、「災害補償制度の運用について」（昭和48年職厚-905）第18)。

① 外科後処置に関する事業

　障害等級に相当する障害が存する職員のうち、義肢装着のための断端部の再手術、醜状軽減のための処置等が必要と認められる職員に対し、診察、治療等の処置が行われる。

② 補装具に関する事業

　障害等級に相当する障害が存する職員には、障害に応じて義肢、義眼、眼鏡、補聴器、車いす等が支給される。

③ リハビリテーションに関する事業

　障害等級に相当する障害を存する職員のうち、社会復帰のために身体的機能の回復等の措置が必要であると認められる職員に対しては、機能訓練、職業訓練等を行い、または、その費用が支給される。

④ アフターケアに関する事業

　傷病の治癒後であっても、外傷による脳の器質的損傷を受けた者、せき

髄を損傷した者、白内障等の眼疾患を有する者および慢性のウイルス肝炎となった者等で障害等級に該当した者、精神疾患に罹患した者等で医師の医学的意見により必要と認められた者等に対しては、診察、治療等の処置を行い、またはその費用が支給される。

⑤　休業援護金の支給

休業補償を受ける者等に対し、Ｗの100分の20を支給する。

⑥　ホームヘルプサービスに関する事業

在宅で介護を要する重度被災職員（障害等級第3級以上）に対し、介護事業者からの介護サービス等の供与を行い、またはその費用が支給される（3割は自己負担）。

⑦　奨学援護金の支給

傷病補償年金、障害補償年金（第3級以上）または遺族補償年金の受給権者で子等の学費の支弁が困難な者に対し、学校の区分に応じ、在学者1人あたり3万9000円〜1万5000円／月が支給される（ただし、補償に係るＷが1万6000円以下である場合に限る）。

⑧　就労保育援護金の支給

傷病補償年金、障害補償年金（第3級以上）または遺族補償年金の受給権者で自己またはその家族等の就労のため未就学の子を保育所等に預けている者のうち保育費用を援護する必要があると認められる者等（補償に係るＷが1万6000円以下）に対し、保育児1人あたり8000円／月が支給される。

⑨　特別支給金の支給

・傷病特別支給金…傷病補償年金の受給権者に対し、傷病等級に応じ、114万円〜100万円の一時金が支給される。

・障害特別支給金…障害補償の受給権者に対し、障害等級に応じ、342万円〜8万円の一時金が支給される。

・遺族特別支給金…遺族補償の受給権者に対し、年金・一時金の区分、および遺族の区分に応じ、300万円〜120万円の一時金が支給される。

⑩　特別援護金（労災保険にはない特別の内容である）の支給

・障害特別援護金…障害補償の受給権者に対し、障害等級に応じ、公務上の災害については1435万円〜50万円、通勤災害については915万円〜40万円の一時金が支給される。
・遺族特別援護金…遺族補償の受給権者に対し、年金・一時金の区分、および遺族の区分に応じ、公務上の災害については1735万円〜695万円、通勤災害については1045万円〜420万円の一時金が支給される。

⑪　特別給付金の支給
・傷病特別給付金…傷病補償年金の受給権者に対し、傷病補償年金に特別給支給率（2割が上限）を乗じた額が年金として支給される。
・障害特別給付金…障害補償の受給権者に対し、障害補償に特別給支給率（2割が上限）を乗じた額が年金または一時金として支給される。
・遺族特別給付金…遺族補償の受給権者に対し、遺族補償に特別給支給率（2割が上限）を乗じた額が年金または一時金として支給される。
・障害差額特別給付金…障害補償年金差額一時金の受給権者に対し、人事院規則16-3（災害を受けた職員の福祉事業）19条の13に基づき算出される金額が一時金として支給される。

⑫　長期家族介護者援護金の支給
　　常時介護を要する重度障害者が、公務災害や通勤災害と認められる事由によらずに死亡したときには、その遺族に対して、100万円が支給される。

## 7　補償の実施

### （1）実施機関と人事院

　国公災法に基づく補償の実施機関は、人事院の指定を受けた25の府省庁と7の行政執行法人である（国公災3条、人事院規則16-0（職員の災害補償）5条・別表第二・別表第二の二）。なお、旧郵政被災職員については日本郵政株式

会社が実施機関となる（国公災附則22項）。

他方、人事院も国公災法の完全な実施の責に任ずることとされており、具体的には、国公災法の実施および解釈に関して必要な人事院規則等を制定すること、実施機関が行う補償および福祉事業の実施についての総合調整を行うこと、補償、福祉事業の実施について調査し、報告を求めること等の権限と責任を有している（国公災2条）。つまり、中央人事行政機関としての人事院による総合調整、実施責任の下に、使用者の立場にある各府省庁等が実施機関として補償を実施しているということである。

実施機関の権限には次のものがある（人事院規則16-0（職員の災害補償）6条）。

① 公務上の災害の認定
② 通勤による災害の認定
③ 療養の実施
④ 平均給与額の決定
⑤ 傷病等級の決定
⑥ 負傷または疾病が治ったことの認定
⑦ 障害等級の決定
⑧ 常時または随時介護を要する状態にあることの決定
⑨ 補償金額の決定
⑩ ①～⑨以外の国公災法または人事院規則に定める権限（災害補償並びに被災職員およびその遺族の福祉事業に関する権限等）

**（2） 補償事務主任者**

実施機関の長は、人事院の定める組織区分ごとに、それぞれの組織に属する職員のうちから補償事務主任者を指名している（人事院規則16-0（職員の災害補償）8条）。

**（3） 職権探知主義**

国公災法は、原則として、国が自ら進んで公務上の災害、通勤による災害を把握し、補償を行っていく立場を採っており、補償事務主任者を通じて積極的に災害の発生状況を捉えさせることとしている（職権探知主義の採用）。

そのため、民間労働者や地方公務員の場合とは異なり、被災職員等からの請

求を待つことなく、実施機関が自ら公務災害・通勤災害の認定を行い、公務災害等と認定した場合は被災職員等に対して、国公災法に基づく権利を取得した旨速やかに通知しなければならない（国公災8条）。

職権探知主義の下では、この通知義務が被災職員の補償を受ける権利を実質化するものとして重要である。実施機関が被災職員等に対して行う前記通知は「8条通知」とも呼ばれており、「公務災害補償通知書」「通勤災害補償通知書」により通知される。

（4）時　効

このように実施機関が被災職員等に「公務災害補償通知書」等により通知した場合は、被災職員等は、国に対し、当該通知書に記載してある公務災害補償等を受ける権利（公務災害補償等の請求権）を取得する。

この補償を受ける権利は2年間（傷病補償年金・障害補償および遺族補償については5年間）行わないときは時効によって消滅する（国公災28条本文）。

ただし、（3）で述べたように、国家公務員災害補償制度においては、被災職員等の請求に基づいて公務災害に当たるかどうかの認定を行うという「請求主義」が採られていない。このことの帰結として、前記期間の経過後であっても、実施機関が8条通知をしたことまたは自己の責めに帰すべき事由以外の事由によって通知をすることができなかったことを立証できなければ、被災職員等の補償を受ける権利は時効によって消滅しないとされている（国公災28条ただし書）。要するに、公務上の災害が発生しているのに、実施機関が被災職員等に通知をしなければ、補償を受ける権利の消滅時効は進行しない。この場合、前記期間の経過後であっても、被災職員等が実施機関に対して公務災害等の発生を申し出ることは制限されない、ということである。

国家公務員災害補償制度においては、使用者が無過失責任に基づいて被災職員等に対して補償を行うものとされており、このため、善良な使用者として、自ら災害を探知して直接補償を行うこととされるとともに、使用者が災害を探知できなかったことによる時効の不利益を被災職員等に負わせないため、各府省庁が被災職員等に対して8条通知を怠ったときは時効が進行しないこととされているものである。

### （5） 特定疾病等の認定が困難な事案

腰痛、石綿による疾病、脳・心臓疾患および精神疾患等の特定疾病や公務上外の認定が困難な事案については、実施機関は人事院事務総局職員福祉局長と協議して認定するものとされている（人事院規則16-0（職員の災害補償）22条1項、「災害補償制度の運用について」（昭和48年職厚-905）第二、2（4）（5））。

[図表12：国家公務員の災害発生から認定・通知までの手順]

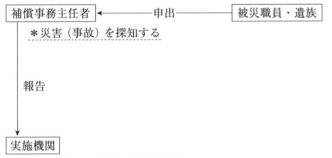

## 8　不服申立手続

### （1）　行政段階

国家公務員が、実施機関の行った公務上の災害や通勤災害の認定、補償金額の決定等補償の実施について不服がある場合、審査の申立てを人事院に対して行うことができる。人事院は、速やかにこれを審査して判定を行い、これを本人と実施機関に通知しなければならない（国公災24条）。人事院による審査の順序は、[図表13] のとおりである。

福祉事業の実施に関して不服がある場合も、人事院に対し、実施機関により

251

適当な措置が講ぜられることを申し立てることができる（国公災25条）。例えば、アフターケアを認めてほしい、奨学援護金や、遺族特別支給金・遺族特別援護金の支給内容について不服がある、といった場合である。

いずれの不服申立てについても、災害補償審査委員会による審理を経て、判定がなされる（人事院規則13-3（災害補償の実施に関する審査の申立て等））。

人事院に対する審査の申立てについては、実施機関の公務外認定通知があった時点から特に期間制限は定められていない。したがって、公務外認定通知があってから期間徒過の問題は生じない。

再審査の手続はない。

[図表13：審査申立てについての人事院の審査の順序]

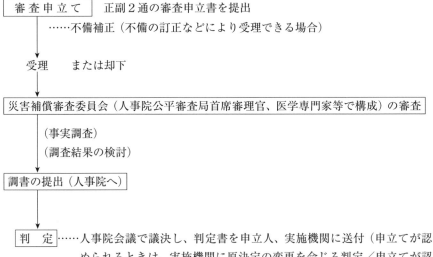

（出典：人事院公平審査局「災害補償審査　福祉事業措置申立ての手引（令和6年3月版）」11頁を簡略化）

[書式15：災害補償審査申立書（職員本人が申し立てる場合）]

災害補償審査申立書（A）
（災害を受けた職員本人が審査申立てをする場合）

（審査申立て年月日）
令和＿＿＿年＿＿＿月＿＿＿日

人事院総裁　殿

　　　　　　　　　　審査申立人＿＿＿＿＿＿＿＿＿＿＿＿＿＿

国家公務員災害補償法第24条により、次のように審査を申し立てます。

| | |
|---|---|
| (1) 審査申立人<br>（災害を受けた職員） | （ふりがな）<br>氏　名＿＿＿＿＿＿＿＿＿＿（昭・平＿＿年＿＿月＿＿日生）<br>住　所（〒＿＿＿＿－＿＿＿＿＿）<br>＿＿＿＿＿＿＿＿＿＿＿＿＿＿＿＿＿＿＿＿＿＿＿＿＿＿＿<br>電話番号＿＿＿＿＿－＿＿＿＿＿－＿＿＿＿＿<br>災害発生当時の勤務官署等＿＿＿＿＿＿＿＿＿＿＿＿＿＿＿<br>災害発生当時の官職＿＿＿＿＿＿＿＿＿＿＿＿＿＿＿＿＿＿<br>審査申立時（又は離職時）の勤務官署等＿＿＿＿＿＿＿＿＿ |
| (2) 補償に関する実施機関の通知の要旨及び年月日 | |
| (3) 審査申立ての趣旨及び理由 | |

[書式16：災害補償審査申立書（遺族または代理人が申し立てる場合）]

災害補償審査申立書（B）
（災害を受けた職員の遺族又は代理人が審査申立てをする場合）

（審査申立て年月日）
令和＿＿＿＿年＿＿＿＿月＿＿＿＿日

人 事 院 総 裁　殿

　　　　　　審査申立人（又は代理人）＿＿＿＿＿＿＿＿＿＿＿＿＿＿＿

国家公務員災害補償法第24条により、次のように審査を申し立てます。

| (1) 審査申立人 | （ふりがな）<br>氏　名＿＿＿＿＿＿＿＿＿＿＿＿（昭・平＿＿年＿＿月＿＿日生）<br>住　所（〒＿＿＿＿－＿＿＿＿＿）<br>＿＿＿＿＿＿＿＿＿＿＿＿＿＿＿＿＿＿＿＿＿＿＿＿＿＿＿＿＿＿＿＿<br>電話番号＿＿＿＿＿＿－＿＿＿＿＿－＿＿＿＿＿＿<br>災害を受けた職員との続柄又は関係＿＿＿＿＿＿＿＿ |
| --- | --- |
| (2) 代理人 | （ふりがな）<br>氏　名＿＿＿＿＿＿＿＿＿＿＿＿<br>住　所（〒＿＿＿＿－＿＿＿＿＿）<br>＿＿＿＿＿＿＿＿＿＿＿＿＿＿＿＿＿＿＿＿＿＿＿＿＿＿＿＿＿＿＿＿<br>電話番号＿＿＿＿＿＿－＿＿＿＿＿－＿＿＿＿＿＿ |
| (3) 災害を受けた職員 | （ふりがな）<br>氏　名＿＿＿＿＿＿＿＿＿＿＿＿（昭・平＿＿年＿＿月＿＿日生）<br>災害発生当時の勤務官署等＿＿＿＿＿＿＿＿＿＿＿＿＿＿＿＿＿＿<br>災害発生当時の官職＿＿＿＿＿＿＿＿＿＿＿＿＿＿＿＿＿＿＿＿＿＿<br>審査申立時（又は離職時）の勤務官署等＿＿＿＿＿＿＿＿ |
| (4) 補償に関する実施機関の通知の要旨及び年月日 | |
| (5) 審査申立ての趣旨及び理由 | |

## (2) 訴訟での争い方

### ア 訴訟類型

　国公災法では請求主義ではなく職権探知主義が採られていることの帰結として、実施機関による公務上外の認定は行政処分と考えられていない。それゆえ、被災職員等は、公務外の認定に対して抗告訴訟を提起することはできない（大蔵省近畿財務局事件：大阪地判昭和63年3月28日判タ699号202頁）。また、人事院に対して審査の申立てがなされた場合、人事院の判定結果が本人と実施機関に通知されるが（国公災24条2項）、その判定は行政処分と考えられておらず、人事院の判定に対して抗告訴訟を提起することもできない（水産庁事件：東京地判昭和44年1月24日行集20巻1号11頁）。

　そこで、災害補償金請求という形で給付訴訟を選択すること（広島南税務署事件：広島高判昭和53年3月22日判タ366号285頁）、国公災法による補償給付を受ける地位を有することの確認を求める確認訴訟を選択すること（国（陸上自衛隊員訓練死）事件：旭川地判令和2年3月13日労判1224号23頁、八雲郵便局事件：松江地判昭和55年9月10日判タ430号106頁）が考えられる。

　裁判所に提訴する前に人事院に対する審査申立てを行っておく必要はない。

### イ 裁判所の依拠する実体的基準

　裁判所が依拠する公務上外の判断基準については、「『職員が公務上死亡した場合』とは、職員が公務に基づく負傷又は疾病に起因して死亡した場合をいい、右負傷又は疾病と公務との間には相当因果関係のあることが必要であり、その負傷又は疾病が原因となって死亡事故が発生した場合でなければならない」と判示した最高裁判決（熊本地裁八代支部廷吏事件：最二小判昭和51年11月12日集民119号189頁）や、疾病の発病および死亡と公務との相当因果関係について「公務に内在する危険が現実化した」かどうかで判断したと解しうる最高裁判決（地公災基金東京都支部長（町田高校）事件：最三小判平成8年1月23日集民178号83頁、地公災基金愛知県支部長（瑞鳳小学校教員）事件：最三小判平成8年3月5日集民178号621頁）が参照されることが多い。

　これらの最高裁判決は、民間労働者の労災保険に関する業務外決定取消訴訟

や、地方公務員の公務外決定取消訴訟でも引用・参照される基準であり、裁判所が採用する公務（業務）上外の判断基準は、官民において同一であるといえる。

## Ⅲ　地方公務員の災害補償

### 1　概　要

　地公災法は、地方公務員が公務上の災害または通勤災害を受けた場合に、その職員または遺族に対して補償を行い、これらの者の生活の安定と福祉の向上に寄与することを目的としている（地公災1条）。

　地方公務員災害補償制度は、民間の労災保険制度や国家公務員災害補償制度と同じく、無過失責任主義によることとしており、災害の発生について地方公共団体の過失の有無を問わない。また、補償対象は身体的損害に限られ、精神的損害（慰謝料）は含まれないこと、療養補償や介護補償を除き、あらかじめ定められた基準に従い、損害の一定割合分について定型的に補償を行うことを特徴としている。このほか、本制度においても、被災職員の社会復帰の促進および被災職員、遺族の援護のための付加的給付として福祉事業を行うこととしている。

　地公災法に基づき補償を得るためには、地方公務員災害補償基金（以下「基金」）に対して申請を行う必要がある（地公災3条以下）。

　根拠法令は、地公災法、同施行令、同施行規則、地方公務員災害補償基金通達などである。基金のホームページ〈https://www.chikousai.go.jp/〉では、法令や通達の情報が充実しており、参考になる。

### 2　適用対象者

　常勤の地方公務員については、一般職か特別職かを問わずに、全て地公災法が適用される（地公災2条1号）。一般地方独立行政法人の常勤の役職員にも地公災法の適用がある（同条2号）。

　また、「常時勤務に服することを要しない地方公務員のうちその勤務形態が常時勤務に服することを要する地方公務員に準ずる者で政令で定めるもの」

（地公災2条1号かっこ書）にも地公災法の適用があり、具体的には、いわゆる常勤的非常勤職員（同法施行令1条1項2号）や再任用短時間勤務職員（同項1号）がその対象になる。このうち、常勤的非常勤職員とは、①雇用関係が事実上継続していると認められる場合において、②常勤職員について定められている勤務時間以上勤務した日が18日以上ある月が引き続いて12か月を超えていること、③②の12か月を超えるに至った日以後も引き続き当該勤務時間により勤務することを要することとされているものをいう、とされている（「地方公務員災害補償法における常勤職員に準ずる非常勤職員の範囲等について」（昭和42年9月20日自治省告示第150号、1号（1）））。

なお、以上に対して常勤的勤務をしていない非常勤職員については勤務実態が多様であって災害補償の内容を一律に定めることが困難であることから、その補償制度を各地方公共団体の条例の制定に委ねることとされている（地公災69条1項）。その内容は、地公災法や労災保険法で定める補償制度と均衡を失したものであってはならない（同条3項）。そのほか、非常勤の消防団員・水防団員、学校医・学校歯科医・学校薬剤師には特別の災害補償制度が用意されている（「消防団員等公務災害補償等責任共済等に関する法律」、「公立学校の学校医、学校歯科医及び学校薬剤師の公務災害補償に関する法律」）。他方、水道・交通・電気等の公営企業等に従事する非常勤職員は労災保険法の適用がある（労災保険法3条2項かっこ書）。

以上の地方公務員の種類に応じた適用関係をまとめると［図表14］のとおりとなる。

[図表14：地方公務員の種類に応じた災害補償制度の適用関係]

|  | 適用職員 | 具体例 | 適用法令 | 実施機関 |
| --- | --- | --- | --- | --- |
| 常勤 | 一般職・特別職いずれも | 非現業、公営企業体、会計年度任用職員（フルタイム）、首長 | 地公災法2条1項1号（同法67条2項） | 地方公務員災害補償基金 |
| 非常勤 | 常時勤務に服することを要する地方公務員に準ずる者 | 常勤的非常勤職員 | 地公災法2条1項1号かっこ書、地公災法施行令1条1項2号 | 地方公務員災害補償基金 |
|  |  | 再任用短時間勤務職 | 地公災法2条1項1 | 地方公務員災 |

| | 員、任期付短時間勤務職員、（地方公務員の育児休業等に関する法律第18条１項の規定による）育児短時間勤務に伴う短時間勤務職員 | 号かっこ書、地公災法施行令１条１項１号 | 害補償基金 |
|---|---|---|---|
| 非常勤職員で、労働基準法別表第一の事業に従事する者 | 水道、交通、電気等の公営企業や清掃事業に従事する非常勤職員（常勤職員は地公災法の適用あり） | 労災保険法３条２項かっこ書（地公災法67条２項参照） | 国（厚生労働省） |
| 消防団員等 | 消防団員・水防団員 | 消防組織法、水防法、消防団員等公務災害補償等責任共済等に関する法律 | 地方公共団体 |
| 公立学校の学校医等 | 学校医・学校歯科医・学校薬剤師 | 公立学校の学校医、学校歯科医及び学校薬剤師の公務災害補償に関する法律、同法４条１項に基づく補償条例 | 地方公共団体 |
| 他の法律による災害補償制度の対象とならない非常勤職員 | 本庁で働く非常勤職員（注）、非現業の会計年度任用職員（パートタイム）、地方議員、各種行政委員会・審議会の委員、民生委員 | 地公災法69条に基づく補償条例 | 地方公共団体 |

（注）　労働基準法上、一の事業であるか否かは主として場所的観念によって決定すべきもので、同一場所にあるものは原則として分割することなく一個の事業とし、場所的に分散しているものは原則として別個の事業とする、という扱いである（昭23・３・31基発511号等）。したがって、本庁で働く非常勤職員については、「本庁の業務」を単位として労災保険法の適用を検討することになるから、別表第一の事業ではない「官公署の事業」に従事しているものと評価され、

労災保険法の適用が否定される（労災保険法3条2項）。その結果、本庁で働く非常勤職員は、災害補償条例の適用を受ける。ただし、本庁内の部署で、本庁とは独立した一の事業と認められるものについては、本庁とは独立した事業として、その部署単独で適用単位となる（労働大臣官房労働保険徴収課「地方公共団体の非常勤職員に対する労災保険法の適用に関する質疑応答集」問1（平成9年3月））ので、その部署で働く非常勤職員は別論となる（厚生労働省労働基準局労災管理課編『八訂新版　労働者災害補償保険法』（労務行政、2022年）123～124頁、129頁も参照されたい）。

## 3　「公務災害（公務上の災害)」とは

### (1)　意　義

「災害」とは、負傷、疾病、障害または死亡をいう（地公災1条）。

職員の被服や所有物に物的な損害が生じても、地公災法上の「災害」には当たらない。

### (2)　「公務上」の判断基準

#### ア　公務遂行性と公務起因性

地公災法が対象とする「公務上の災害」の判断基準には、一般に、公務遂行性と公務起因性の2つの要件を満たす必要があると考えられている。

公務遂行性とは、任命権者の支配管理下にある状況で災害が発生したことをいい、公務起因性とは、公務と災害との間に相当因果関係があることをいう。この点は、労災保険法における「業務災害」（労災保険法7条1号）や国公災法における「公務上の災害」の認定基準と同じ考え方であり、前述Ⅱ3（2）(3)で記述した内容は地公災法上の「公務上の災害」の判断にも基本的に当てはまる。

#### イ　基金通達の具体的基準

以上に基づき、「公務上」の認定基準については基金通達によって具体的な基準が示されている（「公務上の災害の認定基準について」平成15年9月24日地基補153号）。その内容は次のとおりである。

##### (A)　公務上の負傷

負傷はその発生が外面的で可視的であるため、公務との相当因果関係を求め

る際に特に医学的判断が必要とされないのが通例であり、判断が比較的容易である。以下に掲げるような場合の負傷は、原則として公務災害とされる。
- 自己の職務遂行中の負傷
- 職務遂行に伴う合理的行為中の負傷
- 職務遂行に必要な準備行為または後始末行為中の負傷
- 救助行為中や防護行為中の負傷
- 出張または赴任の期間中の負傷
- 一定の条件を満たす出勤または退勤途上の負傷
- 任命権者が計画・実施したレクリエーションへの参加中の負傷
- 設備・宿舎の不完全または管理上の不注意による負傷
- 職務遂行に伴う怨恨による負傷(ただし、職務遂行中であっても、私的怨恨によって第三者から加害を受けた場合には私的行為が災害の直接の原因であるため公務外とされる)
- 公務上の負傷または疾病と相当因果関係をもって発生した負傷
- その他公務と相当因果関係をもって発生した負傷

　　(B)　公務上の疾病

　医学的経験則上公務と相当因果関係が明らかな疾病は、地公災法施行規則別表第1第2号から第9号に明示されている。

　すなわち、公務上の負傷に起因して発生した疾病についての公務上外の判断は医学的に発症機序が明らかであることが多いため比較的容易であるが、それ以外の疾病の場合、公務起因性の判断が一般に困難であるため、施行規則の別表に「特定の疾病」を列挙する方式が採られている。すなわち、施行規則別表1には、公務上の負傷に起因する疾病(1号)のほか、腰痛、じん肺、過重労働による脳・心臓疾患および精神障害等があがっている(2号～9号)。これら2号から9号に列挙される「非事故性の疾病」に該当すれば公務起因性が推定されるため、公務遂行性は問題とならない(徐・前掲書286頁参照)。

　さらに、別表第1第2号から第9号に該当しない場合でも、当該疾病が「公務に起因することの明らかな疾病」(第10号)に当たれば公務災害として補償の対象となりうる。そして前記基金通達には、次のように第10号に当たる疾病も列挙されている(特定地域に出張して罹患した伝染病・風土病、予防注射・予

防接種を含む健康管理上の必要により任命権者が執った措置により発生した疾病、宿舎の不完全または管理上の不注意により発生した疾病、一定の場合に発生した疾病で勤務場所またはその附属施設の不完全または管理上の不注意その他所属部局の責めに帰すべき事由により発生したもの、職務遂行に伴う怨恨によって発生した疾病、所属部局の提供する飲食物による食中毒等）。

(C) 公務上の障害または死亡の認定

公務上の負傷または疾病と相当因果関係をもって生じたことが明らかな障害または死亡は公務災害となる。

(3) 特殊な疾病の公務上認定基準

公務起因性の判断が難しい職業性疾病については、基金が認定基準についての通達を策定している。

ア 精神障害、脳・心臓疾患

過労による精神疾患（地公災施行規則別表第一第9号）の認定基準については、民間労働者には「心理的負荷による精神障害の認定基準について」（令和5年9月1日基発0901第2号）が適用されるのに対し、地方公務員には、「精神疾患等の公務災害の認定について」（平成24年3月16日地基補第61号）とその具体的な運用の指針を示した「『精神疾患等の公務災害の認定について』の実施について」（平成24年3月16日地基補第62号）が適用される。

また、過労による脳・心臓疾患（地公災施行規則別表第一第8号）の認定基準については、民間労働者には「血管病変等を著しく増悪させる業務による脳血管疾患及び虚血性心疾患等の認定基準について」（令和3年9月14日基発第1号）が適用されるのに対し、地方公務員には、「心・血管疾患及び脳血管疾患の公務上の災害の認定について」（令和3年9月15日地基補第260号）が適用される。

いずれも、官民間で認定基準の内容は概ね共通しているが、一部相違があるので、地方公務員の通達内容を十分に確認しておく必要がある。

なお、脳・心臓疾患については、被災職員に基礎疾患等の個別的事情が存在する場合には公務起因性の判断が容易でないことがある。このような場合について、①当該基礎疾患がその自然の経過に従って増悪して発症したにすぎない場合には、公務が基礎疾患等の増悪にわずかな影響を与えていたとしても公務

と脳・心臓疾患との間に相当因果関係があることを認めることができないが、②当該基礎疾患等が公務上の精神的、身体的な過重負荷によりその自然の経過を超えて増悪して発症した場合には、公務に内在する危険が現実化したものとして公務と発症との間に相当因果関係を認めるのが裁判所の一般的な考え方である。裁判例には、心臓疾患の既往症を有していた教育委員会の職員が、公務として行われたバレーボールの試合に出場した際に急性心筋梗塞を発症して死亡した事案について、被災職員の心臓疾患が確たる発症因子がなくてもその自然の経過により心筋梗塞を発症させる寸前にまで増悪していなかったかどうかについて十分に審理していないとして、公務起因性を否定した原審の判断を破棄した最高裁判決（地公災基金鹿児島県支部長（内之浦町教委職員）事件：最二小判平成18年3月3日労判919号5頁）や、公立中学校の教頭が学校式典の司会中にくも膜下出血を発症して死亡した事案について、くも膜下出血の既往症、遺伝的要因、多量の飲酒・喫煙の習慣等があり公務の過重性も認められないとして死亡の公務起因性を否定した判決（地公災基金東京都支部長（豊島区立真和中学校）事件：東京地判平成19年12月13日判タ1278号198頁）などがある。

　イ　頸肩腕障害（頸肩腕症候群）等

　上肢等に過度の負担がかかる業務によって、後頭部、頸部、肩甲帯、上腕、前腕、手および指に発生した運動器の障害の公務上外の認定については、「上肢業務に基づく疾病の取扱いについて」（平成9年4月1日地基補第103号）や「『上肢業務に基づく疾病の取扱いについて』の実施について」（平成9年4月1日地基補第104号）という基準がある。

　例えば、被災職員が、頸部、肩、上肢、前腕、手指に痛み、重感、こり、しびれ、脱力などの症状を呈する「頸肩腕障害（頸肩腕症候群）」という診断をされた場合に問題となる。古くはキーパンチャー等の職種で問題となったが、保育士や給食調理員等の事例もみられる。裁判例として、地公災基金大阪府支部長（吹田市介護職員）事件：大阪地判平成25年7月29日労判1082号36頁（公務起因性を肯定）、地公災基金京都府支部長事件（宇治市給食調理員）事件：京都地判平成12年3月31日判自208号55頁（公務起因性を肯定）、横浜市立保育園（保育士）事件：最三小判平成9年11月28日労判727号14頁（ただし損害賠償請求における因果関係を肯定）がある。

### ウ　腰痛

腰痛症の公務上外の認定については、「腰痛の公務上外の認定について」（昭和52年2月14日地基補第67号）、「『腰痛の公務上外の認定について』の実施について」（昭和52年2月14日地基補第68号）という基準がある。

これらの基金通達では、「災害性の原因による腰痛」と「災害性の原因によらない腰痛」とに分けて認定要件が定められている。

裁判例として、前掲地公災基金大阪府支部長（吹田市介護職員）事件：大阪地判平成25年7月29日（ホームヘルパーとして勤務する市職員が発症した腰痛症について公務起因性を肯定）や、地公災基金大阪府支部長（吹田市保育士）事件：大阪高判平成17年8月19日労旬1613号38頁（市立保育園の保育士が保育園のもちつき大会で身体をひねり腰部捻挫を発症したという事案で公務起因性を肯定）がある。

### エ　アスベスト（石綿）による疾病

アスベストによる疾病（石綿関連疾患）の公務上外の認定については「石綿による疾病の公務災害の認定について」（平成21年6月1日地基補第161号）という基金通達があり、労災保険制度における「石綿による疾病の認定基準について」（平成24年3月29日基発0329第2号）に準ずるとされている。

## 4　通勤災害

### (1)　通勤とは

通勤災害保護制度は勤務との間の密接な関連性を根拠としてこれを保護するものであり、「通勤」の定義もこの理念に合致するように定められている。

すなわち、通勤とは、職員が、勤務のため、①住居と勤務場所との間の往復、②一の勤務場所から他の勤務場所への移動その他の総務省令で定める就業の場所から勤務場所への移動、③①の往復に先行し、または後続する住居間の移動（単身赴任手当の支給を受ける職員その他当該職員との均衡上必要と認められる職員により行われる移動に限る）を、合理的な経路および方法により行うことをいい、公務の性質を有するものを除く（地公災2条2項）。「公務の性質を有するもの」とは、その往復について任命権者の支配管理性が認められるものを指し、このような性質を有する出勤途上で被災した場合は、公務災害に該当する。

その往復の経路を逸脱し、またはその往復を中断した場合には、当該逸脱または中断の間およびその後の往復中の災害は、通勤災害にならない（地公災 2 条 3 項本文）。ただし、当該逸脱または中断が日常生活上必要な行為であって、総務省令で定めるものをやむを得ない事由により行うための最小限度のものである場合は、当該逸脱または中断の間に生じた災害を除き、通勤災害となる（同項ただし書）。日常生活上必要な行為であって総務省令で定めるやむを得ないものとは、日用品の購入、理髪店等に行く場合、学校において行われる教育または公共職業能力開発施設における職業訓練を受ける場合、病院・診療所等に行く場合、選挙権の行使をする場合、一定の家族を介護する場合等である（同法施行規則 1 条の 5）。

なお、「一の勤務場所から他の勤務場所への移動その他の総務省令で定める就業の場所から勤務場所への移動」とは、労災保険法適用事業所や国公災法に規定する職員の就業場所等から勤務場所（官公署）への、複数就業者の勤務場所への移動を対象とするものである。ただし、法令上の兼職禁止規定（地公 38 条 1 項等）に反して就業している場合における当該就業の場所から勤務場所への移動は除外される。これは、地方公務員法の兼業禁止規定の趣旨・目的（職務専念義務、職務の公正な執行、公務の信用の確保）に照らしてみたときに適当でない場合を除外するというものであり、単に法令違反があったことをもって除外するものではない。

### （2） 通勤災害とは

通勤災害とは、(1)の「通勤」に直接起因し、または当該通勤と相当因果関係をもって発生した負傷、疾病、障害または死亡をいう。

例えば、通勤途上で、自動車にはねられて負傷した場合や、駅の階段から転落したことにより負傷した場合等は通勤災害と認められる。これに対して、通勤途上で私的な怨恨によって加害され負傷した場合は通勤災害と認められない。

## 5　補償内容

地方公務員災害補償制度の補償としては、療養補償、休業補償、傷病補償年金、障害補償（年金・一時金、障害補償年金差額一時金、障害補償年金前払一時金）、介護補償、遺族補償（年金・一時金、遺族補償年金前払一時金）、葬祭補償がある。

### （1） 療養補償

　療養補償とは、公務上または通勤により負傷し、または疾病にかかった職員に対し、必要な療養を行い（現物補償）、または必要な療養の費用を支給するもの（現金補償）である。療養の範囲は、診察、薬剤または治療材料の支給、処置、手術その他の治療、居宅における療養上の管理およびその療養に伴う世話その他の看護、病院または診療所への入院およびその療養に伴う世話その他の看護、移送で、療養上相当と認められるものに限られる（地公災27条）。

　現物補償は、基金があらかじめ指定した病院、診療所、薬局または訪問看護事業者（「指定医療機関等」）において行われる。

### （2） 休業補償

　休業補償は、職員が公務または通勤により負傷しまたは疾病にかかり療養のため勤務できない場合において、給与を受けないとき、1日につき平均給与額の60％に相当する金額を支給するというものである（地公災28条）。ただし、傷病補償年金を受ける者が支給されることとなった場合は、より手厚い保護を受けられるため、休業補償は支給されない（同法28条の2第3項）。

　「平均給与額」とは、災害発生の日の属する月の前月の末日から起算して過去3か月間にその職員に対して支払われた給与の総額を、その期間の総日数で除して得た額をいう（地公災2条4項本文）。

　なお、労災保険においては「賃金を受けない日の第四日目から支給するもの」とされているが（労災保険法14条1項）、地公災法ではそのような限定はなく、「給与を受けないときは」1日目から休業補償の支給対象となる（地公災28条）。

### （3） 傷病補償年金

　傷病補償年金は、公務または通勤により負傷し、または疾病にかかり、療養の開始後1年6か月を経過しても治っておらず、その負傷または疾病による障害の程度が傷病等級表の第1級、第2級または第3級の等級に該当するときに、その状態が続いている期間、その等級に応じ年金を支給するというものである（地公災28条の2）。例えば、脊髄損傷者のように、療養継続中であっても実質的に障害状態にあり、労働能力を全部喪失したと認められる場合もあるため、障害等級第3級以上の場合に支給される障害補償年金に相当する補償を行って、

保護を厚くすることが適当であると考えられたためである。
### (4) 障害補償（年金・一時金）
障害補償は、公務または通勤により負傷し、または疾病にかかり、治ったとき、障害等級表に定める障害が残った場合には、その障害の程度に応じて、第1級から第7級までは年金（障害補償年金）を、第8級から第14級までは一時金（障害補償一時金）を支給するというものである（地公災29条）。
### (5) 障害補償年金差額一時金
障害補償年金差額一時金は、障害補償年金の受給権者が死亡した場合に、すでに支給した障害補償年金および障害補償年金前払一時金の合計額が一定の額に満たないときは、その遺族に対し、その差額を支給するというものである（地公災附則5条の2）。障害補償年金は月単位で支給されるところ、受給権者が早期に死亡した場合に、その受給額の総額が障害等級第8級以下の者に対して支払われる障害補償一時金にも達しない場合があるので、この障害補償一時金との均衡を図るため等の理由から、一定額までの補償を行うこととしている。
### (6) 障害補償年金前払一時金
障害補償年金前払一時金は、障害補償年金の受給権者の申出により、一定額の範囲内の一時金を支給するものである（地公災附則5条の3）。一定のまとまった補償を行うことにより社会復帰の促進を図る必要があること、民事損害賠償や自賠責保険が一時金で支払われていることとの均衡をはかること等の理由から制度化されたものである。
### (7) 介護補償
介護補償は、傷病補償年金または障害補償年金の受給権者で、総務省令で定める程度の障害を有し、常時または随時介護を受けている場合に、当該介護を受けている期間（病院等に入院している間または障害者支援施設等に入所している間を除く）、その介護に要する費用を補填するため総務大臣が定める額を支給するというものである（地公災30条の2）。
### (8) 遺族補償（年金・一時金）
職員が公務上または通勤により死亡した場合に、その遺族に対して支給するものであり、遺族補償年金と遺族補償一時金がある。
　　ア　遺族補償年金

受給資格は、以下のとおりである（地公災32条）。
① 死亡職員の配偶者（婚姻の届出をしていないが、事実上婚姻関係と同様の事情にあった者を含む）、子、父母、孫、祖父母または兄弟姉妹であること。
② 職員の死亡当時その収入によって生計を維持していたこと。
③ 職員の死亡当時、ⓐ夫、父母、祖父母については60歳以上であること、ⓑ子・孫については18歳に達する日以後の最初の3月31日までの間にあること、ⓒ兄弟姉妹については18歳に達する日以後の最初の3月31日までの間にあることまたは60歳以上であること（つまり、妻には年齢制限がない）。

　イ　遺族補償一時金

遺族補償一時金は、次の①または②の場合に一時金を支給するものである（地公災36条1項）。
① 職員の死亡当時、遺族が年齢制限等によって年金の受給資格者になれない場合または職員と生計維持関係にあった遺族がいない場合
② 職員の死亡当時、遺族補償年金の受給資格者がいたが、年金の支給開始後失権し、他に受給資格者がなく、かつ、すでに支給された年金の合計額が、仮に失権した日において遺族補償一時金が支給されるとしたときの額に満たない場合

遺族補償一時金を受給できる遺族は、ⓐ配偶者、ⓑ職員の収入によって生計を維持していた子、父母、孫、祖父母および兄弟姉妹、ⓒ上記ⓐⓑに掲げる者以外の者で、主として職員の収入によって生計を維持していた者、ⓓ上記ⓑに該当しない（つまり職員と生計維持関係になかった）子、父母、孫、祖父母および兄弟姉妹、である。

支給額は政令で定める額であり、平均給与額の1000日分〜400日分が支給される。ただし、上記②の場合は、政令で定める額と、すでに支給された遺族補償年金の合計額との差額が支給される（地公災38条1項）。

### （9）　遺族補償年金前払一時金

遺族補償年金前払一時金は、遺族補償年金の受給権者の申出により、その者が受けることができる年金の一部をまとめて支払うというものである（地公災附則6条）。年金の場合、職員の死亡時に遺族が受けられる補償が、一時金制

度の場合に比べ少額となったため、職員の公務上の災害による死亡直後における遺族の一時金出費を考慮し、その遺族から申出があった場合には、前払一時金を支給する制度を設けることとしたものである。

### (10) 葬祭補償

葬祭補償は、職員が公務上または通勤により死亡した場合に、遺族等であって実際に葬祭を主催する者に対し、31万5000円に平均給与額30日分を加えた金額または平均給与額60日分のいずれか高い額を支給するというものである（地公災42条）。

## 6 特殊公務災害に対する補償特例

警察職員、消防職員等の特殊公務に従事する職員は、その任務の遂行にあたって高度の危険が予測されるにもかかわらず職責上あえてその職務を遂行しなければならない場合があることに鑑み、これらの職員が、その生命または身体に対する高度の危険が予測される状況の下において、犯罪の捜査、火災の鎮圧、自然災害時の人命救助等の職務に従事し、そのために公務上の災害を受けた場合には、傷病補償年金、障害補償もしくは遺族補償またはこれらに併せて支給する傷病特別給付金等について特例的に加算措置を講ずるとされている（地公災46条）。通常の補償額の40～50％が加算される。

地公災法46条所定の「職務内容の特殊な職員で政令で定めるもの」には、警察職員、消防職員のほか、消防団員、准救急隊員、麻薬取締員、災害対策基本法上の災害応急対策従事職員が該当する。

また、「高度の危険が予測される状況」とは、生命を失い、または身体に重大な危害を受けることが通常予想される程度の危険な状況をいい、客観的にそのような状況にあると判断されれば足りるとされている。

## 7 福祉事業

福祉事業は、被災職員の社会復帰の促進および被災職員、遺族の援護のため、補償の補完として行われる付加的給付であり、次のようなものがある（地公災47条）。事業の種類・内容については国公災法の福祉事業と均衡がとれたものになっている（ただし、地公災法47条2項所定の公務災害防止事業は除く）。

① 外科後処置に関する事業

　一定の障害が残る者のうち、義肢装着のための断端部の再手術等の処置が必要であると認められる者等に対して、診察、薬剤または治療材料の支給等の外科後処置を行うこととされている。

② 補装具に関する事業

　一定の障害が残る者に対して、義肢、義眼、補聴器、車椅子等の補装具の支給を行う。

③ リハビリテーションに関する事業

　一定の障害が残る者のうち、社会復帰のために身体的機能の回復等の処置が必要であると認められる者に対して機能訓練等のリハビリテーションを行う。

④ アフターケアに関する事業

　傷病が治癒した者のうち、外傷による脳の器質的損傷等一定の障害を有する者に対し、円滑な社会生活を営ませるために、一定範囲の処置等を行う。

⑤ 休業援護金の支給

　休業により被災職員の給与が減少することとなった場合において、これを補うものとして支給される。

⑥ 在宅介護を行う介護人の派遣に関する事業

　傷病補償年金の受給権者または障害等級第3級以上の障害補償の受給権者のうち、居宅において介護を要する者に対し、基金の指定する事業者において介護人を派遣し、または介護等の供与に必要な費用が支給される。

⑦ 奨学援護金の支給

　遺族補償年金等の受給権者であって、学校等に在学する者等の学資の支弁を援護する目的で支給される。

⑧ 就労保育援護金の支給

　就業している年金たる補償の受給権者の保育費用を援護する目的で、就労保育援護金が支給される。

⑨ 特別支給金（傷病特別支給金、障害特別支給金、遺族特別支給金）の支給

　見舞金ないし弔慰金の趣旨で、傷病等級・障害等級・受給権者の区分に

応じて一時金が支給される。
⑩　特別援護金（障害特別援護金、遺族特別援護金）の支給

生活を援護する趣旨で障害等級の区分に応じて、または一時金出費を援護する趣旨で受給権者の区分に応じて、一時金が支給される。これは、労災保険にはない特別の内容である。

⑪　特別給付金（傷病特別給付金、障害特別給付金、遺族特別給付金、障害差額特別給付金）の支給

各補償について特別給付金が年金または一時金として支給される。

⑫　長期家族介護者援護金の支給

傷病補償年金または障害補償年金の受給権者（脊髄その他神経系統の機能もしくは精神または胸腹部臓器の著しい障害により常に介護を要する者に限る）が当該年金を支給すべき事由が生じた日の翌日から起算して10年を経過した日以降に死亡した場合（その死亡が公務上の災害または通勤による災害と認められる場合を除く）に、年齢要件等の一定の要件を満たす遺族に対し、一時金として100万円が支給される。

## 8　時　効

### (1)　概　要

補償を受ける権利（各補償の支給決定を請求する権利の意味である）については、時効に留意する必要がある（後掲9 (2) も参照）。

療養補償、休業補償、介護補償、葬祭補償を受ける権利は2年間、障害補償、遺族補償を受ける権利は5年間行使しないと時効により消滅する（地公災63条）。

ただし、支給決定がなされた補償給付の支払いを受ける権利（年金の場合には支払期限ごとに生ずる支分権たる支払請求権）については、債権の時効についての一般規定である民法166条1項の規定が適用される。また、時効の援用、完成猶予および更新については民法の規定による。

なお、傷病補償年金は、職員からの支給決定の請求に基づかず、基金が職権により支給決定を行うものであるため、これを受ける権利については時効の問題は生じないこととされている。

### (2)　時効の起算点

補償を受ける権利が発生した日の翌日から起算するものとされている。この「補償を受ける権利が発生した日」については、代表的なところを列挙すると次のとおりである。

① 療養補償（現物補償の場合を除く）：療養の費用の支払義務が確定した日
② 休業補償：療養のため勤務することができず給与を受けない日
③ 障害補償年金・一時金：負傷または疾病が治った日（ただし、地公災法29条9項の規定による障害補償一時金は障害の程度に変更があった日）
④ 遺族補償年金・一時金：職員が死亡した日（例外あり）
⑤ 葬祭補償：職員が死亡した日
⑥ 介護補償：介護を受けた日の属する月の末日（介護補償に係る未支給の補償は、職員が死亡した日の属する月に係るものにあっては職員の死亡した日、その他の月に係るものにあっては介護を受けた日の属する月の末日）

## 9　地方公務員災害補償基金

### （1）　基金について

　地公災法の適用のある地方公務員に対する補償等を実施するために設置されているのが地方公務員災害補償基金である（地公災3条1項）。基金の設置理由は、職員の公務上の災害または通勤による災害に対する補償の統一的専門的実施体制を確立し、補償の迅速かつ公正な実施を確保することにある。災害を受けた職員またはその遺族に対する補償は、個々の地方公共団体（および特定地方独立行政法人）において行われるべきものであるが、適切な災害補償の実施の観点からも、事務の効率性からも、統一的な実施主体としての基金の設置が必要とされている。

　基金は、災害補償を地方公共団体等に代わって行うことから、職員の使用者たる地方公共団体等の補償責任を代行する実施機関であり、全ての地方公共団体等の補償を共同処理するための一部事務組合的性格を有する。また、基金は、全ての地方公共団体からの一定の負担金を財源として、直接被災職員等に対する補償を実施することにより、当該職員の属する個々の地方公共団体等が使用者として負担すべき補償に要する費用を賄い、その危険分散の機能を有するものであるから、地方公共団体等の補償責任の保険機関的性格をも有するもので

ある。

基金は法人とされる（地公災3条2項）。東京都に本部があり、各都道府県・政令指定都市に支部がある。

(2) 請求主義

地公災法に基づく補償は、被災職員等からの請求により行う（地公災25条2項）。ただし、傷病補償年金は請求を待たずに補償を行う（同項かっこ書）。

被災職員またはその遺族は、地方公務員災害補償基金の支部長に対し、任命権者を経由して、その災害が公務災害・通勤災害であることの認定請求を行い、これと併せて傷病補償年金を除く補償請求を行う（地公災施行規則30条2項、地方公務員災害補償基金業務規程（以下「基金業務規程」という）7条等）。任命権者は、請求書に書かれた請求内容を点検して所要の証明を行うとともに、公務災害または通勤災害の認定請求について意見を付した上で（地公災45条2項）、支部長に請求書を送付する。

公務災害または通勤災害の認定請求書を受理した支部長は、その結果を当該請求者およびその任命権者に通知しなければならない（地公災45条1項）。

以上のとおり、労災申請では被災労働者や遺族は、処分庁である労働基準監督署長に対して直接申請できるのに対して、公務災害等の認定・補償請求は「任命権者を経由して」行われる（被災職員等から基金支部長に直接申請できない）点に留意が必要である。

また、労災申請と異なり、認定請求と補償請求が別になっている点も特徴的であるが、実務上は認定請求のみを先行して行うことが多い。この場合、補償を受ける権利にかかる時効の起算点は、上記8（2）の内容にかかわらず、基金が当該災害を公務上の災害または通勤による災害と認定したことについて、当該認定請求者が知り得た日の翌日として扱われる（「補償を受ける権利の時効の取扱いについて」（昭和48年12月18日地基補第585号）の上記3参照）。したがって、認定請求のみをした場合において、その結果がわかる前に、補償に係る権利が消滅時効にかかることはないという運用である。

(3) 請求手続

認定の請求にあたり、例えば療養補償については、次に掲げる事項を記載した公務災害または通勤災害の認定の請求書を、任命権者を経由して支部長に提

出しなければならない（基金業務規程7条）。

① 職員の氏名、生年月日および職名
② 所属する地方公共団体および部局の名称
③ 災害発生の日時および場所
④ 傷病名並びに傷病の部位およびその程度
⑤ 災害発生の状況

また、以上について被災職員の所属部局の長の証明を受けなければならない。さらに、医師または歯科医師の所見、当該職員の定期健康診断の結果等を記載した書類を添えなければならない。

その他の補償についての請求書に記載等が必要な事項については、基金業務規程を参照されたい（休業補償について同規程12条、障害補償について同規程13条、遺族補償年金について同規程15条、遺族補償一時金について同規程20条等）。

### （4）　認定・補償決定の通知

公務災害または通勤災害の認定請求書を受理した支部長は、その災害が公務または通勤により生じたものであるかどうかを認定し、その結果を一定の書面をもって当該請求者およびその任命権者に通知しなければならない（地公災施行規則30条3項、基金業務規程8条）。

補償の請求を受理したときは、支部長はこれに関する決定を行い、その結果を書面で請求者に通知しなければならない（基金業務規程24条1項）。年金たる補償の支給は、地公災法40条の定めるところにより行うこととされている。また、年金以外の補償の支給は、速やかに行い、療養補償たる療養の費用および休業補償については、毎月1回以上支給しなければならないこととされている（基金業務規程24条2項）。

### （5）　手続遅滞への対応策

上記のとおり、公務災害の認定・補償請求は「任命権者を経由して」行われる必要がある（被災職員等から基金支部長に直接申請することができない）。任命権者が請求者に協力的であれば問題は少ないが、請求者と任命権者との間で被災の原因に争いがある場合等には、認定請求書等が任命権者から基金に提出されるのが遅れる可能性も否定できない。この点について、努力義務にとどまるものの、基金支部は、①任命権者が支部への通知を遅滞しないように任命権者

第9章 公務員の災害補償

## [書式17：公務災害認定請求書]

様式第1号

### 公務災害認定請求書

| ＊認定番号 | |
|---|---|

地方公務員災害補償基金
　　　　　　　　　支部長　殿

下記の災害については、公務により生じたものであることの認定を請求します。

| 請求年月日 | 年　　月　　日 |
|---|---|
| 請求者の住所 | （〒　　－　　） |
| フリガナ<br>氏　名 | |
| 被災職員との続柄 | |

1　被災職員に関する事項

| 所属団体名 | | フリガナ<br>氏　名 | □男　□女 |
|---|---|---|---|
| 所属部局名<br>（電話番号　　　　　） | | 年　月　日生（　歳） | |
| 職　名 | □常勤<br>□令第1条職員 | 共済組合員証・健康保険組合員証記号番号<br>第　　　　号 | |
| 災害発生の日時 | 年　月　日　曜日　午前／午後　時　分頃 | | |
| 災害発生の場所 | | | |
| 傷病名 | | | |
| 傷病の部位及びその程度 | | | |

| ＊受理<br>(到達した年月日) | 所属部局<br>年　月　日 | 任命権者<br>年　月　日 | 基金支部<br>年　月　日 |
|---|---|---|---|
| ＊認定 | 年　月　日<br>□公務上　□公務外 | ＊通知 | 年　月　日 |

〔注意事項〕
1　請求者は、＊印の欄には記入しないこと。また、該当する□にレ印を記入する、又は該当する箇所を○で囲むこと。
2　「1　被災職員に関する事項」の欄の「職名」は、職員が災害を受けた当時の職名を、例えば自動車運転手、車掌、守衛、主事、技師、教諭、船員、用務員、作業員、巡査、消防士等と記入すること。
3　「2　災害発生の状況」又は「＊5　任命権者の意見」の欄の記入に当たって別紙用紙を用いるときは、当該欄には「別紙のとおり」と記入し、その別紙について所属部局の長の証明を受け、又は任命権者の意見の記入を求めること。
4　「＊3　所属部局の長の証明」の欄の証明が困難である場合の取扱いは、基金に相談すること。

Ⅲ 地方公務員の災害補償

| 2 災害発生の状況 | |
|---|---|

| *3 所属部局の長の証明 | 1及び2については、上記のとおりであることを証明します。<br><br>　　　　年　　月　　日<br><br>　　　　　　　　　　　　　　所属部局の　　名　　　　称<br>　　　　　　　　　　　　　　　　　　　　　所　在　地<br>　　　　　　　　　　　　　　　　　　　　　長の職・氏名 |
|---|---|
| 4　添付する資料名 | □ 診断書　□ 現認書又は事実証明書　□ 交通事故証明書　□ 第三者加害報告書<br>□ 時間外勤務命令簿の写　□ 出勤簿の写　□ 見取図　□ 経路図　□ 関係規程<br>□ 定期健康診断記録簿の写　□ 既往歴報告書　□ X線写真　□ 写真　□ 示談書　□ その他 |
| *5 任命権者の意見 | ☐　┆┆┆<br><br>　　　　年　　月　　日<br>　　　　　任命権者の職・氏名 |

5　「*5　任命権者の意見」の欄の☐は、下記の9種類の区分番号を記入すること。
　　　1　義務教育学校職員　2　義務教育学校職員以外の教育職員　3　警察職員　4　消防職員
　　　5　電気・ガス・水道事業職員　6　運輸事業職員　7　清掃事業職員　8　船員　9　その他の職員
6　「*5　任命権者の意見」の欄の┆┆は、下記の16種類の区分番号を記入すること。
　　　01　医師・歯科医師　02　看護師　03　保健師・助産師　04　その他の医療技術者　05　保育士・寄宿舎指導員等
　　　06　船員　07　土木技師・農林水産技師・建築技師　08　調理員　09　運転士・車掌等　10　義務教育学校教員
　　　11　義務教育学校以外の教員　12　その他の教育公務員　13　警察官　14　消防吏員　15　清掃職員　16　その他の職員
7　年月日の記載には元号を用いる。

275

に協力を求めること、②任命権者において処理が遅延していることを知ったときは遅滞なく請求書を送付させるなど必要な措置を講じることとされているので（「標準処理期間の設定及び請求に対する審査の迅速化について」（平成6年11月1日地基企第55号）、2（1））、請求者において任命権者に対してこの内容を指摘したり、基金支部からの指導を促したりすることが考えられる。

　また、公務災害等の認定請求にあたって、請求者は、災害の発生状況等の内容について被災職員の所属長の証明を受けた請求書を提出しなければならないが、請求者が証明を受けようとしても所属長から長期間証明がなされないという事案が生じている。このような場合、請求者がやむなく所属長の証明のないまま公務災害等の認定請求をしたとして、基金支部において所属長等に状況を確認するなど迅速かつ公正な事務処理に努めなければならないとされているから（「〈参考〉公務災害補償に関する事務の取扱いについて」（平成23年11月25日事務連絡、基金支部事務長あて））、所属長の証明が得られず手続が遅滞するおそれがあるときは、同事務連絡に基づいて基金に相談することを検討してよい。さらに、同事務連絡では、所属長において災害の発生状況等についての把握が困難であり、証明ができない箇所がある場合には、所属長は証明が困難である旨を所属長の証明欄等に記載することで足りるとされているので、証明困難に起因して所属長の証明が得られないときには、前記事務連絡に基づいて事務を進めるよう所属長に求めていくべきである。

　他方、基金支部においても、認定の判断がなされるまでに時間がかかりすぎることが問題となるケースがある。この場合、基金を被告として不作為の違法確認請求訴訟を提起して基金に対するプレッシャーを与えることも考えられる（実例がある）。

　なお、手続の遅滞に対して国家賠償訴訟を提起するという方法も考えられるが、裁判例によれば国家賠償法上の違法性が認められる可能性は大きくない。例えば、前掲地公災基金大阪府支部長（吹田市介護職員）事件：大阪地判平成25年7月29日では、認定申請がなされてから公務外認定処分が出るまでに約6年11か月が経過しており、この手続遅滞について被災職員から国家賠償請求訴訟が行政訴訟と併せて提起された。しかし、裁判所は、公務災害と認定されないこと自体がもたらす不安や焦燥は社会通念上も甘受すべき範囲内にとど

[図表15:地公災基金の認定・補償の流れ]

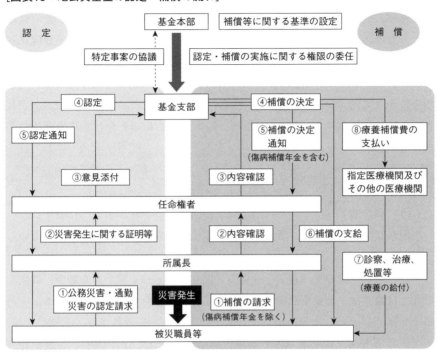

(出典)地公災基金ホームページ〈https://www.chikousai.go.jp/gyoumu/hosyou/hosyou-tetuduki.php〉

まること、行政庁において迅速に処分をすべき行政手続上の作為義務にとどまらず、申請者が内心の静謐な感情を害されないという私的利益の保護に直接向けられた職務上の法的義務に違反することが必要であるところ、行政庁がこのような義務を負っていると解すべき地公災法その他関連法令上の根拠は見出せないことなどを指摘して、損害賠償請求を棄却した。

前掲「標準処理期間の設定及び請求に対する審査の迅速化について」(平成6年11月1日地基企第55号)の別紙「標準処理期間一覧」では、標準処理期間を定めているが、前記の裁判例を前提とすると、標準処理期間徒過後に相当の期間が経過して公務上外の処分がなされても直ちには国家賠償法上の違法と評価されないといえる(例えば、療養補償および休業補償の当初の認定につき、傷病の内容に応じて、任命権者における標準処理期間は1〜2か月、基金における標準

処理期間は1～6か月、全体の標準処理期間は2～8か月とされているものの、前記裁判例は6年11か月の経過を違法とはしなかった)。とはいえ、請求者の代理人としては、標準処理期間が定められていることの趣旨を踏まえて処分庁に速やかな対応を促していくことが期待される。

なお、[図表15]からもわかるように、任命権者には所属長を通じて申請書類を提出するのが一般的である。例えば公立学校教員の場合、学校長（所属長）を通じて任命権者（教育委員会）に提出し、これらを介して基金支部に請求がなされる。

## 10　不服申立手続

### （1）概　要

不服申立てについては、審査請求および再審査請求の二審制が採られている（地公災51条2項）。

すなわち、基金の支部長が行う補償に関する決定に不服がある場合、被災職員または遺族は、基金支部審査会に対して審査請求をすることができる。支部審査会は都道府県と政令指定都市にある。この点、基金審査会（東京都）に対して直接審査請求ができる旨の規定があるが（地公災51条1項）、基金が行う補償に関する決定については全て支部長に委任されているため、基金審査会に審査請求がなされることはない。

補償に関する決定には、公務上外・通勤災害該当非該当の認定や、療養の方法の決定、補償金額の決定等がある（福祉事業の決定に対する不服は当該決定を行った支部長に対してする）。審査請求は、決定があったことを知った日の翌日から起算して3か月以内にしなければならない（行審18条1項本文）。なお、審査請求は発信主義を採用している（同条3項。審査請求書を郵便で提出した場合、審査請求期間の計算には郵送に要した日数を算入しない）。

さらに、審査請求に対する裁決に不服がある場合には、基金審査会（東京都）に対して再審査請求をすることができる（地公災51条2項）。再審査請求は、請求棄却の裁決があったことを知った日の翌日から1か月以内にしなければならない（行審62条1項本文）。また、審査請求をした日の翌日から起算して3か月を経過しても審査請求についての裁決がないときは、支部審査会が審査請

求を棄却したものとみなして再審査請求をすることができる（地公災51条3項）。再審査請求は、支部長がなした原処分と支部審査会の原裁決いずれかまたは両方を対象とすることができる。

基金審査会および支部審査会は、基金本部および各支部に設けられるものであるが、補償に関する決定を行った基金本部および各支部とは別個の第三者的審査機関である。

なお、審査請求を行うにあたっては、保有個人情報開示手続の利用を検討すべきである。原処分庁は独自に調査を行い、基金本部とも意見交換をしているため、基金支部に対して保有個人情報の開示請求を行い、調査結果や検討過程等に関する資料を入手するのが審査請求の方針を決定する上で効果的である。ただし、開示記録はマスキングされることがある。

（2） 審査請求

不服申立ての手続については、行政不服審査法の定めるところによる（行審1条2項）。

審査請求の審理は書面審理主義を原則とする（行審19条）。すなわち、原処分庁である支部長より弁明書が出されるので（同法29条）、これを受けて審査請求人は、反論書を提出する（同法30条）。反論書に対して原処分庁から再弁明書が出されることがある。こうして審査庁は、審査請求書、弁明書、反論書等の書面によって審理を行う。ただし、審査請求人の申立てによって、口頭意見陳述の機会が設けられるので（同法31条）、この手続において審査請求人等は、原処分庁に対して質問をすることができる（同条5項）。なお、支部長は、審査請求の審理に際し、意見を述べることができる地方公共団体等の当局を代表する者および職員を代表する者各2人を参与として、それぞれあらかじめ指名する（基金業務規程55条）。参与はそれぞれ審理期日に出頭して意見を述べ、または意見書を提出することができる（同規程54条）。

審査請求の審理にあたっては、審査庁の職権主義が広く採用されている。

審査請求に対しては裁決がなされるが、裁決は却下、棄却、（一部）認容の3種に分かれている。裁決には、主文、事案の概要、審理関係人の主張の要旨、理由が記載される（行審50条1項）。

[書式18:審査請求書]

審査請求書

令和　年　月　日

地方公務員災害補償基金　　支部審査会会長　様

審査請求人
　　住所又は居所
　　氏　名

1　審査請求に係る処分
　　地方公務員災害補償基金　　支部長が、　　年　月　日付けで行った「　　　　　　」という処分

2　審査請求の趣旨
　　「上記1に記載した処分を取り消す。」との裁決を求めます。

3　審査請求の理由


4　当該処分があったことを知った年月日
　　　　年　　　月　　　日

5　処分庁の教示の有無及びその内容


6　添付書類等

## （3） 再審査請求

再審査請求の手続については、（2）で述べた審査請求の手続とほぼ同様の内容が定められている（行政不服審査法66条により、審査請求に関する規定が再審査請求に準用されている）。

［書式19：再審査請求書（原処分に不服がある場合）］

---

再審査請求書

令和　年　月　日

地方公務員災害補償基金審査会会長　様

再審査請求人<br>　　住所又は居所<br>　　氏　名


1　再審査請求に係る処分
　　地方公務員災害補償基金　　　支部長が、　　年　月　日付けで行った「　　　　」という処分

2　再審査請求の趣旨
　　「上記1に記載した処分を取り消す。」との裁決を求めます。

3　再審査請求の理由


4　再審査請求に係る裁決があったことを知った年月日
　　　　年　月　日

5　審査庁の教示の有無及びその内容

| |
|---|
| 6　添付書類等 |

（注）この様式は、支部長が行った処分に不服がある場合に用いる様式である。

[書式20：**再審査請求書（裁決に不服がある場合）**]

再審査請求書

　　　　　　　　　　　　　　　　　　　　　　令和　　年　　月　　日

地方公務員災害補償基金審査会会長　様

　　　　　　　　　　　　　　　　再審査請求人
　　　　　　　　　　　　　　　　　　住所又は居所
　　　　　　　　　　　　　　　　　　氏　名


1　再審査請求に係る裁決
　　地方公務員災害補償基金　　　　　支部審査会が、　　　　年　　月
日付けで行った「　　　　　　」という裁決

2　再審査請求の趣旨
　　「上記1に記載した裁決を取り消す。」との裁決を求めます。

3　再審査請求の理由


4　再審査請求に係る裁決があったことを知った年月日
　　　　年　　月　　日

5　審査庁の教示の有無及びその内容



6　添付書類等



（注）この様式は、支部審査会が行った裁決に不服がある場合に用いる様式である。

[書式21：**再審査請求書（原処分と裁決の両方に不服がある場合）**]

再審査請求書

　　　　　　　　　　　　　　　　　　　　　　　　令和　　年　　月　　日

地方公務員災害補償基金審査会会長　　様

　　　　　　　　　　　　　　　　再審査請求人
　　　　　　　　　　　　　　　　　住所又は居所
　　　　　　　　　　　　　　　　　氏　　名



1　再審査請求に係る処分及び裁決
　（1）　地方公務員災害補償基金　　　　　支部長が、　　　　年　　月　　日付けで行った「　　　　　」という処分
　（2）　地方公務員災害補償基金　　　　　支部審査会が、　　　　年　　月　　日付けで行った「　　　　　」という裁決

2　再審査請求の趣旨
　「上記1に記載した処分及び裁決を取り消す。」との裁決を求めます。

3　再審査請求の理由

4　再審査請求に係る裁決があったことを知った年月日
　　　　　　　年　　　月　　　日

　5　審査庁の教示の有無及びその内容



　6　添付書類等

（注）この様式は、支部長が行った処分及び支部審査会が行った裁決の両方に不服
　　がある場合に用いる様式である。

### （4）　訴訟での争い方

　支部長が行う補償に関する決定に不服がある場合、まず、支部審査会に審査請求をする必要があるが（審査請求前置主義。地公災56条）、この支部審査会の裁決に対して不服があるとき、または支部審査会に審査請求をして3か月を経過しても裁決がないときは、裁判所に処分の取消しの訴えを提起することができる（行訴8条1項ただし書・2項1号）。

　訴えを提起する場合、地方公務員災害補償基金を被告として、基金本部または「処分行政庁」に当たる支部長の所在地を管轄する地方裁判所に処分取消しの訴えを提起する（行訴12条1項）。

　取消訴訟は、支部審査会または基金審査会の裁決があったことを知った日の翌日から起算して6か月以内に提起する必要がある（行訴14条1項）。

　公務災害認定手続や行政不服審査段階では公務員特有の認定基準に基づいて公務上外が判断されるが、裁判所は、公務起因性について民間労働者における業務上外の判断基準と同一の基準を採用し（Ⅱ8（2）イも参照）、より柔軟な判断をする傾向にあるため、司法審査によって原処分庁の判断を是正できる可能性は残っている。

[図表16：基金が行う補償に関する決定についての不服申立ての流れ]

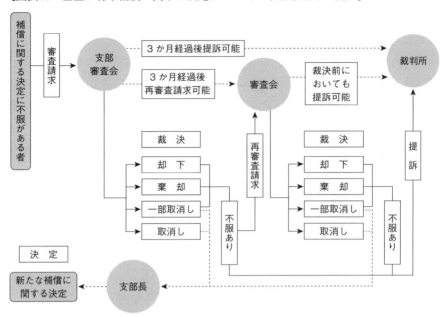

（出典）地公災基金ホームページ〈https://www.chikousai.go.jp/gyoumu/fufuku/fufuku-gaiyou.php〉

## Ⅳ　「非正規公務員」と災害補償

### 1　適用関係

　いわゆる「非正規公務員」については、災害補償に関する諸法の適用関係に注意を要する（非正規公務員については第10章も参照）。

　国では常勤・非常勤にかかわらず一般職であれば国公災法の適用があるため適用する法律の判断は容易であるが、地方公務員における「非正規公務員」については以下にみるような複雑な適用関係が生じている（上記Ⅲ2も参照）。

　労災保険法は「職員」（地公災2条1項）には適用されず（同法67条2項）、「職員」には地公災法が適用される。そして、この「職員」には常勤職員、常勤的非常勤職員、短時間勤務職員が含まれる。しかし、「職員」に該当しない非常勤職員（以下「その他の非常勤職員」という）については地公災法の適用が

285

ない。

「その他の非常勤職員」について、労災保険法の適用事業からは国の直営事業と官公署の事業が除かれているため（労災保険法3条2項）、労災保険法は公務員に適用されないのが原則である。ただし、官公署の事業等でも労働基準法別表第1の事業に当たれば労災保険法の適用があるため（同項かっこ書）、別表第1の事業に含まれる清掃事業等に従事する「その他の非常勤職員」については労災保険法の適用がある。

別表第1の事業以外に従事する「その他の非常勤職員」（具体的には地方公共団体・警察署・消防署の本庁での業務等に従事する「その他の非常勤職員」）には、労災保険法の適用がないため、一部の特別法の適用がある場合（学校医、学校歯科医、学校薬剤師、消防団員等）を除けば、地公災法69条1項に基づく条例の適用を受ける。上記でみた労災保険法や一部の特別法の適用のある「その他の非常勤職員」については、「法律（労働基準法を除く。）による公務上の災害または通勤による災害に対する補償の制度が定められていないもの」（地公災69条1項）に該当しないため、地公災法69条に基づく条例の適用は受けない。

以上より、学校医、学校歯科医、学校薬剤師、消防団員等を除いた別表第1の事業に従事しない「その他の非常勤職員」が、地公災法69条に基づく条例の適用のある「非正規公務員」ということになる。

このような非常勤職員を条例の対象とする理由については、非常勤職員の種類および勤務の形態が各地方公共団体によって千差万別であり、給与についてもまちまちであることから、非常勤職員の範囲と区分の問題、基金に対する各地方公共団体の負担金の算定基礎をどうするかなど技術的に困難な問題が生じ、また常勤職員と同様に基金で公務災害補償の肩代わりをすることにも困難が伴うといった説明がなされている（ただし、この説明に対しては批判もある）。

なお、地公災法の適用がない「その他の非常勤職員」は、いずれも労働基準法上の災害補償制度の適用を受ける（地公58条3項ただし書）。

以下では、地公災法69条に基づく条例の適用のある非常勤職員に関する問題を扱う。

## 2　モデル条例・規則

　地公災法69条に基づく条例については、各地方公共団体が制定することになるため、対象となる非常勤職員が勤務する地方公共団体における補償条例を確認する必要がある。例えば、東京都の場合、「東京都非常勤職員の公務災害補償等に関する条例」等が制定されている。

　旧自治省がモデルとなる条例・規則案を示しており、これが「議会の議員その他非常勤の職員の公務災害補償等に関する条例（案）」（昭和42年9月1日自治給第56号）、「同施行規則（案）」（昭和42年11月27日自治給第84号）である。各地方公共団体が制定する条例・規則は概ねモデル条例・規則に準拠している。なお、同条例に基づく公務災害補償事務については一部事務組合等によって共同処理がなされることもある。

　近時、総務省の調査によって地公災法69条に基づく条例が定められていないケースが判明し、これを受けて総務省より各都道府県に対して条例の新規制定等の適切な実施のため必要な助言をするよう通知がなされたところである（「『議会の議員その他非常勤の職員の公務災害補償等に関する条例』等の制定等について（通知）」（平成31年3月28日総行安第18号））。

## 3　問題点

### （1）　職権探知主義の問題

　地公災法69条に基づく補償条例では、国公災法と同様に、請求主義ではなく職権探知主義が採られており、モデル条例でもそのように定められている。請求主義が採用されない理由は、補償を実施するのが使用者責任を負う任命権者自身であるため、被災職員らからの請求を待たずに公務災害・通勤災害であるかどうかの認定を行い、公務災害等と認定した場合は被災職員らに対して速やかに通知する義務を負うという考え方に基づいている。

　かつてのモデル施行規則案では、国家公務員災害における扱い（人事院規則16-0（職員の災害補償）20条、23条2項）とは異なり、被災職員らが公務災害や通勤災害が発生したとの申出をしたとき、補償実施機関が認定の結果を被災職員らに通知する義務を負うことが明文で定められていなかったため、被災職

員らより地方公共団体に対して公務上や通勤災害の認定を求めても使用者にこれに応答する義務があるのかどうかがはっきりしなかった。この点をめぐって紛争となったのが北九州市事件：福岡高判令和元年 12 月 23 日裁判所ウェブサイト（原審：福岡地判平成 31 年 4 月 19 日裁判所ウェブサイト）であるが、現在ではモデル施行規則案が改正され、人事院規則 16-0（職員の災害補償）20 条・23 条と同様の内容になっている（議会の議員その他非常勤の職員の公務災害補償等に関する条例施行規則（案）3 条・4 条、「『議会の議員その他非常勤の職員の公務災害補償等に関する条例施行規則（案）』の一部改正（案）について（通知）」（平成 30 年 7 月 20 日総行安第 27 号））。

公務外認定の通知には処分性がないとされており、これを争う被災職員・遺族が給付訴訟または確認訴訟を選択する必要があることは国公災と同様である（給付訴訟を選択した例として北九州市（嘱託職員自殺）事件：福岡地判令和 5 年 1 月 20 日労判 1304 号 33 頁）。

**（2） 補償格差が生じうるいくつかの論点**

地公災法 69 条に基づく条例では、補償の基準額として、給付基礎日額（平均賃金（給与）額）ではなく、「補償基礎額」という概念が使われているが、多くの条例において補償基礎額は定額となっている。そのため、平均賃金（給与）額の計算式によって算出される金額には達せず、地公災法や労災保険法の適用のある職員との間で補償額に格差が生じる可能性が指摘されている（この場合、労働基準法違反となる）。

また、労災保険法にはなく地公災法において認められている福祉事業として特別援護金（障害特別援護金・遺族特別援護金）があるが、地公災法 69 条に基づく条例では特別援護金の支給がないとされる例がみられ、この場合も、格差が生じる。

特殊公務災害による補償の上乗せについても、地公災法 69 条に基づく条例には定めがない。これは、条例の対象になる非常勤職員には危険業務に従事させない建前があるためであるが、東日本大震災の際には、同じ庁舎にいて津波被害にあったにもかかわらず条例の適用のある非常勤職員の遺族には、正規職員の場合に認められた特殊公務災害としての補償の上乗せが認められないという矛盾が露呈することになった。

以上の格差を解消するためには立法論を必要とするが、相談や案件を担当する弁護士として問題の所在を認識しておく必要はあろう。

# 第10章　非正規公務員

## I　非正規公務員の増大

　国家公務員法および地方公務員法は、常勤でかつ定年まで勤務する一般職の職員を公務労働の中核と位置付けている。これらの職員を典型的公務員とすると、それ以外に、一般職非常勤職員（国の期間業務職員、地方公共団体の会計年度任用職員など）、臨時的任用職員、特別職非常勤職員、任期付職員などの非正規公務員が多数存在する。

　非正規公務員の多くは公務員の定員（定数）の枠外の職員とされるところ（行政機関の職員の定員に関する法律1条、自治172条3項参照）、公務に対する需要に応じて典型的公務員を増加させられない（削減を図らなければならない）財政状況のため、その代替要員とされて採用されてきた。特に地方公共団体では非正規公務員の増大が顕著で、出先職場や新規事業などでは非正規公務員が中核となっている例が少なくない。令和2（2020）年4月時点において、臨時・非常勤職員（後述する会計年度任用職員、臨時的任用職員および特別職非常勤職員の合計）の人数は約70万人に上り（総務省「地方公務員の会計年度任用職員等の臨時・非常勤職員に関する調査結果」）、総務省が初めて調査を行った平成17（2005）年時点（約45.5万人）から大幅に増加している。

　非正規公務員の種類は区々に分かれており、その法適用も分かれている。よって、これら非正規公務員の事件を担当する際は、採用辞令などによって、どのような種類の非正規公務員であるかを確定し、適用法規を調査・確認する必要がある。

　これらの非正規公務員については、後述するように任用期間が定められていることから生じる雇止めと、給与などの処遇が典型的公務員と比較して格段に低いという点が主に問題となってきた。また、公務災害についても典型的公務員とは異なる法適用が予定されている（非正規公務員の公務災害については、第

9章Ⅳを参照)。

## Ⅱ　非正規公務員の種類と法適用

### 1　地方公共団体における主な非正規公務員

#### （1）　会計年度任用職員
　ア　平成29年改正の概要

　従前、地方公共団体における非正規公務員の採用方法や法適用関係は非常に恣意的なものになっており、例えば、特別の学識または経験等を求められない通常の事務職員等であっても特別職非常勤職員（改正前の地方公務員法3条3項3号）として任用されたり、「緊急の場合」等に選考等の能力実証を行わずに職員を任用する例外的な制度である臨時的任用（改正前の地方公務員法22条）の制度趣旨に沿わない運用が行われるなどしていた。また、地方公務員法17条に基づき一般職非常勤職員が任用されていたが、法律上、一般職非常勤職員の任用等に関する制度が不明確であるとの問題があった。

　以上の問題点を整理すること等を趣旨として、平成29（2017）年に地方公務員法および地方自治法の一部について法改正が行われ、令和2（2020）年4月1日から施行されている（以下「平成29年改正」という）。

　平成29年改正では、特別職非常勤職員および臨時的任用職員について要件を厳格化する（後述）とともに（地公3条3項3号・22条の3）、一般職非常勤職員である「会計年度任用職員」に関する規定を設け、その採用方法や任期等を明確化した（同法22条の2）。

　イ　会計年度任用職員の制度概要

　会計年度任用職員は、「一会計年度を超えない範囲内で置かれる非常勤の職」を占める職員と定義されている（地公22条の2第1項）。ここでいう「非常勤」の意味は、行政解釈によれば、[図表17]のとおり、「相当の期間任用される職員を就けるべき業務に従事する職である」という要件（業務の性質に関する要件）を満たさないことを指す（総務省自治行政局公務員部「会計年度任用職員制度の導入等に向けた事務処理マニュアル（第2版）」（平成30年10月）7〜9頁。以下「事務処理マニュアル」という。令和4年12月23日総行公第148号による

修正も参照）。なお、ここでの常勤・非常勤の区別は、定数や給与に関する常勤・非常勤の区別とは異なるものである。

　会計年度任用職員には、「一週間当たりの通常の勤務時間が常時勤務を要する職を占める職員の一週間当たりの通常の勤務時間に比し短い時間であるもの」（「会計年度パート職員」（地公22条の2第1項1号））と、「一週間当たりの通常の勤務時間が常時勤務を要する職を占める職員の一週間当たりの通常の勤務時間と同一の時間であるもの」（「会計年度フルタイム職員」（同項2号））がある。これらの違いは、勤務時間のみならず、後述するように、各種手当の支給の可否といった待遇の違いにかかわる（本章Ⅲ2参照）。

　会計年度任用職員の任期は、その採用の日から同日の属する会計年度の末日までの期間の範囲内で任命権者が定めることになっているが（地公22条の2第2項）、その任期が当該会計年度の末日よりも前に設定されている場合には、当該会計年度任用職員の勤務実績を考慮した上で、当該期間の範囲内において、その任期を更新することができる（同条4項）。

　また、行政解釈によれば、会計年度末の到来によって任期満了となった者について、再度、同一職務内容の職に任用されることもあり得る。再任用にあたって公募を行うことは必須ではなく、実際にも公募によらない再任用が広く行われている。しかし、前掲事務処理マニュアルQ&A（問6-2）において、「例えば、国の期間業務職員については、平等取扱いの原則及び成績主義を踏まえ、公募によらず従前の勤務実績に基づく能力の実証により再度の任用を行うことができるのは、同一の者について連続2回を限度とするよう努めるものとしている」と記載されていることをもって、公募によらない再任用の上限を2回までとする地方公共団体があるが、法的な根拠に乏しい運用である。その後、事務処理マニュアルの上記記載は、後述する国における改正（「期間業務職員の適切な採用について」（平成22年8月10日人企-972）の改正）を受け、削除された（総務省自治行政局公務員部公務員課長「『会計年度任用職員制度の導入等に向けた事務処理マニュアル（第2版）』の改正について」令和6年6月28日総行公第49号）。

　なお、再任用の際には、「募集に当たって、任用の回数や年数が一定数に達していることのみを捉えて、一律に応募要件に制限を設けることは、平等取扱いの原則や成績主義の観点から避けるべき」とされ（前掲事務処理マニュアル

Q&A問6-1)、「退職手当や社会保険料等を負担しないようにするために、再度の任用の際、新たな任期と前の任期との間に一定の期間（いわゆる「空白期間」）を設けることは、適正な任用・勤務条件の確保という改正法の趣旨に沿わないものである」とされている（総務省自治行政局公務員部長「会計年度任用職員制度の適正な運用等について（通知）」（令和5年12月27日総行公第141号・総行給第78号））。

[図表17：地方公務員の「職」の整理]

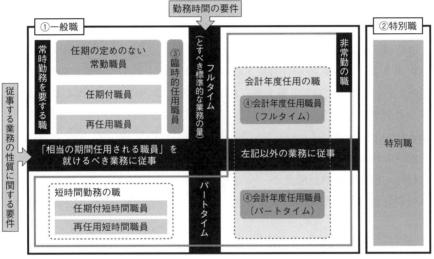

（出典）総務省自治行政局公務員部「会計年度任用職員制度の導入等に向けた事務処理マニュアル（第2版）」（平成30年10月）9頁。

### （2） 臨時的任用

地方公務員法22条の3による臨時的任用は、正式任用（地公17条）の特例であり、もともと緊急の場合等の例外的な場合にのみ適用することが想定されていた。しかし、前述のとおり、実際にはかかる制度趣旨に沿わない運用がなされていたため、平成29年改正により、「常時勤務を要する職に欠員を生じた場合」に限られることとなった（地公22条の3第1項・4項）。

臨時的任用を行うことができるのは、さらに「緊急のとき」「臨時の職に関するとき」または「採用候補者名簿がないとき」のいずれかに該当する場合である（地公22条の3第1項・4項）。「緊急のとき」とは、正式任用（同法17条）

の手続をとるいとまがない場合である（典型的には災害発生時など）。「臨時の職に関するとき」とは、職自体の存続期間が暫定的な場合であるところ、後述のとおり臨時的任用は1年を限度とすることから、1年以内の存続期間が予定されているものが「臨時の職」に該当すると解されている（橋本勇『新版逐条地方公務員法（第6次改訂版）』（学陽書房、2023年）347頁）。

臨時的任用が可能なのが「常時勤務を要する職に欠員を生じた場合」に限られることとなったことから、臨時的任用職員の勤務時間は、当該欠員となった職員の勤務時間と同じでなければならず、それよりも短い勤務時間とすることはできない。

臨時的任用の期間は、6か月以内の期間である。また、6か月以内の期間で更新することができるが、再度更新することはできない（すなわち、最長で1年間となる。地公22条の3第1項・4項）。ただし、再度任用されることはあり得ると解されている（総務省自治行政局公務員部長「臨時・非常勤職員及び任期付職員の任用等について」（平成26年7月4日総行公第59号））。

臨時的任用が行われる具体例を含め、第3章Ⅱ3も参照されたい。

### （3） 特別職非常勤職員

特別職非常勤職員は、地方公務員法3条3項3号に基づき任用される職員である。

同号は、従来、「臨時又は非常勤の顧問、参与、調査員、嘱託員及びこれらの者に準ずる者の職」を特別職と規定してきたところ、前述のとおり、本来の想定とは異なる運用がされていたことから、平成29年改正により「専門的な知識経験又は識見を有する者が就く職であって、当該知識経験又は識見に基づき、助言、調査、診断その他総務省令で定める事務を行うものに限る」との文言が加えられた。

これにより、同号の特別職非常勤職員として任用できる範囲は限定され（具体的な職について、前掲事務処理マニュアル13〜14頁）、これに該当しないが特別職非常勤職員として扱ってきた者については会計年度任用職員等へ移行すべきこととなる。

なお、特別職は、特別の定めのない限り、地方公務員法が適用除外となる（地公4条2項）。

## Ⅱ 非正規公務員の種類と法適用

### （4） その他の非正規公務員

#### ア 地方公務員法上のその他の非正規公務員

地方公務員法には、これまで述べてきた以外にも、定年前再任用短時間勤務職員の任用（地公22条の4）や、定年退職者等の再任用（定年が段階的に引き上げられる経過期間における暫定再任用制度。地方公務員法の一部を改正する法律（令和3年法律第63号）附則4～7条）が規定されている（詳細は、第3章Ⅴを参照）。また、配偶者同行休業に伴う任期付採用も規定されている（地公26条の6第7項～10項）。

なお、従来、地方公務員法17条に基づいて一般職非常勤職員を任用することが可能と解され、実際、臨時的任用職員および特別職非常勤職員と並んで多くの非正規公務員の任用根拠とされてきた。もっとも、会計年度任用職員制度の創設により、一般職非常勤職員を任用する際には会計年度任用職員として任用することが想定されており、同法17条に基づく一般職非常勤職員の任用は避けるべきと解するのが行政解釈である（前掲事務処理マニュアル10～11頁）。ただし、異論もある。

#### イ 特別法に基づく非正規公務員

##### （A） 任期付職員・任期付研究員

「地方公共団体の一般職の任期付職員の採用に関する法律」（地公任期付職員法）に基づいて「任期付職員」を採用することが可能である。任期付職員には、専門的な知識経験を必要とする業務に一定期間従事させる場合（同法3条）、期限付の業務に従事させる場合（同法4条）、短時間勤務職員を任期を定めて採用する場合（同法5条）が設けられている。

また、「地方公共団体の一般職の任期付研究員の採用等に関する法律」（地公任期付研究員法）に基づく「任期付研究員」も存在する。

これらの職員を採用するには、条例の制定が必要とされている。

##### （B） 育児休業等に伴う任期付採用等

育児休業をする職員の代替要員に充てるための任期付採用が存在する（地公育6条1項1号）。なお、同趣旨で臨時的任用を行うことも可能である（同項2号）。

また、職員が育児短時間勤務をする場合に、当該職員の業務を処理するため

第10章　非正規公務員

に必要なときに短時間勤務職員を任用することも可能である（地公育18条）。

### （5）　各種非正規公務員の異同

これまで説明した各種の非正規公務員について主なものを整理すると、[図表18]のとおりとなる。

[図表18：各種非正規公務員の異同]

| 名称 | 職区分 | 任用根拠 | 任用期間 | 勤務形態 | 備考 |
|---|---|---|---|---|---|
| 会計年度任用職員 | 一般職（地公法適用） | 地公法22条の2 | 一会計年度を超えない範囲内。当該期間内での更新は可能。再任用も可能。 | 非常勤 | パート職員とフルタイム職員が存在する。 |
| 臨時的任用職員 | 一般職（地公法適用。ただし一部適用除外） | 地公法22条の3（注1） | 6か月以内。更新により1年まで可（更新は1回のみ）。再任用も可能。 | 常勤 | 「常時勤務を要する職に欠員を生じた場合」で、かつ①緊急のとき②臨時の職に関するとき③採用候補者名簿がないときの3つの場合に限定。 |
| 特別職非常勤職員 | 特別職（地公法非適用） | 地公法3条3項3号 | 原則1年以内（再任用は可能）。 | 主に非常勤 | 専門的な知識経験または識見を有する者が就く職であって、当該知識経験または識見に基づき、助言、調査、診断その他総務省令で定める事務を行うものに限られる。 |
| 定年前再任用短時間勤務職員 | 一般職（地公法適用） | 地公法22条の4 | 条例で定める年齢（通常は60歳）以降、定年退職日相当日まで。 | 短時間（非常勤） | 条例で定める年齢（通常は60歳）以降に退職した者について、任命権者が従前の勤務実績等に基づく選考により、短時間勤務の職に |

296

Ⅱ　非正規公務員の種類と法適用

| | | | | | 採用。 |
|---|---|---|---|---|---|
| 暫定再任用職員（定年退職者等の再任用） | 一般職（地公法適用） | 地方公務員法の一部を改正する法律（令和3年法律第63号）附則4～7条 | 1年を超えない範囲内。更新が可能(注2)。 | 常勤 | ・当該地方公共団体の定年退職者等を、任命権者が従前の勤務実績等に基づく選考により採用。<br>・採用しようとする職に係る定年に達していることを要する。 |
| | | | | 短時間（非常勤） | ・当該地方公共団体の定年退職者等を、任命権者が従前の勤務実績等に基づく選考により、短時間勤務の職に採用。<br>・採用しようとする職に係る定年に達していることを要する。<br>・常勤職員と同様の本格的業務に従事することができる。 |
| 任期付職員 | 一般職（地公法適用） | 地公任期付職員法3条～5条 | 原則5年以内（3条）または3年以内（4条・5条） | 常勤（3条・4条）、短時間・非常勤（5条） | ・専門的な知識経験を必要とする業務に一定期間従事させる場合（3条）<br>・期限付の業務に従事させる場合（4条）<br>・短時間勤務職員を任期を定めて採用する場合（5条） |
| 任期付研究員 | 一般職（地公法適用） | 地公任期付研究員法3条 | 原則5年以内（3条1項）または3年以内（3条2項） | | ・研究業績等により当該研究分野において特に優れた研究者として認められている者を招 |

297

|  |  |  |  |  | 聘して、当該研究分野に係る高度の専門的知識経験を必要とする研究業務に従事させる場合（3条1項）<br>・独立して研究する能力があり、研究者として高い資質を有する者を、当該研究分野における先導的役割を担う研究者となるために必要な能力のかん養に資する研究業務に従事させる場合（3条2項） |

（注1） 臨時的任用は、地方公務員法22条の3のほかに、「地方公務員の育児休業等に関する法律」6条および「女子教職員の出産に際しての補助教職員の確保に関する法律」3条に基づくものがある。

（注2） 任期の上限年齢である「特定年齢」（地方公務員法の一部を改正する法律（令和3年法律第63号）附則4条1項参照）は、各地方公共団体の「職員の再任用に関する条例」で、65歳とされている。

（注3） 上記以外の任期付採用として、「地方公務員の育児休業等に関する法律」6条（育児休業に伴う任期付採用）および18条（育児短時間勤務に伴う短時間勤務職員の任用）に基づくものがある。

## 2 国における主な非正規公務員

　国においても、これまで述べてきた地方公共団体の非正規公務員とほぼ同様の非正規公務員が存在する。ただし、地方公共団体に存在する「特別職」の非常勤職員は、国には存在しない。

### （1）　臨時的職員
第3章Ⅱ3を参照されたい。

### （2）　非常勤職員
国家公務員法には明文がないものの、国にも非常勤職員が存在する。人事院

規則8-12（職員の任免）の46条以下に「非常勤職員の特例」があり、非常勤職員の採用の方法や任期が定められている（なお、国公附則4条も参照）。非常勤職員には、任期を一会計年度内（1年以内）とする「期間業務職員」と、それ以外の非常勤職員（必ずしも任期を定める必要はない）の2種類が存在する（人事院規則8-12（職員の任免）46条の2参照）。

「期間業務職員」は、相当の期間任用される職員を就けるべき官職以外の官職である非常勤官職であって、一会計年度内に限って臨時的に置かれるもの（短時間勤務の官職その他人事院が定める官職を除く）に就けるために任用される職員と定義されている（人事院規則8-12（職員の任免）4条13号）。ここでいう「人事院が定める官職」とは、その官職を占める職員の1週間あたりの勤務時間が、常勤職員の勤務時間の4分の3を超えない時間であるものとされている。すなわち、期間業務職員とは、一会計年度の範囲内で任期を定めて任用され、常勤職員の勤務時間の4分の3を超える勤務時間で臨時的に勤務することが想定されている。その代表例としては、事務補助員、技術補助員等の単純定型的業務に従事する者があるが、実際には常勤職員を就けるべき官職に就いている場合がある。再任用は可能であり、面接および従前の勤務実績によって能力実証が可能な場合には公募によらないことが可能であるが、こうした公募によらない採用を行うときにおいても、平等取扱いの原則および成績主義の原則を踏まえた適正な運用を行うこととされている（人事院事務総局人材局長発「期間業務職員の適切な採用について」（平成22年8月10日人企-972））。なお、当該通知には、公募によらない採用は同一の者について連続2回を限度とするよう努める、との規定が置かれていたが、当該規定は令和6年に削除された（令和6年6月28日人規-840）。

その他の非常勤職員については、常勤職員の勤務時間の4分の3を超えない範囲内において、各省各庁の長が任意に定める勤務時間とされている（人事院規則15-15（非常勤職員の勤務時間及び休暇）2条後段）。この非常勤職員をいかなる職に就けるべきかについては、人事院規則に定義規定が存在しないことから判然としないが、委員・顧問・参与等のほか、常勤を要しない補助的業務が想定されているものと考えられる。しかし、実際には恒常的・本格的業務に非常勤職員が任用されている例がある。

### （3）　任期付職員・任期付研究員

地方公共団体と同様に、「一般職の任期付職員の採用及び給与の特例に関する法律」に基づく「任期付職員」と、「一般職の任期付研究員の採用、給与及び勤務時間の特例に関する法律」に基づく「任期付研究員」が存在する（なお、人事院規則23-0（任期付職員の採用及び給与の特例）および人事院規則20-0（任期付研究員の採用、給与及び勤務時間の特例）もそれぞれ参照）。

### （4）　その他

そのほかに、定年前再任用短時間勤務職員（国公60条の2）、定年退職者等の暫定再任用制度に基づく再任用職員・再任用短時間勤務職員（国家公務員法等の一部を改正する法律（令和3年法律第61号）附則4〜5条）や、育児休業に伴って任用される任期付採用職員、育児短時間勤務に伴って任用される任期付短時間勤務職員（国公育7条・23条、人事院規則19-0（職員の育児休業等））も存在する。

## Ⅲ　非正規公務員の法律問題

非正規公務員の法律問題としては、主に、雇止めの問題と、処遇の問題がある（平成29年改正前の内容であるが、東京弁護士会労働法制特別委員会公務員労働法制研究部会編『裁判例に見る「非正規公務員」の現状と課題——雇止め・処遇の問題を中心に』（法律情報出版、2016年）も参照）。

### 1　非正規公務員の雇止め

#### （1）　地位確認請求の可否

非正規公務員の採用には、前述のとおり期限が付いており、任用が長期間反復更新されたような場合でも、国や地方公共団体の都合によって、期限満了時点において雇止め（更新拒否・再任用拒否）が行われることがある。

民間労働者については、判例法理で有期労働契約の反復更新に対する解雇権濫用法理の類推適用（雇止め法理）が認められ（東芝柳町工場事件：最一小判昭和49年7月22日民集28巻5号927頁、日立メディコ事件：最一小判昭和61年12月4日労判486号6頁）、その後、同法理は労働契約法19条に明文化された。

しかし、公務員には労働契約法は適用されない（同法21条1項）。また、公

務員の勤務関係は民間労働者と異なり、契約ではなく公法上の勤務関係（かつ任用という行政処分を要する法律関係）であるとの理解の下、判例法理としての雇止め法理も適用・類推適用されず、任期切れ後に再度の任用行為がない以上、従前の任用は期限到来とともに当然に終了するとの見解が裁判例では一般的である（非正規公務員の雇止めについて地位確認請求を認容した裁判例として、情報・システム研究機構（国情研）事件：東京地判平成18年3月24日労判915号76頁があるものの、同判決は控訴審判決で破棄され（東京高判平成18年12月13日労判931号38頁）、それ以外の裁判例で地位確認請求が認められた例はない）。したがって、裁判実務上は地位確認請求が認められる可能性は低いといわざるを得ない状況にある（採用の法的性質については、第3章Ⅱ4も参照）。

### (2) 義務付け訴訟の可能性

#### ア 概　要

勤務関係を継続するための方法として、上記のように公務員の勤務関係の設定には行政処分を要するという見解を前提とした場合には、義務付け訴訟（行訴3条6項）により、再任用行為の義務付けを求めるという方法が考えられる（当該非正規公務員の生活状況等によっては、さらに仮の義務付けの訴えを提起することも検討する余地がある）。

義務付け訴訟の類型としては、非正規公務員が法令に基づいて再任用を請求する申請権を有するとはいいがたいことから、いわゆる非申請型（行訴3条6項1号・37条の2）を選択することになろう。

#### イ 訴訟要件

非申請型義務付け訴訟には、「一定の処分がされないことにより重大な損害を生ずるおそれがあり、かつ、その損害を避けるため他に適当な方法がないときに限り、提起することができる」という訴訟要件が課されており（行訴37条の2第1項）、これが義務付け訴訟のハードルとなることが予想される。

21回の任用更新により約22年3か月間勤続していた非常勤嘱託職員が更新されなかったことに対して地位確認請求とともに再任用の義務付けの訴えを提起した事案において、東京高裁は同要件を満たさないとして訴えを却下した（武蔵野市（非常勤嘱託職員）事件：東京高判平成24年7月4日公務員関係判決速報417号2頁。ただし、同事案は、再任用拒否から5か月後に従前勤めていた課とは別

の課において嘱託職員として採用されて稼働していたという特殊な事情が存在する）。そのほかにも、同要件が否定されて訴えが却下されたものが複数ある（吹田市（非常勤職員）事件：大阪高判平成29年8月22日労判1186号66頁、大阪府・府教委事件：大阪高判平成30年3月28日LLI/DB判例秘書等）。

　同要件の判断においては、「損害の回復の困難の程度を考慮するものとし、損害の性質及び程度並びに処分の内容及び性質をも勘案する」とされている（行訴37条の2第2項）。同要件については、裁判例上、経済的損害に対しては職員に厳しい判断がなされる傾向にあるが、失業状態が継続したり、転職可能性が低いといった事情があれば十分考慮されるべきである。また、仮に転職できたとしても従前の業務と大きく異なる業務に従事することになった場合などはキャリア形成に関する損害が生じ、これは事後的な賠償では回復されない重大な損害と評価される場合も考えられる（鈴木みなみ「非正規公務員の『雇止め』をめぐる法的問題」慶應法学35号（2016年）98頁以下参照）。

　なお、裁判例の中には、非常勤職員の任用期間が経過したときは、期間満了により当然に退職することから、任用期間の満了後に再び任用される権利もしくは任用を要求する権利または再任用されることを期待する法的利益を有すると認めることはできないとして、行政庁に義務付けを求める「法律上の利益を有する者」に該当しない、すなわち原告適格（行訴37条の2第3項）がないという理由で却下したものがある（小野市事件：神戸地判平成29年5月31日裁判所ウェブサイト）。義務付けが認容されれば自身の非正規公務員としての法的地位に影響を及ぼすことは明らかであるから、当該非正規公務員に「法律上の利益」が存在することは明らかであると思われるが、義務付け訴訟においては同要件についても注意深く主張立証すべきである（なお、同事件の控訴審判決（大阪高判平成30年2月7日労働判例ジャーナル75号42頁）は、原告適格については判断せず、上記「重大な損害」要件を否定した）。

　　ウ　本案勝訴要件
　仮に上述した訴訟要件を満たすとしても、「行政庁がその処分をしないことがその裁量権の範囲を超え若しくはその濫用となると認められる」（行訴37条の2第5項後段）という本案勝訴要件も認められることが必要である。すなわち、再任用を行わないという措置について、①事実誤認の有無、②法律の目的

違反・不正な動機の有無、③行政法上の一般法原則（平等原則、比例原則、信義則）違反の有無、④判断過程の合理性審査（要考慮事項を考慮したか、不要事項を考慮していないか、考慮事項の評価は適正か）、等の観点から、行政庁の裁量権の逸脱・濫用の有無を検討することとなる（東京弁護士会労働法制特別委員会公務員労働法制研究部会編・前掲書168頁、宇賀克也『行政法概説Ⅰ（第8版）』（有斐閣、2023年）374〜379頁等）。

　再任用をしないことが裁量権の逸脱・濫用に当たる場合としては、再任用手続の状況（再任用手続が形骸化していなかったか）、他の非正規公務員の再任用状況（平等原則違反に関する事情）、当該非正規公務員が再任用されると期待した理由（再任用の回数、任用期間、当該非正規公務員が従事していた業務の恒常性、当事者間の言動等の信義則違反に関する事情）、再任用しないこととした理由（不当な動機の有無や比例原則違反に関する事情）等を考慮することになるが、これらの事情は、民間労働者が雇止めを争って地位確認を求める際の審理対象（労契19条）と相当程度重なるものと思われ、同種事件の裁判例も参考になる。

### （3）　国家賠償請求の可否

　これまで述べた方法により職場復帰をすることができない場合においても、再任用されなかったことに対して国家賠償請求によって金銭的な救済を求めることが考えられる。

　最高裁は、日々雇用職員（国家公務員制度において一般職非常勤職員の一つと位置付けられていたものであり、任期を1日と定め、任用予定期間内は任命権者が別段の措置をしない限り任用を日々更新するものとされていたもの。期間業務職員の導入に際して廃止された）である図書館事務補佐員が雇止めされた事案において、「上告人が、任用予定期間の満了後に再び任用される権利若しくは任用を要求する権利又は再任用されることを期待する法的利益を有するものと認めることはできないから、大阪大学学長が上告人を再び任用しなかったとしても、その権利ないし法的利益が侵害されたものと解する余地はない。もっとも、任命権者が、日々雇用職員に対して、任用予定期間満了後も任用を続けることを確約ないし保障するなど、右期間満了後も任用が継続されると期待することが無理からぬものとみられる行為をしたというような特別の事情がある場合には、職員がそのような誤った期待を抱いたことによる損害につき、国家賠償法に基

303

づく賠償を認める余地があり得る」と判示した（大阪大学（図書館事務補佐員）事件：最一小判平成6年7月14日労判655号14頁。結論としては賠償を認めなかった）。

その後、期間1年の任用を長年繰り返してきた非常勤保育士（特別職非常勤職員）が雇止めされた事案において、東京高裁は、上記大阪大学事件最高裁判決を踏まえて「特別の事情」を検討する中で、再任用を請求する権利がないことについての説明義務違反、採用担当者が長期の職務従事の継続を期待させるような言動を示していたこと、職務の恒常性、多数回再任用され、再任用が形式的で当然のように継続していたこと等を認定し、再任用を期待することが無理からぬものとみられる行為があったとして「特別の事情」を認め、当該職員らの任用継続に対する期待は法的保護に値するとし、中野区はかかる期待権侵害による損害を賠償する義務を負うとし、区の対応の不誠実さ等を考慮して「報酬の1年間分に相当する程度の慰謝料額を認めるのが相当」とした（中野区（非常勤保育士）事件：東京高判平成19年11月28日労判951号47頁）。もっとも、その後の裁判例においては、上記「特別の事情」を否定して国家賠償請求を認めない例が多い（吹田市（非常勤職員）事件：前掲大阪高判平成29年8月22日等）。

ただし、定年後の再任用を拒否された事案においては、再任用制度が、公的年金におけるいわゆる満額年金の支給開始年齢の引上げに合わせて、公的部門における再任用の機会を設定して高齢職員に雇用機会を提供するという考えに基づき導入されたものであること等を踏まえ、上記「特別の事情」が認められやすい傾向にある（東京都（損害賠償請求）事件：東京地判平成26年3月6日判時2249号94頁参照）。この点については、第3章Ⅴ3も参照されたい。

## 2　非正規公務員の処遇

### (1)　処遇格差の問題

非正規公務員が、実際には正規公務員と同様の職務につきながら低廉な給与しか支給されないといった、いわゆる「官製ワーキングプア」と呼ばれる問題が社会的な問題となっている（なお、本章では主に地方公共団体における非正規公務員の処遇の問題について述べることとする）。

この問題は、給与を支給する地方公共団体の対応にも原因があるものの、そもそも法制度上も非正規公務員に正規公務員と同等の給与を支給することが予定されていない点にも原因がある。平成29年改正は、後述するように会計年度任用職員に対して期末手当等を支給することを可能にし、非正規公務員の処遇改善に一部対応したものの、いまだ十分とはいいがたい。

### （2）　現行法の内容

　給与の支給は、契約ではなく、法律や条例の定めに基づかなければならない。これを、給与法定（条例）主義という（詳細は、第6章Ⅰ参照）。法律や条例上の根拠がないのに公務員に対して給与が支払われれば、違法な公金の支出となる（地方公共団体においては、住民訴訟のリスクが生じる）。

　地方公務員の給与支給の根拠は、地方自治法に定めがある。

　地方自治法204条1項は、普通地方公共団体は、常勤の職員、短時間勤務職員（なお、ここでいう「短時間勤務職員」とは、前述した定年前再任用短時間勤務職員（地公22条の4第1項）のことである（自治92条2項参照））、および会計年度フルタイム職員に対し、給料および旅費を支給しなければならない旨を定め、同条2項は、これらの者に対して、条例で期末手当、勤勉手当、退職手当等の各種手当を支給することができる旨を定める。

　他方、地方自治法203条の2第1項は、普通地方公共団体は、非常勤の職員（短時間勤務職員および会計年度フルタイム職員を除く）に対し、報酬を支給しなければならない旨を定め、同条4項は、条例で、これらの者のうち会計年度パート職員に対し、期末手当および勤勉手当を支給することができる旨を定める（令和5年の地方自治法改正により、期末手当に加え、勤勉手当の支給も可能になった（令和6年4月1日施行））。

　すなわち、原則として常勤職員には各種手当を支給することができるが、非常勤職員には支給することができない。もっとも、短時間勤務職員および会計年度フルタイム職員については各種手当を、また、会計年度パート職員に対しては期末手当および勤勉手当を支給することができる（いずれについても条例の定めが必要である）。なお、令和6年4月施行の改正地方自治法203条の2第4項は「期末手当又は勤勉手当」と定めるが、これは期末手当と勤勉手当のいずれも支給すべきであるという趣旨である（総務省自治行政局公務員部長「地方

自治法の一部を改正する法律（会計年度任用職員に対する勤勉手当の支給関係）の運用について」（令和5年6月9日総行給第29号・総行女第12号）参照）。

　しかし、会計年度任用職員の約9割が、期末手当および勤勉手当しか支給することのできないパート職員であり（総務省「地方公務員の会計年度任用職員等の臨時・非常勤職員に関する調査結果」）、フルタイム職員も含め、そもそも基本給に相当する給料や報酬が常勤職員の給料に比べて格段に低く、いまだ処遇格差が解消されているとはいいがたい状況にある。全日本自治団体労働組合（自治労）の調査（2020年度会計年度任用職員の賃金・労働条件制度調査）によれば、会計年度任用職員の全国平均時給は1084円にとどまる。なお、地方公共団体によっては、会計年度任用職員について期末手当を支給する代わりに従前の給料ないし報酬部分を減額するなど、平成29年改正の趣旨に反する運用がなされたことが確認されており、こうした運用がなされないよう注意が必要である。

　なお、国の非常勤職員については手当の支給は禁じられておらず（給与法22条）、通達でも「任期が相当長期にわたる非常勤職員に対しては、期末手当及び勤勉手当に相当する給与を、勤務期間、勤務実績等を考慮の上支給するよう努めること」等とされ（人事院事務総長発「一般職の職員の給与に関する法律第22条第2項の非常勤職員に対する給与について」（平成20年8月26日給実甲1064号、最終改正：令和5年4月1日給実甲1313号））、実際にほとんどの非常勤職員に期末手当および勤勉手当が支給されている（内閣官房内閣人事局「国家公務員の非常勤職員の処遇の状況に関する調査」（平成30年10月））。

### （3）「常勤」「非常勤」の意義

　前述のとおり、地方公共団体においては、常勤か非常勤かによって各種手当の支給の可否が決まるものの、地方自治法上、「常勤」「非常勤」という用語についての定義規定はなく、各種手当が支給できる対象が問題となり得る（ここでの「常勤」「非常勤」は、地方公務員法上の「常勤」「非常勤」の概念とは一致しない）。

　この点について、最高裁は、「臨時的任用職員に対する手当の支給が地方自治法204条2項に基づく手当の支給として適法であるというためには、当該臨時的任用職員の勤務に要する時間に照らして、その勤務が通常の勤務形態の正規職員に準ずるものとして常勤と評価できる程度のものであることが必要であ

り、かつ、支給される当該手当の性質からみて、当該臨時的任用職員の職務の内容及びその勤務を継続する期間等の諸事情にかんがみ、その支給の決定が合理的な裁量の範囲内であるといえることを要する」とし、週3日以上の勤務をした臨時的任用職員への一時金の支給を違法とした（茨木市事件：最二小判平成22年9月10日民集64巻6号1515頁）。

ただし、すでに述べたように、会計年度任用職員に対して支給できる手当の範囲は地方自治法に定められているため、同職員については、各地方公共団体において同法の趣旨に沿った適切な支給がなされるべきである。

### （4） 具体的な対応方法

以上を踏まえ、非正規公務員が待遇を争う具体的な方法を検討する。

#### ア 制度上自らに支給されるべき手当等が支給されない場合

例えば、地方自治法上、当該待遇（手当等）の対象であり、かつ自らに適用されるべき支給条例が存在するにもかかわらず適用されない場合などがある。かかる場合は条例の解釈運用の問題であり、裁判手続により手当等の支給を請求することが可能である。

このような請求をした例として、特別職非常勤職員（地公3条3項3号）として任用されていた者が退職手当条例に基づく退職手当の支払を求めた事件がある。原判決は、当該職員を一般職と認定した上で、退職手当条例を適用し請求を認容したが、最高裁は、①市は同職員が任用された職を特別職として設置する意思を有し、それを前提とする人事上の取扱いをしていたのであるから、同職員は特別職の職員に当たる、②本件退職手当条例の改正の経緯等を勘案すれば、同条例は特別職には適用されないなどとして、原判決を破棄し、請求棄却の一審判決が確定した（中津市（特別職職員）事件：最三小判平成27年11月17日労判1135号5頁）。

#### イ その他の場合で正規公務員との待遇格差を争う方法

上記アと異なり、法制度上の根拠が存在しない場合（地方公共団体でいえば、条例の根拠がない場合（条例によって不合理な待遇格差が定められている場合など））には、給与法定（条例）主義との関係が問題となり、また、「短時間労働者及び有期雇用労働者の雇用管理の改善等に関する法律」（いわゆるパート有期法）が公務員に適用されない（同法29条）こと等から、正規職員との待遇の格

差を改善することは困難とも思える。

　もっとも、公務員法上定められている平等取扱いの原則（国公27条、地公13条）、情勢適応の原則（国公28条1項、地公14条1項）、職務給の原則（国公62条、地公24条1項）、均衡の原則（国公64条2項、地公24条2項）等からすれば、国ないし地方公共団体が正規公務員と非正規公務員との間に不合理な待遇の格差を設けることが違法であると評価される場合はあり得ると考えられる。

　このことを前提に、まずは措置要求（国公86条以下、人事院規則13-2（勤務条件に関する行政措置の要求）、地公46条）による是正を求めることが考えられる（措置要求については、第6章Ⅲを参照）。人事院（国）や、人事委員会または公平委員会（地方公共団体）は、正規公務員と非正規公務員の待遇格差が不合理であり違法であると判断した場合には、必要な勧告をしなければならない。仮に違法とまでいえない場合にも、待遇の改善が望ましいと判断した場合には必要な勧告がなされるべきである。

　なお、不合理な待遇格差が給与条例等の条例によって生じている場合に、措置要求の対象となるかが問題とされ得るが、裁判例によれば、人事委員会等が地方公共団体の長に条例の制定改廃の議案を議会に提出するよう求めること自体は可能であり、条例の提案も措置要求の対象となると判断されている（三木市・市公平委員会事件：大阪高判平成30年5月25日労判1196号42頁、川崎市・市人事委員会（是正措置要求）事件：横浜地判令和3年9月27日労判1266号85頁）。

　司法的な救済としては、例えば不合理な待遇の相違を生じさせている条例の制定が国家賠償法上違法であるとして国家賠償請求を求めるといった方法や、条例や規則等の内容によっては、既存の条例や規則等の一部が違法・無効と解される結果、当該条例や規則等の合理的解釈（補充的解釈）によって正規公務員との差額給与請求をするという方法なども検討されうる。

　なお、正規公務員と非正規公務員の待遇格差を争う方法およびその根拠について詳細に論じたものとして、早津裕貴『公務員の法的地位に関する日独比較法研究』（日本評論社、2022年）272頁以下、岡田俊宏「正規公務員と非正規公務員の待遇格差の違法性――会計年度任用職員を中心とした検討――」菊池馨実ほか編著『働く社会の変容と生活保障の法（島田陽一先生古稀記念論集）』（旬報社、2023年）241頁以下などがある。

# 第11章 公務員の派遣・人事交流

## I 派遣とは

公務員の「派遣」とは、一般的に、公務員の身分を保有させたまま他の団体等の職務に従事させることを意味する。もっとも、公務員を退職して他の団体等の職務に従事し、従事期間が満了した場合に派遣元の行政主体で公務員としてあらためて採用する義務が課されている場合（退職派遣）もある。いずれにせよ、労働者派遣法における「派遣」とは異なる概念なので、注意を要する。

なお、派遣とは異なるが、同一地方公共団体内における異なる任命権者相互間の異動・人事交流の発令形式として、出向命令が慣例的に様々な場面で用いられている。出向について、法律上別段の規定はないが、行政実例は同一地方公共団体内部における執行機関相互の職員の人事交流のための出向発令を容認している（昭和26年8月2日地自公発第318号公務員課長回答参照）。出向については、第3章III 3を参照されたい。

## II 国家公務員の派遣

### 1 国際機関等への派遣

#### （1）概　要

任命権者は、国際協力等の目的で、日本が加盟している国際機関や外国政府の機関等の業務に従事させるため、これらの機関に職員を派遣することができる（国際機関等に派遣される一般職の国家公務員の処遇等に関する法律（以下「国際派遣国公法」という）1条・2条）。

派遣制度の実施について必要な事項は、人事院規則で定められている（国際派遣国公法12条、人事院規則18-0（職員の国際機関等への派遣））。

### （2）　身分等

派遣される職員は、派遣期間中、国家公務員としての身分を有するが、国家公務員の職務には従事しない（国際派遣国公法3条）。

派遣には職員の同意が必要であり、派遣期間についての定めはないが、5年を超える場合は、人事院との協議を要することとされている（人事院規則18-0（職員の国際機関等への派遣）4条）。

任命権者は、派遣職員について、派遣の必要がなくなったときは、速やかに当該職員を職務に復帰させなければならず、また、派遣職員は、派遣期間が満了したときは、職務に復帰する（国際派遣国公法4条）。

### （3）　国家公務員災害補償法の適用

派遣職員の派遣先の機関の業務に起因する災害または通勤による災害については、派遣先の業務を公務とみなして、国家公務員災害補償法が適用される（国際派遣国公法6条1項）。

### （4）　国家公務員共済組合法等の適用

派遣先の機関の業務を公務とみなして、国家公務員共済組合法等が適用される（国際派遣国公法7条1項）。

## 2　法科大学院への派遣

### （1）　概　要

任命権者は、法科大学院設置者から派遣の要請があれば、当該法科大学院設置者との間の取り決めに基づき、裁判官または検察官等が当該法科大学院において教授等の業務を行うものとすることができる（法科大学院への裁判官及び検察官その他の一般職の国家公務員の派遣に関する法律（以下「法科大学院派遣法」という））。

裁判官および検察官等の派遣に関する取決め等については、最高裁判所規則および人事院規則で定められている（法科大学院への裁判官の派遣に関する規則、人事院規則24-0（検察官その他の職員の法科大学院への派遣））。

### （2）　身分等

派遣には裁判官または検察官等の同意が必要であり（法科大学院派遣法4条1項・3項）、派遣期間は原則3年を上限とし、特に必要があると認められる

ときは5年を上限に延長することができる（同条7項）。

　派遣される職員は、派遣期間中も国家公務員としての身分を有するが、国家公務員の職務とともに法科大学院における教授等を行う形態と、国家公務員としての職務を行わずもっぱら法科大学院における教授等を行う形態がある。

### （3）　国家公務員災害補償法の適用

　派遣先の業務に起因する災害または通勤による災害について、法科大学院派遣法に明文はないが、裁判官については、派遣先との取決め等に基づき、裁判官の災害補償に関する法律により、国家公務員災害補償法が適用され、検察官についても、一般職国家公務員として、国家公務員災害補償法が適用されることになると考えられる。

### （4）　国家公務員共済組合法等の適用

　当該法科大学院における教授等の業務を公務とみなして、国家公務員共済組合法等が適用される（法科大学院派遣法8条等）。

## Ⅲ　国家公務員の民間企業への交流派遣・民間企業からの交流採用（官民人事交流）

### 1　官民人事交流の概要

　官民の人事交流については、国と民間企業との間の人事交流に関する法律（以下「官民人事交流法」という）において、①民間企業への交流派遣（国家公務員をその身分を保有させたまま民間企業に従業員として派遣する場合）と、②民間企業からの交流採用（民間企業の従業員を国家公務員として採用する場合）が定められている。

　その目的は、行政運営における重要な役割を担うことが期待される職員について交流派遣を行い、民間企業の実務を経験させることを通じて、効率的かつ機動的な業務遂行の手法を体得させ、かつ、民間企業の実情に関する理解を深めさせることにより、行政の課題に柔軟かつ的確に対応するために必要な知識および能力を有する人材の育成を図るとともに、民間企業における実務の経験を通じて効率的かつ機動的な業務遂行の手法を体得している者について交流採用をして職務に従事させることにより行政運営の活性化を図り、もって公務の

能率的な運営に資することとされている（官民人事交流法1条）。

対象となる民間企業は、株式会社、合名会社、合資会社、合同会社、相互会社、信用金庫、一般社団法人、NPO法人等である。制度の目的に鑑みて、非営利の法人や国立大学等は対象とならない。

対象となる府省等は、全ての府省等および行政執行法人である。

## 2　民間企業への交流派遣

### （1）　身分等

公務員の身分は保有したままであるが、公職には従事せず、民間企業に雇用されることになる。

期間は、原則として3年以内とされているが、必要がある場合は5年まで延長することができる（官民人事交流法8条）。

### （2）　服務等

公務員としての服務義務のほかに、派遣前の府省への許認可の申請等の業務や影響力の利用行為等が禁止されている（官民人事交流法12条）。

### （3）　給与等

給与は、民間企業から従業員として賃金が支給され、国から派遣給等は支給されない（官民人事交流法11条）。

処遇については、年金（国家公務員共済組合）および雇用保険（適用なし）を除き、医療保険、災害補償、退職金、福利厚生一般等について、民間企業の従業員に適用される諸制度が適用される。

## 3　民間企業からの交流採用

### （1）　身分等

民間企業の従業員を常勤の職員として選考により採用する。交流元の企業を退職する場合と交流元の企業が雇用を継続する場合があり、後者の場合は雇用保険等の継続が可能となる。

期間は、原則として3年以内とされているが、必要がある場合は5年まで更新が可能である（官民人事交流法19条5項）。

### （2）服務等

常勤職員として服務義務のほか、交流元企業の業務に従事することや交流元企業に対する許認可等を行う官職に就くことが禁止されている（官民人事交流法20条・21条）。

### （3）給与等

給与は、国から常勤職員として一般職の職員の給与に関する法律に基づいて支給される。

処遇については、年金、医療保険、災害補償、退職手当、雇用保険、福利厚生一般等について、国家公務員に適用される諸制度が適用される。

## Ⅳ 地方公務員の派遣

### 1 概　要

地方公務員は、採用された地方公共団体で勤務するのが一般的であるが、その身分を保持しながら、他の団体に派遣される場合がある。

派遣には、地方公共団体から他の地方公共団体へ派遣する場合（自治252条の17等）や、地方公共団体から公益的法人等へ派遣する場合（公益的法人等への一般職の地方公務員の派遣等に関する法律）などがある。

### 2 他の地方公共団体への派遣

普通地方公共団体の長または委員会もしくは委員は、法律に特別の定めがあるものを除くほか、当該普通地方公共団体の事務の処理のため特別の必要があると認めるときは、他の普通地方公共団体の長または委員会もしくは委員に対し、当該普通地方公共団体の職員の派遣を求めることができる（自治252条の17第1項）。

この求めに応じて派遣される職員は、派遣を受けた普通地方公共団体の職員の身分をあわせ有することとなるものとし、その給料、手当（退職手当を除く）および旅費は、当該職員の派遣を受けた普通地方公共団体の負担とし、退職手当および退職年金または退職一時金は、当該職員の派遣をした普通地方公共団体の負担とする。ただし、当該派遣が長期間にわたることその他の特別の事情

があるときは、当該職員の派遣を求める普通地方公共団体およびその求めに応じて当該職員の派遣をしようとする普通地方公共団体の長または委員会もしくは委員の協議により、当該派遣の趣旨に照らして必要な範囲内において、当該職員の派遣を求める普通地方公共団体が当該職員の退職手当の全部または一部を負担することとすることができる（自治252条の17第2項）。

さらに、この求めに応じて派遣される職員の身分取扱いに関しては、当該職員の派遣をした普通地方公共団体の職員に関する法令の規定の適用があるものとする。ただし、当該法令の趣旨に反しない範囲内で政令で特別の定めをすることができる（自治252条の17第4項）。

そして、政令（地方自治法施行令）において、「派遣された職員の身分取扱いに関して必要がある場合においては、当該職員の派遣をした普通地方公共団体及び当該職員の派遣を受けた普通地方公共団体の長……の協議により、当該職員の派遣をした普通地方公共団体の職員に関する法令の規定を適用せず、又は当該職員の派遣を受けた普通地方公共団体の職員に関する法令の規定を適用することができる」（自治令174条の25第3項）とされている。この施行令を受けて、当該職員の派遣をした地方公共団体の長と派遣を受けた地方公共団体の長などとの間で協定が結ばれている。

なお、このような派遣制度は、特別区（自治281条以下）や、一部事務組合・広域連合（同法284条以下）にもある（同法283条・292条参照）。また、特定地方独立行政法人職員が地方公共団体に派遣される場合もある（地独行法124条）。

## 3　公益的法人等への派遣

### (1)　概　要

地方公共団体が、地域開発や地域活性化を推進する目的等で、一般社団法人、一般財団法人、一般地方独立行政法人、地方公社等の公益的法人等に対し、職員を派遣することがある。

現在は、公益的法人等への一般職の地方公務員の派遣等に関する法律（以下「公益的法人等派遣法」という）において、地方公共団体の職員が、その職を保有したまま公益的法人等へ派遣される場合と、いったん地方公共団体を退職して特定法人に派遣される場合の2通りの方法が規定されている。

公益的法人等派遣法は、最高裁判決において、商工会議所への職員の派遣およびその職員への給与支給を適法とした原判決が破棄されたこと（茅ヶ崎市（違法支出金）事件：最二小判平成10年4月24日労判737号7頁）を踏まえ、職員派遣について、その統一的なルールの設定、派遣の適正化、派遣手続の透明化、身分取扱いの明確化などおよび行政と民間の連携協力による地方公共団体の諸施策の推進を目的として制定されたものである（神戸市外郭団体人件費違法支出（差戻控訴審）事件：大阪高判平成24年10月12日裁判所ウェブサイト参照）。

### （2） 職員のまま派遣される場合

#### ア 派遣先団体

地方公共団体がその職員を職員のまま派遣できる団体は、①一般社団法人または一般財団法人、②一般地方独立行政法人、③土地開発公社等の特別の法律により設立された法人で政令で定めるもの、④地方自治法263条の3第1項に規定する地方公共団体の長または議長の全国的連合組織のうち、その業務の全部または一部が当該地方公共団体の事務または事業と密接な関連を有し、かつ、人的援助が必要であるものとして条例で定めるものである（公益的法人等派遣法2条1項）。

#### イ 派遣時の手続等

地方公共団体の任命権者は、あらかじめ、派遣先団体との間で、派遣する職員の報酬、その他の勤務条件、従事すべき業務、派遣の期間、職務への復帰に関する事項等を取り決めなければならない。そして、任命権者は、当該職員に取決めの内容を明示して、同意を得なければならない（公益的法人等派遣法2条2項・3項）。

#### ウ 派遣職員の身分・給与等

派遣された職員は、派遣期間中、任命権者と派遣先団体との間の取決めに従って、派遣先団体の業務に従事する（公益的法人等派遣法4条1項）。派遣された職員は、派遣期間中、派遣された時に就いていた職または職員派遣の期間中に異動した職を保有するが、職務には従事しない（同条2項）。

派遣される職員の派遣期間中の給与については、原則として、地方公共団体は支給せず、派遣先団体が支給する。例外として、派遣される職員が派遣先団体において従事する業務が地方公共団体の委託を受けて行う業務、地方公共団

体と共同して行う業務、地方公共団体の事務や事業を補完または支援すると認められる業務であって、その実施により地方公共団体の事務や事業の効率的または効果的な実施が図られると認められるものである場合、これらの業務が派遣先団体の主たる業務である場合等には、地方公共団体は、派遣される職員に対して、派遣の期間中、条例で定めるところにより、給与を支給することができる（公益的法人等派遣法6条）。

公益的法人等に職員を派遣した地方公共団体（神戸市）が、公益的法人等派遣法6条の規定によらず、派遣先団体に対して補助金または委託料を支出し、その一部が派遣先団体の派遣職員の給与等に充てられていた事案において、最高裁は、これらの補助金等の支出について、「派遣職員の給与の支給について議会の関与の下に条例による適正な手続の確保等を図るためにその支給の方法等を法定した派遣法の定めに違反する手続的な違法があり、無効であると解される」と判示している（神戸市外郭団体人件費違法支出事件：最二小判平成24年4月20日民集66巻6号2583頁）。

　　エ　派遣期間

職員を派遣する期間は、原則として3年以内である。ただし、任命権者が特に必要があると認めるときは、派遣先団体との合意により、派遣された職員の同意を得て、派遣をした日から引き続き5年を超えない範囲内で延長することができる（公益的法人等派遣法3条）。

　　オ　派遣期間満了後の職務復帰等

派遣の期間が満了したときは、派遣された職員は職務に復帰する（公益的法人等派遣法5条2項）。

地方公共団体は、派遣された職員が職務に復帰した場合における任用、給与等に関する処遇、職務に復帰した職員が退職した場合の退職手当の取扱いについて、部内の職員との均衡を失することのないよう、条例で定めるところにより必要な措置を講じ、または適切な配慮をしなければならない（公益的法人等派遣法9条）。

　　カ　関連裁判例

公益的法人等派遣法制定以前の事案であるが、兵庫県職員が、「職員の職務に専念する義務の特例に関する条例」に基づき、その義務を免除されて第三セ

クター（財団法人）に派遣されていたところ、当該派遣職員が加入していた兵庫県の職員団体が第三セクターに対して労働組合法による交渉を求めた事案において、派遣期間中の職員が労働組合法上の労働者（同法3条）に該当するかが問題となった事案がある。

　大阪高裁は、「本件派遣職員が被控訴人補助参加人（第三セクター）において従事する業務は公益的色彩が強く、その業務内容は実質的には兵庫県の業務と同一視できるものであって、その勤務時間・時間外勤務手当についても実質的に、条例主義の適用が排除されているとまではいえない。……本件派遣職員については、被控訴人補助参加人（第三セクター）における勤務時間及び時間外勤務手当に関して、地方公務員法58条の適用があるというべきであり、派遣先である被控訴人補助参加人（第三セクター）における労使関係について、労働組合法上の労働者に該当しないと解するのが相当である」と判示した（兵庫地労委（21世紀ひょうご創造協会）事件：大阪高判平成11年11月26日労判782号67頁）。

### （3）退職して派遣される場合

#### ア　派遣先団体

　地方公共団体がその職員をいったん退職させた上で派遣できる団体は、当該地方公共団体が出資している株式会社のうち、その業務の全部または一部が地域の振興、住民の生活の向上その他公益の増進に寄与するとともに当該地方公共団体の事務または事業と密接な関連を有するものであり、かつ、当該地方公共団体がその施策の推進を図るため人的援助を行うことが必要であるものとして条例で定めるもの（以下「特定法人」という）である（公益的法人等派遣法10条1項）。

#### イ　派遣時の手続等

　地方公共団体の任命権者は、あらかじめ、派遣先の特定法人との間で、退職派遣する職員の報酬、その他の勤務条件、従事すべき業務、派遣の期間、退職派遣満了後の当該退職派遣者の採用に関する事項等を取り決めなければならない。そして、任命権者は、当該職員に上記の内容の退職派遣を要請し、当該職員がこれに応じることが必要である（公益的法人等派遣法10条1項・2項）。

ウ　派遣職員の身分・給与等

　退職派遣された職員は、派遣期間中、任命権者と派遣先の特定法人との間の取決めに従って、派遣先団体の業務に従事する（公益的法人等派遣法10条1項）。

　退職派遣される職員の派遣期間中の給与については、地方公共団体は支給せず、派遣先の特定法人が支給する。

　　エ　派遣期間

　職員を退職派遣する期間は、退職の日の翌日から3年以内で定める（公益的法人等派遣法10条4項）。

　　オ　派遣期間満了後の職務復帰等

　退職派遣の期間が満了したときは、その者が退職した時に就いていた職またはこれに相当する職に係る地方公共団体の任命権者は、その者を職員として採用する（公益的法人等派遣法10条1項）。条件付採用制度は適用されない（同条5項）。

　地方公共団体は、退職派遣者が派遣期間の満了により職員として採用された場合における任用、給与等に関する処遇および退職派遣の期間満了に伴い採用された職員が退職した場合の退職手当の取扱いについて、部内の職員との均衡を失することのないよう、条例で定めるところにより必要な措置を講じ、または適切な配慮をしなければならない（公益的法人等派遣法12条1項）。

## 4　諸制度の適用関係

　派遣職員に対する諸制度の適用関係について、「公益法人等への職員派遣制度等の運用について」（平成12年7月12日自治公第15号）によれば、以下のとおりとされている。

### （1）　災害補償の適用関係

　派遣された職員は、派遣先の指揮命令下で業務に従事することなどから、派遣先の業務に起因する災害については、地方公務員災害補償制度は適用されず、派遣先における災害補償制度の対象となる。

### （2）　健康保険の適用関係

　派遣された職員は、地方公共団体の勤務場所を離れ、勤務先の労働条件および労働環境等の下で業務に従事することから、実情にあった保健対策、迅速な

給付を受けられるようにすることが適当であると考えられるため、派遣先における健康保険制度の対象となる。

**(3) 雇用保険の適用関係**

職員のまま派遣される場合は、当該職員は地方公務員の身分を有し、派遣期間中に退職する場合に退職手当が支給されることとなるため、雇用保険法6条6号により、雇用保険法の適用が除外される。

退職して派遣される場合は、当該職員は地方公務員の身分を有しないことから、雇用保険法の適用除外とはならない。

**(4) 福利厚生の適用関係**

法でその取扱いが定められている事項を除き、地方公共団体と派遣先との間で、取決めにおいて定められるべきものである。

**(5) 産前産後休暇および育児休業の取扱い**

地方公共団体と派遣先との間の取決めによることとなるが、休業期間の長短、派遣目的の達成の判断等により、派遣先で取得する場合と地方公共団体に復帰または採用した上で取得する場合の両方があり得ることとされている。

**(6) 年次有給休暇の日数**

地方公共団体と派遣先との間の取決めによることとなるが、以下の点に留意することとされている。

　ア　職員のまま派遣される場合

いわゆる在籍出向と同様の形態であると考えられ、労働基準法39条の解釈において、派遣前の勤務と派遣中の勤務とが継続しているものとして取り扱われることになるため、派遣先において、地方公共団体における勤務期間を通算した勤務年数に応じた年次有給休暇を付与しなければならない。

また、復帰後の年次有給休暇の取扱いについては、派遣期間中も地方公務員としての身分を有しているので、派遣前から復帰後にかけて継続勤務をしているものとして年次有給休暇を付与しなければならない。

　イ　退職して派遣される場合

新たに派遣先との間で労働関係が成立するので、派遣前と派遣中とで継続勤務には該当せず、派遣先において付与しなければならない最低限度の年次有給休暇の日数は、新規に採用された者としての日数になる。ただし、地方公共団

体と派遣先との取決めにおいて、これを上回る日数を付与することとすることも可能であり、できる限り退職派遣者の不利にならないように配慮する必要があると考えられる。

また、採用後の年次有給休暇の取扱いについては、継続勤務に該当しないが、公益的法人等派遣法12条1項の部内職員との均衡上の措置または配慮に関する規定を踏まえ、不利にならないように配慮する必要がある。

## V 地方公務員の民間企業からの交流採用（人事交流）

### 1 概要

地方公共団体が、民間企業の職員を、民間企業に籍を残したまま採用することについては、十分な法整備が行われていない。

この場合に想定される任用形態としては、主に、特別職非常勤職員（地公3条3項3号）、任期付職員（地方公共団体の一般職の任期付職員の採用に関する法律3条2項）、民間企業との間で独自に定めた協定や要綱に基づく民間企業研修生という方法があるが、それぞれの任用要件に該当する必要がある（特別職非常勤職員及び任期付職員については、第10章も参照されたい）。

なお、他に会計年度任用職員制度（地公22条の2）があるが、会計年度任用職員の職は定型的・補助的な職が想定されており、民間企業の職員を受け入れる方法としては適さないと考えられる。

### 2 特別職非常勤職員

#### （1）概要

特別職非常勤職員の職は、「臨時又は非常勤の顧問、参与、調査員、嘱託員及びこれらの者に準ずる者の職（専門的な知識経験又は識見を有する者が就く職であって、当該知識経験又は識見に基づき、助言、調査、診断その他総務省令で定める事務を行うものに限る。）」とされている（地公3条3項3号）。

なお、上記の職については、「専門的な知識経験等を有する者が就く職であって、当該知識経験等に基づき非専務的に公務に参画する労働者性の低い職であり、助言、調査、診断等を行う職に限定」されると解されている（総務省自

治行政局公務員部「会計年度任用職員制度の導入等に向けた事務処理マニュアル（第2版）」13頁）。

#### （2） 勤務条件

特別職非常勤職員については、地方自治法203条の2の規定に基づいて、各団体が条例に定めた報酬が支払われる。

また、上記のとおり、特別職非常勤職員の職は非専務職であり、労働者性の低い職という観点から、勤務時間をフルタイムにすることはなじまないと考えられる。

#### （3） 営利企業への従事等の制限の有無

特別職非常勤職員については、地方公務員法の適用が排除されていることから（地公4条2項）、許可を受けない場合の営利企業への従事等の制限（同法38条）も受けない。

そのため、民間企業に籍を残し、民間企業の社員としての身分を継続したままでも、地方公共団体の業務に携わることができる。

### 3　任期付職員

#### （1）　概　要

任期付職員は、専門的な知識経験を有する者を当該専門的な知識経験が必要とされる業務に従事させる場合において、当該者を当該業務に期間を限って従事させることが公務の能率的運営を確保するために必要であるときに、選考により任期を定めて採用できるという制度である（地方公共団体の一般職の任期付職員の採用に関する法律3条2項）。

#### （2）　勤務条件

任期付職員については、地方自治法204条の規定に基づいて、各団体が条例に定めた給与（給料および手当）が支払われる。

任期付職員の勤務条件については、地方公務員法24条に基づく条例の定めによるものとされており、任期（5年を超えない範囲）があること以外は、一般職の任期の定めのない職員と大きな違いはなく、勤務時間をフルタイムとすることもできる。

### (3) 営利企業への従事等の制限の有無

任期付職員については、地方公務員法が適用されるため、許可を受けない場合の営利企業への従事等の制限（同法38条）を受ける。

その趣旨は、職務専念義務の確保、職務の公正の確保、職員の品位の保持にある。

したがって、地方公務員法38条に定める営利企業への従事等の許可を受けるためには、営利企業等に従事しても、職務遂行上、能率の低下を来すおそれがないこと、当該営利企業と職員が属する地方公共団体との間に相反する利害関係を生じるおそれがないこと、その他職務の公正を妨げるおそれがないこと、職員および職務の品位を損ねるおそれがないことが必要とされている。

## 4　協定等による研修生

### (1) 概　要

民間企業と個別の協定等を取り交わした上で、研修生等の肩書を付与して地方公共団体の業務を行う方法がある。

当該協定等により詳細を定めることになるが、民間企業との雇用関係を維持したまま実質的に地方公共団体の業務を行うことになり、任用根拠がないことから、研修上の役職を与えることはあり得ても、身分を地方公務員とすることはできない。そのため、意思決定や公権力の行使に関与できないなど、行える業務に限界がある。

### (2) 勤務条件

研修生には地方公務員としての身分がないことから、地方公共団体が給与や報酬を支払うことはできず、民間企業から給料が支払われることになる。

また、諸条件は個別の協定等で定めるため、勤務時間をフルタイムとすることもできると考えられる。

### (3) 営利企業への従事等の制限の有無

地方公務員としての身分がないため、地方公務員法は適用されず、許可を受けない場合の営利企業への従事等の制限（同法38条）も受けない。

# Ⅵ 災害時における職員の派遣

## 1 概要

　災害対策基本法は、災害時における国や地方公共団体の職員の派遣について定めている（防災行政研究会編『逐条解説 災害対策基本法（第四次改訂版）』（ぎょうせい、2024年）236頁以下参照）。

　上記Ⅳのとおり、地方公共団体相互間の職員の派遣については、地方自治法252条の17に規定があるが、災害応急対策または災害復旧の迅速かつ適切な実施を期待するには、地方公共団体相互間における運営のみではその需要を充足し得ないという事態に配慮し、災害対策基本法では、国の職員も地方公共団体に派遣することにして、災害応急対策または災害復旧の強力な推進が図られている。

　また、派遣の要請が受け入れられなかったり、派遣について適任者がいない場合に備えて、都道府県知事等は内閣総理大臣に、市町村長等は都道府県知事に対して、派遣のあっせんを求めることができることも定められている。

## 2 国家公務員等の派遣の要請

### （1） 都道府県知事等による要請

　都道府県知事または都道府県の委員会もしくは委員（以下「都道府県知事等」という）は、災害応急対策または災害復旧のため必要があるときは、政令で定めるところにより、指定行政機関の長、指定地方行政機関の長または指定公共機関（独行法2条4項の行政執行法人に限る）に対し、当該機関の職員の派遣を要請することができる（災害対策基本法29条1項）。

　「指定行政機関」とは、災害対策基本法2条3号イ～ニに掲げる国の機関で、内閣総理大臣が指定するもの、「指定地方行政機関」とは、指定行政機関の地方支分部局等の国の地方行政機関で、内閣総理大臣が指定するもの、「指定公共機関」とは、独立行政法人（独行法2条1項）、日本銀行、日本赤十字社、日本放送協会その他の公共的機関および電気、ガス、輸送、通信その他の公益的事業を営む法人で、内閣総理大臣が指定するものをいう（災害対策基本法2条

### （2） 市町村長等による要請

市町村長または市町村の委員会もしくは委員（以下「市町村長等」という）は、災害応急対策または災害復旧のため必要があるときは、政令で定めるところにより、指定地方行政機関の長または特定公共機関に対し、当該機関の職員の派遣を要請することができる（災害対策基本法29条2項）。

なお、「特定公共機関」とは、前述した指定公共機関のうち、その業務の内容その他の事情を勘案して市町村の地域に係る災害応急対策または災害復旧に特に寄与するものとしてそれぞれ地域を限って内閣総理大臣が指定するものをいう。

## 3 国家公務員・地方公務員等の派遣のあっせん

### （1） 国家公務員等の派遣のあっせん

都道府県知事等は、災害応急対策または災害復旧のため必要があるときは、政令で定めるところにより、内閣総理大臣に対し、指定行政機関、指定地方行政機関または指定公共機関（独行法2条4項の行政執行法人に限る）の職員の派遣について、あっせんを求めることができる。

また、市町村長等は、災害応急対策または災害復旧のため必要があるときは、政令で定めるところにより、都道府県知事に対し、指定地方行政機関または特定公共機関の職員の派遣について、あっせんを求めることができる（災害対策基本法30条1項）。

### （2） 地方公務員の派遣のあっせん

都道府県知事等は、災害応急対策または災害復旧のため必要があるときは、政令で定めるところにより、内閣総理大臣に対し、地方自治法252条の17の規定による職員の派遣について、あっせんを求めることができる。

また、市町村長等は、災害応急対策または災害復旧のため必要があるときは、政令で定めるところにより、都道府県知事に対し、地方自治法252条の17の規定による職員の派遣または地方独立行政法人法124条1項の規定による職員（特定地方公共機関の職員に限る）の派遣について、あっせんを求めることができる（災害対策基本法30条2項）。

「特定地方公共機関」とは、指定地方公共機関（災害対策基本法2条6号参照）である地方独立行政法人法2条2項に規定する特定地方独立行政法人をいう。

## 4　職員の派遣義務

　指定行政機関の長および指定地方行政機関の長、都道府県知事等および市町村長等並びに指定公共機関および特定地方公共機関は、上記の要請またはあっせんがあったときは、その所掌事務または業務の遂行に著しい支障のない限り、適任と認める職員を派遣しなければならない（災害対策基本法31条）。

## 5　派遣職員の身分等

　都道府県または市町村は、災害対策基本法31条または他の法律の規定により災害応急対策または災害復旧のため派遣された職員に対し、政令で定めるところにより、災害派遣手当を支給することができる（災害対策基本法32条1項、災害対策基本法施行令19条）。

　その他、災害対策基本法31条の規定により、指定行政機関、指定地方行政機関または指定公共機関から派遣された職員の身分取扱いに関し必要な事項は、政令で定めることとされており（災害対策基本法32条2項）、災害対策基本法施行令に派遣職員の身分等に関する定めや、給与等に関する定めが置かれている（同法施行令17条・18条）。

# Ⅶ　国民の安全に重大な影響を及ぼす事態における職員の派遣のあっせん

　上記Ⅵのとおり、地方公共団体相互間の職員の派遣については、地方自治法252条の17に規定があり、災害時における職員の派遣については、災害対策基本法に規定がある。

　しかし、大規模な災害や感染症のまん延等の国民の安全に重大な影響を及ぼす事態の場合における国と普通地方公共団体との関係については、十分な根拠規定がなく、生命等の保護の措置を的確かつ迅速に講ずることができないおそれがあった。

　そこで、令和6年6月、地方自治法の一部が改正され（令和6年9月26日施

行)、普通地方公共団体の長等は、国民の安全に重大な影響を及ぼす事態が発生し、または発生するおそれがある場合において、生命等の保護の措置を的確かつ迅速に講ずるため必要があると認めるときは、他の法律の規定に基づき職員の派遣のあっせんを求めることができる場合を除き、各大臣または都道府県知事に対し、地方自治法252条の17第1項の規定による職員の派遣についてあっせんを求めることができるとされた（自治252条の26の9）。また、上記のあっせんがあったときは、普通地方公共団体の長等は、その所掌事務の遂行に著しい支障のない限り、適任と認める職員を派遣しなければならないとされた（同法252条の26の10）。

# 事項別索引

**【英数字】**

| | |
|---|---|
| 8条通知 | 250 |
| SOGIハラスメント | 228 |

**【あ行】**

| | |
|---|---|
| アフターケア | 246, 269 |
| 安全配慮義務 | 232 |
| 育児休業 | 156 |
| イクハラ | 224, 226 |
| 遺族特別援護金 | 248, 270 |
| 遺族特別給付金 | 248, 270 |
| 遺族特別支給金 | 247, 269 |
| 遺族補償 | 266 |
| 遺族補償一時金 | 244, 267 |
| 遺族補償年金 | 244, 266 |
| 遺族補償年金前払一時金 | 245, 267 |
| 一般職 | 9 |
| ——の国家公務員 | 10, 13 |
| ——の地方公務員 | 10, 16 |
| 意に反する昇任処分 | 38 |
| 違法な職務命令 | 190 |
| 営利企業 | 204 |

**【か行】**

| | |
|---|---|
| 会計管理者等 | 210 |
| 会計年度任用職員 | 291 |
| 会計年度パート職員 | 292 |
| 会計年度フルタイム職員 | 292 |
| 戒告 | 86 |
| 介護補償 | 244, 266 |
| 蓋然性の要件 | 191 |
| カスタマー・ハラスメント | 220 |
| 仮処分手続 | 124 |
| 過労による精神疾患 | 261 |
| 過労による脳・心臓疾患 | 261 |
| 環境型セクハラ | 222 |
| 官職の序列 | 36 |
| 官職の信用を傷つけない行為 | 191 |
| 官制 | 78 |
| 官製ワーキングプア | 304 |
| 幹部職員 | 36 |
| 官民の人事交流 | 311 |
| 管理監督職勤務上限年齢 | 56 |
| 期間業務職員 | 299 |
| 基金支部審査会に対する審査請求 | 278 |
| 休業援護金 | 247, 269 |
| 休業補償 | 243, 265 |
| 休職 | 45, 65 |
| 給与 | 141 |
| ——の過誤払い | 151 |
| ——の減額 | 147, 150 |
| 給与支出の適法性 | 152 |
| 給与法定（条例）主義 | 305 |
| 教育職員の超過勤務 | 165 |
| 行政執行法人 | 10, 14 |
| 行政措置要求書 | 171 |
| 競争試験による採用 | 25 |
| 緊急の必要 | 157 |
| 均衡の原則 | 142 |
| 勤務条件 | 169 |
| 勤務条件条例主義 | 2, 155 |
| 勤務条件法定主義 | 2 |
| 勤務の延長 | 57 |
| 苦情相談 | 230 |
| 国の事務 | 7 |
| ケアハラ | 224, 226 |
| 刑事告訴 | 234 |
| 外科後処置 | 246, 269 |
| 減給 | 86 |
| 兼業等の制限 | 204 |
| 研修 | 228 |
| 公益通報 | 195 |
| 降給 | 66 |
| 高度の危険が予測される状況 | 268 |

| | | | |
|---|---|---|---|
| 降任 | 39, 64 | 再審査請求 | 281 |
| 降任処分に対する同意 | 40 | 再任用拒否 | 28 |
| 公平審査 | 126 | ――についての国家賠償請求 | 60 |
| 公平審査制度 | 122 | 再任用の義務付け訴訟 | 60 |
| 公平審理 | 123, 126 | 採用 | 24 |
| 候補者 | 200 | ――の法的性質 | 27 |
| 公務 | 159 | ――の方法 | 25 |
| ――の性質を有するもの | 263 | 採用内定 | 30 |
| 公務員 | 1, 6 | ――の取消し | 30 |
| ――の損害賠償義務 | 213 | 参考文献 | 3 |
| ――の任用 | 24 | 暫定再任用制度 | 58 |
| ――の労働基本権 | 20 | 自営 | 204 |
| 公務員賠償責任保険 | 213 | 事業主の措置義務 | 223 |
| 公務起因性 | 239, 259 | 事業主のパワハラ防止措置義務 | 220 |
| 公務災害 | 233 | 事業主のマタハラ防止措置義務 | 227 |
| ――の範囲 | 240 | 辞職 | 49 |
| ――または通勤災害の認定請求書 | 273 | ――の意思表示の瑕疵 | 50 |
| | | ――の意思表示の撤回 | 51 |
| 公務上の災害 | 238, 259 | 辞職承認処分 | 50 |
| 公務上の疾病 | 241, 260 | 執行停止 | 140 |
| 公務上の死亡 | 241, 261 | 実質秘該当性 | 194 |
| 公務上の障害 | 241, 261 | 失職 | 52 |
| 公務上の負傷 | 240, 259 | ――に対する救済 | 54 |
| 公務遂行性 | 239, 259 | 指定行政機関 | 323 |
| 公務通勤 | 239, 240 | 指定公共機関 | 323 |
| 国家公務員 | 1 | 指定地方行政機関 | 323 |
| ――の休暇 | 156 | 就労保育援護金 | 247, 269 |
| ――の給与 | 141 | 授益的行政処分の取消し | 30 |
| ――の勤務時間 | 155 | 出向 | 41 |
| ――の転任 | 41 | 出向発令 | 42 |
| ――の配置換 | 41 | 障害差額特別給付金 | 248, 270 |
| ――の弁償責任 | 208 | 障害特別援護金 | 248, 270 |
| 一般職の―― | 10, 13 | 障害特別給付金 | 248, 270 |
| 特別職の―― | 9, 16 | 障害特別支給金 | 248, 269 |
| 国家公務員災害補償制度 | 236 | 障害補償 | 266 |
| 個別労働紛争解決制度 | 122 | 障害補償一時金 | 244, 266 |
| **【さ行】** | | 障害補償年金 | 244, 266 |
| 災害 | 259 | 障害補償年金差額一時金 | 244, 266 |

事項別索引

| | |
|---|---|
| 障害補償年金前払一時金 | 245, 266 |
| 昇格 | 147 |
| 奨学援護金 | 247, 269 |
| 昇給 | 147 |
| 常勤 | 306 |
| 常勤的非常勤職員 | 257 |
| 条件付採用 | 31 |
| 条件付採用期間延長の処分 | 34 |
| 条件付採用期間中の職員 | 35 |
| 条件付採用職員に対する分限処分 | 80 |
| 情勢適応の原則 | 142 |
| 状態への嫌がらせ型 | 226 |
| 昇任 | 35 |
| ——の拒否 | 37 |
| ——の辞退 | 37, 38 |
| 傷病特別給付金 | 248, 270 |
| 傷病特別支給金 | 247, 269 |
| 傷病補償年金 | 243, 265 |
| 職員 | 285 |
| ——の身分保障 | 62 |
| 職員団体による措置要求 | 168 |
| 職業性疾病 | 241 |
| 職業病リスト | 239 |
| 職制 | 78 |
| 職場 | 218, 222 |
| ——における育児休業等に関するハラスメント | 226 |
| ——における妊娠出産者等に関するハラスメント | 226 |
| 職務給の原則 | 141 |
| 職務上知り得た秘密 | 194 |
| 職務上知ることができた秘密 | 194 |
| 職務上の秘密 | 194 |
| 職務専念義務 | 197 |
| 職務内容の特殊な職員で政令で定めるもの | 268 |
| 職務命令 | 189 |
| 違法な—— | 190 |
| 無効な—— | 190 |
| 職権探知主義 | 249 |
| 処分事由の追加主張 | 117 |
| 処分説明書の交付義務 | 115 |
| 処分取消訴訟 | 137 |
| 処分の効力停止の申立て | 139 |
| 審査請求前置主義 | 124 |
| 審査請求の審理 | 279 |
| 審査の申立て | 252 |
| 人事院 | 126 |
| ——が定める官職 | 299 |
| 申請型義務付け訴訟 | 29 |
| 出納官吏 | 209 |
| 政治的行為 | 200, 201 |
| 政治的目的 | 200 |
| 性的な言動 | 222, 228 |
| 制度等の利用への嫌がらせ型 | 226 |
| 整理解雇4要件 | 78 |
| セクシュアル・ハラスメント | 221, 222 |
| 選挙運動 | 203 |
| 選考による採用 | 25 |
| 葬祭補償 | 244, 268 |
| 措置要求 | 166, 230 |
| 職員団体による—— | 168 |
| 代理人による—— | 167 |
| その他の非常勤職員 | 286 |

【た行】

| | |
|---|---|
| 対価型セクハラ | 222 |
| 退職勧奨 | 52 |
| 退職手当 | 101, 153 |
| 退職手当支給制限処分 | 101, 154 |
| ——の適法性 | 105 |
| ——の不服申立て | 111 |
| 退職派遣 | 309, 318 |
| 代理人による措置要求 | 167 |
| 他律的業務 | 158 |
| 短時間勤務職員 | 305 |
| 単純労務職員 | 11 |

329

| 地方公営企業 | 10 |
| --- | --- |
| 地方公営企業職員 | 10, 17 |
| 地方公共団体の事務 | 7 |
| 地方公務員 | 1 |
| ――の育児休業制度 | 226 |
| ――の休暇 | 156 |
| ――の給与 | 141 |
| ――の勤務時間 | 155 |
| ――の出向 | 42 |
| ――の転任 | 42 |
| ――の賠償責任 | 210 |
| 一般職の―― | 10, 16 |
| 特別職の―― | 20 |
| 地方公務員災害補償基金 | 271 |
| 地方公務員災害補償制度 | 256 |
| 地方独立行政法人 | 11 |
| 懲戒 | 85 |
| 懲戒権者の裁量 | 88 |
| 懲戒処分の基準 | 90 |
| 懲戒処分の差止訴訟 | 190 |
| 懲戒処分の取消訴訟 | 190 |
| 懲戒処分の不服申立て | 110 |
| 懲戒免職処分の取消し | 100 |
| 超過勤務 | 157 |
| 超過勤務手当 | 157, 164 |
| 長期家族介護者援護金 | 248, 270 |
| 超勤4項目 | 165 |
| 通勤 | 242, 263 |
| 通勤災害 | 242, 264 |
| 通勤災害保護制度 | 242, 264 |
| 通常訴訟手続 | 123 |
| 定員 | 78 |
| 停職 | 45, 85 |
| 定数 | 78 |
| 定年後再任用 | 58 |
| 定年退職 | 55 |
| 転任 | 40 |
| 特殊な疾病 | 239 |

| 特定地方公共機関 | 324 |
| --- | --- |
| 特定地方独立行政法人 | 11, 17 |
| 特定秘密 | 196 |
| 特別援護金 | 247 |
| 特別給付金 | 248 |
| 特別職 | 9 |
| ――の国家公務員 | 9, 16 |
| ――の地方公務員 | 20 |
| 特別職公務員 | 193 |
| 特別職国家公務員の秘密保持義務 | 193 |
| 特別職非常勤職員 | 294, 320 |
| 特例業務 | 158 |
| 【な行】 | |
| 任期 | 24 |
| 任期付研究員 | 295, 300 |
| 任期付職員 | 295, 300, 321 |
| 任命権 | 7 |
| 【は行】 | |
| 配置換 | 41 |
| 派遣 | 309 |
| パワー・ハラスメント | 217, 218 |
| 非事故性の疾病 | 239, 260 |
| 非常勤 | 291, 306 |
| 非申請型義務付け訴訟 | 29, 301 |
| 非正規公務員 | 285, 290 |
| 秘密 | 194 |
| 秘密保持義務 | 193 |
| 標準職務遂行能力 | 36 |
| 標準処理期間一覧 | 277 |
| 付加金 | 164 |
| 福祉事業 | 246, 268 |
| 服務 | 188 |
| ――の宣誓 | 188 |
| 不採用の救済 | 28 |
| 物品管理職員 | 209 |
| 不当労働行為救済申立制度 | 122 |
| 不利益処分審査請求 | 124 |
| 不利益な処分 | 115 |

| 分限処分 | 63, 64 |
|---|---|
| 平均給与額 | 245, 265 |
| 弁明の機会の付与 | 113 |
| 俸給 | 142 |
| 俸給表 | 143 |
| 報酬 | 207 |
| ホームヘルプサービス | 247 |
| 補充性の要件 | 29, 191 |
| 補償 | 243 |
| ——の実施機関 | 248 |
| ——の請求 | 273 |
| ——を受ける権利が発生した日 | 271 |
| 補償基礎額 | 288 |
| 補償事務主任者 | 249 |
| 補償条例 | 287 |
| 補装具 | 246, 269 |

## 【ま行】

| マタハラ | 224, 226 |
|---|---|
| 自ら営利企業を営むこと | 204 |
| 無効な職務命令 | 190 |
| 無名抗告訴訟 | 191 |
| 免職 | 55, 64, 85 |

## 【や行】

| 雇止め | 300 |
|---|---|
| やみ給与 | 152 |
| 優越的な関係を背景とした言動 | 219 |
| 行方不明補償 | 245 |
| 予後補償 | 245 |
| 予算執行職員 | 209 |
| 予防的無名抗告訴訟 | 191 |

## 【ら行】

| リハビリテーション | 246, 269 |
|---|---|
| 療養補償 | 243, 265 |
| 臨時的職員に対する分限処分 | 85 |
| 臨時的任用 | 24, 26, 293 |
| 臨時の職 | 294 |
| 臨時の必要 | 157, 159 |
| 労働契約 | 1 |
| 労働者 | 219 |
| 労働審判 | 123 |

# 裁判例索引

(判決年月日順)

最三小判昭和 30 年 4 月 19 日民集 9 巻 5 号 534 頁………………………………210, 232
最二小判昭和 34 年 6 月 26 日判時 191 号 5 頁:丸森町教育委員会事件………………51
最三小判昭和 36 年 3 月 28 日民集 15 巻 3 号 595 頁:静岡県人事委員会事件……167, 186
高松地判昭和 37 年 11 月 27 日行集 13 巻 11 号 2108 頁……………………………………35
最三小判昭和 38 年 10 月 22 日刑集 17 巻 9 号 1755 頁………………………………………203
最一小判昭和 41 年 12 月 8 日民集 20 巻 10 号 2059 頁:宮城県教職員日直手当請求
事件……………………………………………………………………………………………151
水戸地判昭和 42 年 12 月 11 日判タ 219 号 195 頁……………………………………………52
最三小判昭和 43 年 3 月 12 日民集 22 巻 3 号 562 頁……………………………………153
福岡地決昭和 43 年 12 月 26 日行集 19 巻 12 号 2000 頁:北九州市立病院分限免職
効力停止事件………………………………………………………………………………140
東京地判昭和 44 年 1 月 24 日行集 20 巻 1 号 11 頁:水産庁事件……………………255
東京地判昭和 44 年 4 月 24 日労判 80 号 21 頁:公正取引委員会事件………………50
最二小判昭和 46 年 9 月 3 日判時 645 号 72 頁……………………………………………232
宮崎地決昭和 47 年 9 月 25 日判タ 285 号 224 頁…………………………………………52
名古屋地判昭和 47 年 11 月 8 日判タ 289 号 266 頁………………………………………54
最大判昭和 48 年 4 月 25 日刑集 27 巻 4 号 547 頁:全農林警職法事件……………2, 20
最二小判昭和 48 年 9 月 14 日民集 27 巻 8 号 925 頁:広島県校長降格事件……63, 68, 83
大阪高判昭和 49 年 3 月 28 日労民 25 巻 3 号 211 頁………………………………………42
最二小判昭和 49 年 7 月 19 日判時 753 号 5 頁:信越郵政局長事件……………………2
最一小判昭和 49 年 7 月 22 日民集 28 巻 5 号 927 頁:東芝柳町工場事件…………300
最大判昭和 49 年 11 月 6 日刑集 28 巻 9 号 393 頁:猿払事件…………………………199
最三小判昭和 49 年 12 月 17 日集民 113 号 629 頁……………………………………31, 81, 82
最三小判昭和 50 年 2 月 25 日民集 29 巻 2 号 143 頁:陸上自衛隊八戸駐屯地事件
……………………………………………………………………………………………233, 236
東京高判昭和 51 年 1 月 29 日行集 27 巻 1 号 91 頁………………………………………82
津地判昭和 51 年 4 月 8 日判時 832 号 111 頁……………………………………………43
最二小判昭和 51 年 11 月 12 日集民 119 号 189 頁:熊本地裁八代支部廷吏事件……255
最三小判昭和 52 年 12 月 13 日民集 31 巻 7 号 974 頁:目黒電報電話局事件………197
最二小決昭和 52 年 12 月 19 日刑集 31 巻 7 号 1053 頁:徴税虎の巻事件……………194
最三小判昭和 52 年 12 月 20 日民集 31 巻 7 号 1101 頁:神戸税関事件……63, 88, 108, 127
広島高判昭和 53 年 3 月 22 日判タ 366 号 285 頁:広島南税務署事件…………………255
最一小決昭和 53 年 5 月 31 日刑集 32 巻 3 号 457 頁:外務省秘密漏洩事件…………194
最三小判昭和 53 年 6 月 23 日判タ 366 号 169 頁……………………………………………82
最二小判昭和 53 年 10 月 20 日民集 32 巻 7 号 1367 頁……………………………………232

東京地判昭和 54 年 3 月 22 日労判 316 号 24 頁・・・・・・・・・・・・・・・・・・・・・・・・・・・・・・・・・87
最二小判昭和 54 年 7 月 20 日民集 33 巻 5 号 582 号：大日本印刷事件・・・・・・・・・・・・30
最一小判昭和 55 年 7 月 10 日集民 130 号 131 頁：下関商業高校事件・・・・・・・・・・・・・・52
松江地判昭和 55 年 9 月 10 日判タ 430 号 106 頁：八雲郵便局事件・・・・・・・・・・・・・・255
東京地判昭和 56 年 4 月 16 日行集 32 巻 4 号 544 頁・・・・・・・・・・・・・・・・・・・・・・・・・・・52
札幌地判昭和 56 年 8 月 24 日行集 32 巻 8 号 1457 頁・・・・・・・・・・・・・・・・・・・・・・・・・153
神戸地判昭和 57 年 2 月 24 日労判 386 号 60 頁・・・・・・・・・・・・・・・・・・・・・・・・・・・・・・55
最一小判昭和 57 年 5 月 27 日民集 36 巻 5 号 777 頁・・・・・・・・・・・・・・・・・・・・・・・・・・・30
札幌高判昭和 57 年 8 月 5 日行集 33 巻 8 号 1669 頁・・・・・・・・・・・・・・・・・・・・・・・・・153
宮崎地決昭和 57 年 12 月 24 日判タ 503 号 131 頁：串間市採用取消効力停止事件・・・140
東京高判昭和 59 年 1 月 31 日行集 35 巻 1 号 82 頁：吉川町事件・・・・・・・・・・・・・・・117
最三小判昭和 59 年 4 月 24 日集民 141 号 643 頁・・・・・・・・・・・・・・・・・・・・・・・・・・・153
最一小判昭和 59 年 5 月 31 日労判 435 号 48 頁：吹田千里郵便局（成田闘争）事件
・・・・・・・・・・・・・・・・・・・・・・・・・・・・・・・・・・・・・・・・・・・・・・・・・・・・・・・・・・・・・・・・・・・192
最一小判昭和 61 年 2 月 27 日民集 40 巻 1 号 88 頁・・・・・・・・・・・・・・・・・・・・・・・・・211
最一小判昭和 61 年 10 月 23 日労判 484 号 7 頁・・・・・・・・・・・・・・・・・・・・・・・・・・・・・44
最一小判昭和 61 年 12 月 4 日労判 486 号 6 頁：日立メディコ事件・・・・・・・・・・・・300
福岡高判昭和 62 年 1 月 29 日労判 499 号 64 頁：北九州市病院局長事件・・・・・・・・・78
最三小判昭和 62 年 4 月 21 日判時 1240 号 136 頁：中国郵政局長事件・・・・・・・・・127
大阪地判昭和 63 年 3 月 28 日判タ 699 号 202 頁：大蔵省近畿財務局事件・・・・・・・255
大阪高判平成元年 1 月 27 日行集 40 巻 1・2 号 50 頁：京都・八幡市ヤミ給与住
民訴訟・・・・・・・・・・・・・・・・・・・・・・・・・・・・・・・・・・・・・・・・・・・・・・・・・・・・・・・・・・・・・152
最一小判平成 2 年 1 月 18 日民集 44 巻 1 号 1 頁：伝習館事件・・・・・・・・・・・・・・・・89
名古屋地判平成 3 年 11 月 18 日労判 612 号 89 頁：愛知県人事委（旭野高校・'89
年申立て）事件・・・・・・・・・・・・・・・・・・・・・・・・・・・・・・・・・・・・・・・・・・・・・・・・・・・・169
名古屋高判平成 4 年 3 月 31 日労判 612 号 71 頁：名古屋市人事委員会（大高北小）
事件・・・・・・・・・・・・・・・・・・・・・・・・・・・・・・・・・・・・・・・・・・・・・・・・・・・・・・・・・・・・・170
最一小判平成 6 年 7 月 14 日労判 655 号 14 頁：大阪大学（図書館事務補佐員）事件
・・・・・・・・・・・・・・・・・・・・・・・・・・・・・・・・・・・・・・・・・・・・・・・・・・・・・・・・・・・・・・・・・・・304
最三小判平成 6 年 9 月 13 日労判 656 号 13 頁：名古屋市人事委員会（大高北小）
事件・・・・・・・・・・・・・・・・・・・・・・・・・・・・・・・・・・・・・・・・・・・・・・・・・・・・・・・・・・・・・170
広島地判平成 7 年 3 月 16 日判自 142 号 18 頁・・・・・・・・・・・・・・・・・・・・・・・・・・・・210
最三小判平成 8 年 1 月 23 日集民 178 号 83 頁：地公災基金東京都支部長（町田高
校）事件・・・・・・・・・・・・・・・・・・・・・・・・・・・・・・・・・・・・・・・・・・・・・・・・・・・・・・・・・255
最三小判平成 8 年 3 月 5 日集民 178 号 621 頁：地公災基金愛知県支部長（瑞鳳小
学校教員）事件・・・・・・・・・・・・・・・・・・・・・・・・・・・・・・・・・・・・・・・・・・・・・・・・・・255
東京地判平成 9 年 3 月 13 日判自 168 号 46 頁・・・・・・・・・・・・・・・・・・・・・・・・・・・213
最三小判平成 9 年 11 月 28 日判時 727 号 14 頁：横浜市立保育園（保育士）事件・・・・・262

裁判例索引

大阪高判平成10年2月18日労判744号63頁：安田病院事件……………………1
最二小判平成10年4月24日労判737号7頁：茅ヶ崎市（違法支出金）事件……199, 315
最三小判平成10年9月8日労判745号7頁：安田病院事件……………………1
大阪高判平成11年11月26日労判782号67頁：兵庫地労委（21世紀ひょうご創造協会）事件……………………317
京都地判平成12年3月31日判自208号55頁：地公災基金京都府支部長事件（宇治市給食調理員）事件……………………262
東京地判平成13年9月28日刑集62巻4号791頁：薬害エイズ・厚生省ルート事件
……………………214
大阪高判平成13年10月19日判自232号51頁……………………44
静岡地浜松支判平成14年2月25日裁判所ウェブサイト……………………37
京都地判平成14年3月22日労判875号15頁：京都地労委（京都市交通局）事件……38
最二小判平成15年1月17日民集57巻1号1頁……………………190
大阪高判平成15年1月29日労判875号12頁……………………38
札幌地判平成15年10月27日判タ1152号150頁：北海道郵政局長事件……………………117
最一小判平成16年3月25日労判870号5頁：日本郵政公社（大曲郵便局）事件……75
最二小判平成16年7月12日労判875号5頁……………………38
東京地判平成16年10月21日労判885号9頁：平成14年度人事院勧告等損害賠償事件……………………148
愛知県名古屋地判平成17年1月26日判時1941号49頁：給与抑制条例事件……………………151
東京高判平成17年3月25日刑集62巻4号1187頁：薬害エイズ・厚生省ルート事件
……………………214
大阪高判平成17年8月19日労旬1613号38頁：地公災基金大阪府支部長（吹田市保育士）事件……………………263
東京高判平成17年9月29日労判907号35頁：平成14年度人事院勧告等損害賠償事件……………………148
最三小判平成18年2月7日判タ1213号106頁：広島県教組教研集会使用不許可事件……………………89
大阪高判平成18年2月10日労判910号12頁：兵庫県（期末手当減額）事件…………150
最二小判平成18年3月3日労判919号5頁：地公災基金鹿児島県支部長（内之浦町教委職員）事件……………………262
東京地判平成18年3月24日労判915号76頁：情報・システム研究機構（国情研）事件……………………301
福岡高判平成18年11月9日労判956号69頁：熊本県教委（教員・懲戒免職処分）事件……………………114
東京高判平成18年12月13日労判931号38頁：情報・システム研究機構（国情研）事件……………………28, 301
東京地判平成19年6月20日判時2001号136頁：都立高校教職員地位確認等請求

334

事件······28
東京高判平成 19 年 11 月 28 日労判 951 号 47 頁：中野区（非常勤保育士）事件···28, 304
東京地判平成 19 年 12 月 13 日判タ 1278 号 198 頁：地公災基金東京都支部長（豊島区立真和中学校）事件······262
東京高判平成 19 年 12 月 26 日公務員関係判決速報 383 号 35 頁······64
最二小決平成 20 年 3 月 3 日刑集 62 巻 4 号 567 頁：薬害エイズ・厚生省ルート事件······214
最一小決平成 21 年 1 月 15 日民集 63 巻 1 号 46 頁······195
大阪地判平成 21 年 5 月 25 日労判 991 号 101 頁：国・気象衛星センター事件······197
大阪高判平成 21 年 6 月 4 日 LLI/DB 判例秘書：京都市・市教委事件······84
鹿児島地決平成 21 年 10 月 21 日判例集未登載：阿久根市懲戒免職効力停止事件······140
最二小判平成 21 年 12 月 18 日民集 63 巻 10 号 2754 頁：パナソニック・プラズマディスプレイ（パスコ）事件······1
東京地判平成 22 年 3 月 2 日判例集未登載······44
最二小判平成 22 年 9 月 10 日民集 64 巻 6 号 1515 頁：茨木市事件······141, 307
高松高判平成 23 年 5 月 10 日労判 1029 号 5 頁：高知県（酒酔い運転・懲戒免職）事件······114
名古屋地判平成 23 年 11 月 30 日裁判所ウェブサイト······151
最一小判平成 24 年 1 月 16 日集民 239 号 253 頁：教職員国旗国歌事件······90
最一小判平成 24 年 2 月 9 日民集 66 巻 2 号 183 頁：国歌斉唱義務不存在確認等請求事件······191
最二小判平成 24 年 4 月 20 日判時 2168 号 45 頁······212
広島地判平成 24 年 5 月 29 日労働判例ジャーナル 7 号 26 頁······44
東京高判平成 24 年 7 月 4 日公務員関係判決速報 417 号 2 頁：武蔵野市（非常勤嘱託職員）事件······301
大阪高判平成 24 年 10 月 12 日裁判所ウェブサイト：神戸市外郭団体人件費違法支出（差戻控訴審）事件······315
水戸地判平成 24 年 11 月 29 日公務員関係判決速報 424 号 2 頁：小美玉市事件······78
最二小判平成 24 年 12 月 7 日刑集 66 巻 12 号 1337 頁：堀越事件······201
高知地判平成 24 年 12 月 7 日判タ 1394 号 158 頁：高知県教委（高校教諭）事件······77
東京高判平成 25 年 2 月 20 日公務員関係判決速報 438 号 8 頁：武蔵村山市事件······76
東京地判平成 25 年 3 月 13 日判自 379 号 15 頁：板橋区事件······71
大阪地判平成 25 年 7 月 29 日労判 1082 号 36 頁：地公災基金大阪府支部長（吹田市介護職員）事件······262, 276
高松高判平成 25 年 8 月 29 日判自 383 号 16 頁：鳴門市競艇従事員共済会補助金支出事件······152
福岡高判平成 25 年 9 月 27 日判時 2207 号 39 頁：熊本県事件······61
東京地判平成 25 年 9 月 30 日判時 2211 号 113 頁······7

335

広島高松江支判平成26年1月22日労働判例ジャーナル25号10頁……………………34
東京地判平成26年1月29日労判1092号20頁：東京都Ｉ島村（職員・分限免職）
事件…………………………………………………………………………………………77
東京地判平成26年3月6日判時2249号94頁：東京都（損害賠償請求）事件………304
東京地判平成26年4月21日判自397号37頁：東京都事件………………………………110
東京高判平成26年4月23日労判1096号19頁：護衛艦たちかぜ（海上自衛隊
員暴行・恐喝）事件……………………………………………………………………232
東京地判平成26年6月5日判自395号39頁……………………………………………153
東京地判平成26年9月10日公務員関係最新判決と実務問答1号23頁：東京都
・都教委（市立小学校教諭）事件………………………………………………………197
仙台地判平成26年9月18日労働判例ジャーナル34号56頁：白石市・蔵王町・
七ヶ宿町組合ほか事件……………………………………………………………………79
東京高判平成26年10月30日裁判所ウェブサイト：東京都事件………………………61
東京地判平成26年10月30日判タ1420号207頁：国（国家公務員・給与減額）
事件…………………………………………………………………………………………148
大阪高判平成26年12月5日労判1113号5頁………………………………………………64
東京地判平成26年12月8日労判1110号5頁：東京都・都教委事件……………………84
大阪地判平成26年12月17日労判1122号28頁………………………………………………44
東京高判平成27年2月18日公務員関係最新判決と実務問答2号64頁：東京都
・都教委事件………………………………………………………………………………71
広島高松江支判平成27年3月18日労判1118号25頁：公立八鹿病院組合ほか事件
………………………………………………………………………………………………236
東京地判平成27年3月27日判自409号50頁：多摩市事件………………………………100
札幌高判平成27年5月21日判自401号35頁：和寒町事件………………………………100
札幌高判平成27年9月11日労判1129号49頁：北海道市町村職員退職手当組合
事件…………………………………………………………………………………………105
最二小決平成27年10月20日判例集未登載：国（国家公務員・給与減額）事件……149
東京高判平成27年11月4日D1-Law.com判例体系：阿賀野市事件……………………79
最三小判平成27年11月17日労判1135号5頁：中津市（特別職職員）事件………9, 307
水戸地判平成28年1月28日判自414号42頁：古河市（生活保護課職員）事件
…………………………………………………………………………………………101, 116
東京地判平成28年2月8日判自420号45頁：東京都・警視総監（警視庁警察官）
事件…………………………………………………………………………………………106
最二小判平成28年2月19日民集70巻2号123頁：山梨県民信用組合事件………40, 51
札幌地判平成28年3月17日判自420号64頁：札幌市事件………………………………106
東京高判平成28年3月24日裁判所ウェブサイト：東京都・都教委（都立高校教諭）
事件…………………………………………………………………………………………100
最二小判平成28年7月15日判タ1430号121頁：鳴門市競艇従事員共済会補助

金支出事件·····················································································152
高松高判平成 28 年 7 月 21 日 D1-Law.com 判例体系:福島県事件················196
福岡高判平成 28 年 9 月 5 日判タ 1447 号 83 頁·······································29
札幌高判平成 28 年 9 月 29 日労判 1148 号 17 頁:札幌市・市教委(市立中学校教諭)
事件··································································································197
大阪高判平成 28 年 11 月 16 日 D1-Law.com 判例体系:社会保険庁事件········79
札幌高判平成 28 年 11 月 18 日判時 2232 号 90 頁:北海道・道教委(市立中学校教員)
事件··································································································106
仙台高判平成 28 年 11 月 30 日判自 427 号 48 頁:福島県・県教委(県立高校教諭)
事件··································································································106
東京高判平成 28 年 12 月 5 日労判 1169 号 74 頁:国(国家公務員・給与減額)事件
···········································································································149
神戸地判平成 29 年 4 月 26 日裁判所ウェブサイト:宝塚市(消防職員)事件······101
大阪地判平成 29 年 5 月 10 日判タ 1447 号 174 頁·······························29, 60
神戸地判平成 29 年 5 月 31 日裁判所ウェブサイト:小野市事件·················302
福岡高判平成 29 年 6 月 5 日判タ 1445 号 89 頁·······································29
東京地判平成 29 年 6 月 29 日労判 1171 号 44 頁:社会保険庁事件··············79
東京地判平成 29 年 6 月 29 日 D1-Law.com 判例体系·····························213
大阪高判平成 29 年 8 月 22 日判時 1186 号 66 頁:吹田市(非常勤職員)事件····302, 304
名古屋高判平成 29 年 10 月 20 日判自 436 号 19 頁:名古屋市・市上下水道局長
(水道局職員)事件·············································································106
甲府地判平成 30 年 1 月 23 日 LLI/DB 判例秘書:富士吉田市事件··············84
大阪高判平成 30 年 2 月 7 日労働判例ジャーナル 75 号 42 頁:小野市事件······302
旭川地判平成 30 年 3 月 6 日労判 1197 号 82 頁········································82
名古屋高判平成 30 年 3 月 14 日裁判所ウェブサイト:愛知県事件··············106
大阪高判平成 30 年 3 月 28 日 LLI/DB 判例秘書:大阪府・府教委事件······29, 302
大阪高判平成 30 年 5 月 25 日労判 1196 号 42 頁:三木市・市公平委員会事件···170, 308
福岡高宮崎支判平成 30 年 6 月 29 日判自 448 号 45 頁:宮崎県・県教委(県立高
校教諭)事件·····················································································100
最一小判平成 30 年 7 月 19 日労判 1191 号 16 頁:東京都(君が代・再任用不合格等)
事件····································································································60
水戸地判平成 30 年 7 月 20 日労働判例ジャーナル 80 号 42 頁:茨城県市町村総合
事務組合事件·····················································································110
東京高判平成 30 年 9 月 19 日労判 1199 号 68 頁:社会保険庁事件··············79
東京地判平成 30 年 10 月 25 日判タ 1465 号 177 頁:国・防衛大臣(海上自衛隊
自衛官)事件·····················································································101
最三小判平成 30 年 11 月 6 日労判 1227 号 21 頁:加古川市事件················100
大阪地判平成 31 年 1 月 9 日労判 1200 号 16 頁:大阪府・府知事(障害者対象採用

337

職員）事件 ……………………………………………………………………………70
最三小決平成31年2月5日判例集未登載：大阪府・府教委事件 ……………29
東京高判平成31年3月14日労働判例ジャーナル88号30頁：東京都・都教委
（都立養護学校教諭）事件 ……………………………………………………197
長崎地判平成31年4月16日判自463号51頁：長崎県・県教委（県立高校教諭）
事件 ……………………………………………………………………………106
福岡地判平成31年4月19日裁判所ウェブサイト：北九州市事件 …………288
最一小判令和元年7月22日民集73巻3号245頁：自衛官命令服従義務不存在確
認請求事件 ……………………………………………………………………191
東京地判令和元年12月12日判時2528号32頁：国・人事院（経産省職員）事件……187
福岡高判令和元年12月23日裁判所ウェブサイト：北九州市事件 …………288
旭川地判令和2年3月13日労判1224号23頁：国（陸上自衛隊員訓練死）事件……255
京都地判令和2年3月24日裁判所ウェブサイト：京都府事件 ………………83
大阪高判令和2年6月19日労判1230号56頁：京都市（児童相談所職員）事件……117
最一小判令和2年7月6日判タ1480号123頁：兵庫県・県教委事件（姫路市中
学校柔道部顧問）事件 ………………………………………………………100
札幌地判令和2年11月16日労判1244号73頁：国・陸上自衛隊第11旅団長（陸
上自衛隊自衛官）事件 ………………………………………………………106
東京地判令和2年12月11日判自481号16頁：東京都・都教委（都立高校教諭）
事件 ……………………………………………………………………………110
大阪地判令和3年3月29日労判1247号33頁：堺市事件 ……………………106
山口地判令和3年4月14日労判1277号18頁：長門市・市消防長事件……69, 76
東京高判令和3年5月27日判時2528号16頁：国・人事院（経産省職員）事件……187
秋田地判令和3年7月9日労経速2461号24頁：秋田市・市教委（高校教諭）事件
 …………………………………………………………………………………101
横浜地判令和3年9月27日労判1266号85頁：川崎市・市人事委員会（是正措
置要求）事件 ……………………………………………………………170, 308
広島高判令和3年9月30日労判1277号15頁：長門市・市消防長事件……69, 76, 234
さいたま地判令和3年10月1日労判1255号5頁：埼玉県（小学校教員・時間外
割増賃金請求）事件 …………………………………………………………164
福岡高判令和3年10月14日労働判例ジャーナル119号32頁：長崎市・長崎市
選挙管理委員会事件 ……………………………………………………………50
東京地判令和3年10月14日労判1264号42頁：グローバルマーケティングほか事件
 …………………………………………………………………………………51
福岡高判令和3年10月15日判タ1501号84頁：阿蘇市事件 …………………106
大阪高判令和3年11月17日D1-Law.com判例体系：神戸市事件 ……………76
札幌地判令和4年1月14日労経速2476号36頁：日高町事件 ………………101
東京地判令和4年3月17日労経速2494号32頁：東京都・公営企業管理者交通

局長（都営バス運転手）事件……………………………………………………………106
大阪高判令和4年4月15日判時2575号78頁：京都府（公務災害）事件…………………74
高松高判令和4年4月22日労働判例ジャーナル126号28頁：みよし広域連合事件
………………………………………………………………………………………………101
最三小判令和4年6月14日判タ1504号24頁：氷見市（消防職員）事件……………101
東京高判令和4年6月14日労判1276号39頁：国・人事院（名古屋刑務所）事件
………………………………………………………………………………………………168
福岡地判令和4年7月29日労判1279号5頁：糸島市・市消防本部消防長事件………101
最三小判令和4年9月13日労判1277号5頁：長門市・市消防長事件…………69, 75, 235
新潟地判令和4年11月24日労判1290号18頁：新潟市（市水道局）事件……………216
鹿児島地判令和4年12月7日労働判例ジャーナル132号34頁：東串良町事件………61
福岡地判令和5年1月20日労判1304号33頁：北九州市（嘱託職員自殺）事件……288
熊本地判令和5年3月24日労判1310号35頁：宇城市事件……………………………83
宇都宮地判令和5年3月29日労判1293号23頁：栃木県・県知事（土木事務所職員）
事件……………………………………………………………………………………………51
最三小判令和5年6月27日民集77巻5号1049頁：宮城県・県教育委員会（退
職手当）事件……………………………………………………………………………106, 153
最三小判令和5年7月11日民集77巻5号1171頁……………………………………187
福岡高判令和5年11月30日労判1310号29頁：宇城市事件……………………………83
最一小判令和6年6月27日裁判所ウェブサイト：大津市事件…………………………106

# あ と が き

　大学時代から労働法の勉強をしていましたが、公務員労働法について勉強したことはほとんどなく、弁護士になって初めて公務員労働事件を取り扱うようになりました。困ったのは、「何を調べたらよいのかさえわからない」ということでした。

　民間労働法であれば、労働法学者の執筆した詳細な体系書や、実務家の執筆したわかりやすい書籍が多数存在し、これらを読めば、一定の手がかりを得ることができます。しかし、周知のとおり、これらの書籍には、公務員労働法に関する記述はほとんどありません。また、公務員労働法に関する古い体系書はいくつか存在するものの、いずれも絶版ですし、内容も集団的労使関係が中心で、個別的労働関係についての記述は十分とはいえません。「弁護士実務で使えるもっとわかりやすい本があったらよいのに」と何度思ったかわかりません。

　その後、2013年に公務員労働法制研究部会が発足し、発足当初から、部会長を拝命することとなりました。熱心な部会メンバーと一緒に勉強し、議論することを通じて、自分の公務員労働法に関する理解は格段に進んだと思います。弁護士登録4年目の私に、部会長を任せてくださった初代委員長の德住堅治先生、第二代委員長の光前幸一先生に、この場を借りて御礼申し上げます。

　部会で検討を重ねるにつれ、「もっとわかりやすい本があったらよいのに」との考えは、いつしか「部会メンバーでそういう本を執筆できるのではないか」という考えに変わっていきました。

　類書がほとんどない中での執筆であり、困難の連続でしたが、部会メンバーで議論を重ね、何とか出版にたどり着くことができました。この本が本当に「わかりやすい本」になっているかどうかは、読者の皆さまの評価を待つしかありませんが、皆さまにとって、少しでもお役に立つ内容になっているのであれば、嬉しく思います。また、もし機会をいただけるのでしたら、読者の皆さまのご意見をうかがいながら、今後、改訂をしていきたいと考えております。

　2024年9月

東京弁護士会　労働法制特別委員会　公務員労働法制研究部会

部会長　岡 田 俊 宏

## 監修・執筆者

■**総監修**

岡田　俊宏（部会長）　　　弘中　　章（副部会長）

■**執筆者**（50音順）

市橋　耕太　　　　　　　西部　俊宏
伊藤　安奈　　　　　　　野田　広大
岡田　俊宏　　　　　　　弘中　　章
熊谷　吏夏　　　　　　　松永　成高
隈元　慶幸　　　　　　　矢作　和彦
田口智香子　　　　　　　山田　博貴

## 公務員労働事件の実務対応

令和6年9月20日　第1刷発行

編　者　東京弁護士会　労働法制特別委員会
　　　　公務員労働法制研究部会

発　行　株式会社ぎょうせい

〒136-8575　東京都江東区新木場1-18-11
URL：https://gyosei.jp

フリーコール　0120-953-431

〈検印省略〉

ぎょうせい　お問い合わせ　検索　https://gyosei.jp/inquiry/

印刷　ぎょうせいデジタル㈱
※乱丁・落丁本はお取り替えいたします。

©2024 Printed in Japan

ISBN978-4-324-11433-9
(5108961-00-000)
〔略号：公務員労働〕

**使用者側・労働者側双方に役立つ信頼のバイブル！**

# 新労働事件実務マニュアル 第6版

### 東京弁護士会労働法制特別委員会【編著】

◆ **最新の法令・裁判例などを全面反映！**
「労働者派遣法」「高年齢者雇用安定法」「育児介護休業法」等の改正のほか、最新の政省令・告示・裁判例にも全面的に対応！

◆ **弁護士、企業の人事労務担当者必携の書**
2008年の初版以来、弁護士や企業の人事労務担当者から必携の書として支持されるロングセラー本の全面改訂版！

◆ **紛争解決に向けた手続を書式とともに詳解**
労働関係紛争における個別の論点を徹底的に整理した上、紛争解決に向けた手続を書式とともに詳解するほか、集団的労働関係についても収録。

B5判・定価8,250円（税込）
電子版 価格8,250円（税込）

※本書収録の約55の書式をwebからダウンロードし、自由に加工して使用可能。

※電子版は ぎょうせいオンラインショップ 検索 からご注文ください。

## 目 次

**第1編　個別労働関係紛争の論点**
- 第1章　労働契約・労働者
- 第2章　就業規則
- 第3章　採用・内定・試用期間
- 第4章　労働時間・休憩・休日・年次有給休暇
- 第5章　賃金・賞与・退職金
- 第6章　割増賃金請求
- 第7章　配転・出向・転籍
- 第8章　降格・賃金引下げ
- 第9章　差別(性、障害者、病気、セクシュアル・マイノリティー)
- 第10章　産前・産後休業、育児・介護休業
　　　　　　　　　　　　　　　　　　ほか

**第2編　個別労働関係紛争の解決手続**
- 第1章　手続選択の考え方
- 第2章　訴　訟
- 第3章　労働審判
- 第4章　仮処分
- 第5章　雇用関係に基づく一般先取特権の実行
- 第6章　その他の紛争解決機関

**第3編　集団的労働関係**
- 第1章　労働組合
- 第2章　団体交渉
- 第3章　労働協約
- 第4章　争議行為と組合活動―団体行動権の保障
- 第5章　不当労働行為の救済

 株式会社ぎょうせい　 **TEL：0120-953-431** [平日9~17時] **FAX：0120-953-495**
〒136-8575 東京都江東区新木場1-18-11　https://shop.gyosei.jp　ぎょうせいオンラインショップ

# 公務員のための ハラスメント "ゼロ" の教科書

元・人事院公務員研修所主任教授 **高嶋 直人**【著】

**絶賛発売中！**

- 令和2年6月施行の「パワハラ防止法（労働施策総合推進法）」、同年4月公布の「人事院規則」改正に対応！
- 公務員向けハラスメント防止マニュアルの決定版！
- ハラスメントを"しない・させない"職場づくりをサポートします！

四六判・定価1,650円（税込）　電子版 価格1,650円（税込）

## 著者紹介

○**高嶋　直人**（たかしま・なおひと）

人事院公務員研修所客員教授。元・人事院公務員研修所主任教授。早稲田大学政治経済学部政治学科卒業。人事院公務員研修所主任教授、財務省財務総合政策研究所研修部長などを経て現職。財務省、国土交通省、農林水産省、自治大学校、市町村アカデミー、マッセOSAKA、東北自治研修所、全国の自治体などにおいて「マネジメント」「リーダーシップ」「働き方改革」「ハラスメント防止」等の研修講師、アドバイザーを務める。

### こちらも好評発売中！

- **公務員のための 人材マネジメントの教科書** 部下を育て生かす90の手法
  高嶋　直人／著　四六判・定価1,650円（税込）　電子版 価格1,650円（税込）

- **読めば差がつく！ 若手公務員の作法**
  高嶋　直人／著　四六判・定価1,650円（税込）　電子版 価格1,650円（税込）

※電子版は ぎょうせいオンラインショップ 検索 からご注文ください。

**株式会社ぎょうせい**
フリーコール **TEL：0120-953-431**［平日9～17時］**FAX：0120-953-495**
〒136-8575 東京都江東区新木場1-18-11
**https://shop.gyosei.jp**　ぎょうせいオンラインショップ　検索